# Introduction

この本は、夜の散歩をテーマにしたものである。
夜の散歩は昼の散歩とは全然違う。
活気のある町や公園なんかもシンと寝静まっていることが多い。
かと思うと、逆に夜の方が活気がある場所もあったりするから面白い。
最初にこの本の企画を持ち込んでくださった編集の松本さん、ライターの横谷氏、デザイン兼カメラマンの日高氏、そして自分の4人で、東京の23区を1区ずつ夜中に散歩してみた。そこに深い意味はないが、きっと今の東京の何かが見えてくるかもしれないと皆が思ったからだ。そして、夜の23時に写真を撮るという決まりをひとつだけ設けた。
「東京の23区を夜の視点で巡ってみよう。」
この本は、そう決めた4人の大人たちの1年半(2010年10月27日〜2012年3月12日)にわたる夜の実験の記録である。
各区を案内してくださったゲストの皆さんにも感謝したい。おかげで自分にとって身近でない区にも大変興味が持てた。
もし機会があれば、また23区をあてもなく巡ってみたいと思う。
そう思えるほど、東京は奥深く、夜の表情が豊かな街であった。

ピエール瀧

# Contents

- イントロダクション … 2
- 東京23区表 … 6
- 瀧推し！夜歩き便利グッズBEST3！ … 8
- 23区夜の顔 … 9
- 台東区 … 17
- 中央区 … 35
- 大田区 … 51
- 新宿区 … 67
- 千代田区 … 83
- 北区 … 99
- 渋谷区 … 111
- 杉並区 … 129
- 品川区 … 143
- 江戸川区 … 157
- 目黒区 … 173
- 文京区 … 185
- 江東区 … 201
- 中野区 … 215

| | |
|---|---|
| 世田谷区 | 233 |
| 葛飾区 | 247 |
| 豊島区 | 263 |
| 港区 | 279 |
| 練馬区 | 291 |
| 荒川区 | 305 |
| 足立区 | 319 |
| 板橋区 | 331 |
| 墨田区 | 349 |

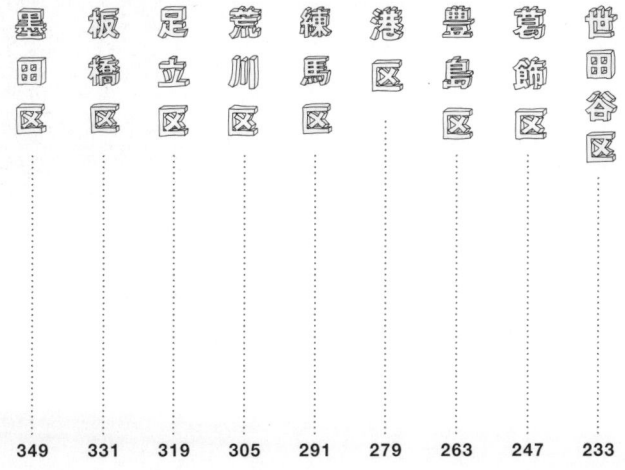

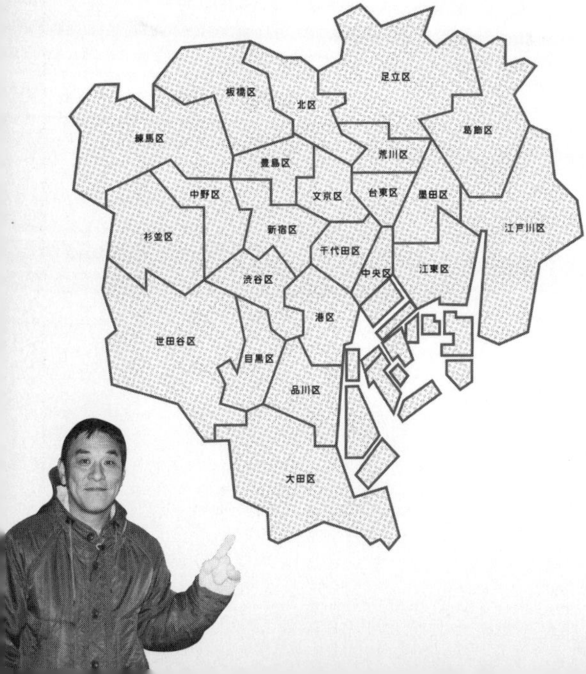

| | |
|---|---|
| ショップデータ | 365 |
| プロローグ | 366 |
| 奥付 | 368 |

# 東京23区表

面積・人口・出生率など、同じ項目で比べてみたら、それぞれの区の特徴が見えてくるかも。(それぞれの項目の一番多い数字に★がついています)

## 江東区（こうとうく）

東京都の一員としての江東区をあらわす。区内の小・中学生が募集した作品をもとにつくられた。
【木】くろまつ 　【花】さざんか

|  |  |
|---|---|
| 面積(km²) | 39.94 |
| 人口(男女比/%) | 446,393 (98.9) |
| 人口密度(人/km²) | 10,537 |
| 世帯数(世帯) | 189,108 |
| 昼間就業者数(人) | 315,603 |
| 婚姻率/離婚率(人口1000人あたりの件数) | 7.69/2.51 |
| 人口1000人当たりの出生率(%) | 9.5 |
| 65歳以上の人口比率(%) | 19.58 |
| 外国人登録者数(人) | 21,229 |
| 区民一人あたりの平均年収(千円) | 3,859 |

## 江戸川区（えどがわく）

江戸川の「エ」の字を上向きに飛ぶハトにデザイン。発展と平和をあらわす。
【木】くすのき 　【花】つつじ

|  |  |
|---|---|
| 面積(km²) | 49.86 |
| 人口(男女比/%) | 652,762 (104.4) |
| 人口密度(人/km²) | 13,142 |
| 世帯数(世帯) | 281,989 |
| 昼間就業者数(人) | 213,855 |
| 婚姻率/離婚率(人口1000人あたりの件数) | 7.18/2.57 |
| 人口1000人当たりの出生率(%) | 9.4 |
| 65歳以上の人口比率(%) | 18.20 |
| 外国人登録者数(人) | 25,808 |
| 区民一人あたりの平均年収(千円) | 3,642 |

## 品川区（しながわく）

品川の「品」の字をデザイン。友愛・信義・協力の3つを中心に前進してゆく区をあらわす。
【木】しいのき、かえで 　【花】さつき

|  |  |
|---|---|
| 面積(km²) | 22.72 |
| 人口(男女比/%) | 346,357 (97.7) |
| 人口密度(人/km²) | 15,245 |
| 世帯数(世帯) | 178,825 |
| 昼間就業者数(人) | 342,972 |
| 婚姻率/離婚率(人口1000人あたりの件数) | 8.76/2.16 |
| 人口1000人当たりの出生率(%) | 8.7 |
| 65歳以上の人口比率(%) | 19.92 |
| 外国人登録者数(人) | 11,586 |
| 区民一人あたりの平均年収(千円) | 4,353 |

## 大田区（おおたく）

「大森区」と「蒲田区」が昭和22年に合併してできた大田区。マークも「大」と「田」の字をデザインしてある。
【木】くすのき 　【花】うめ

|  |  |
|---|---|
| 面積(km²) | ★59.46 |
| 人口(男女比/%) | 665,674 (103.1) |
| 人口密度(人/km²) | 11,195 |
| 世帯数(世帯) | 316,010 |
| 昼間就業者数(人) | 353,603 |
| 婚姻率/離婚率(人口1000人あたりの件数) | 7.59/2.05 |
| 人口1000人当たりの出生率(%) | 8.3 |
| 65歳以上の人口比率(%) | 20.55 |
| 外国人登録者数(人) | 18,594 |
| 区民一人あたりの平均年収(千円) | 4,349 |

## 足立区（あだちく）

足立の「足」の字をデザインした。
【木】いちょう、けやき、すずかけ 　【花】さくら、チューリップ

|  |  |
|---|---|
| 面積(km²) | 53.20 |
| 人口(男女比/%) | 624,807 (102.1) |
| 人口密度(人/km²) | 11,744 |
| 世帯数(世帯) | 265,925 |
| 昼間就業者数(人) | 239,419 |
| 婚姻率/離婚率(人口1000人あたりの件数) | 6.61/2.6 |
| 人口1000人当たりの出生率(%) | 8.7 |
| 65歳以上の人口比率(%) | 22.17 |
| 外国人登録者数(人) | ★233,330 |
| 区民一人あたりの平均年収(千円) | 3,382 |

## 渋谷区（しぶやく）

渋谷の「渋」の字をデザインしたもの。
【木】けやき 　【花】はなしょうぶ

|  |  |
|---|---|
| 面積(km²) | 15.11 |
| 人口(男女比/%) | 203,334 (94.1) |
| 人口密度(人/km²) | 13,457 |
| 世帯数(世帯) | 115,549 |
| 昼間就業者数(人) | 404,589 |
| 婚姻率/離婚率(人口1000人あたりの件数) | 10.6/2.12 |
| 人口1000人当たりの出生率(%) | 8.1 |
| 65歳以上の人口比率(%) | 19.06 |
| 外国人登録者数(人) | 10,217 |
| 区民一人あたりの平均年収(千円) | 7,343 |

## 葛飾区（かつしかく）

のびゆく葛飾のシンボルとして、カタカナの「カ」と漢字の「力」の両方の意味をもつデザイン。
【木】しだれやなぎ 　【花】はなしょうぶ

|  |  |
|---|---|
| 面積(km²) | 34.84 |
| 人口(男女比/%) | 424,878 (100.3) |
| 人口密度(人/km²) | 12,213 |
| 世帯数(世帯) | 178,372 |
| 昼間就業者数(人) | 138,977 |
| 婚姻率/離婚率(人口1000人あたりの件数) | 6.56/2.37 |
| 人口1000人当たりの出生率(%) | 8.5 |
| 65歳以上の人口比率(%) | 22.25 |
| 外国人登録者数(人) | 14,679 |
| 区民一人あたりの平均年収(千円) | 3,453 |

## 荒川区（あらかわく）

「荒川」の「アラ」「川」をデザインしたもの。円は和をあらわす。
【木】さくら 　【花】つつじ

|  |  |
|---|---|
| 面積(km²) | 10.20 |
| 人口(男女比/%) | 191,207 (99.6) |
| 人口密度(人/km²) | 18,746 |
| 世帯数(世帯) | 87,480 |
| 昼間就業者数(人) | 87,200 |
| 婚姻率/離婚率(人口1000人あたりの件数) | 7.53/2.32 |
| 人口1000人当たりの出生率(%) | 7.8 |
| 65歳以上の人口比率(%) | 22.87 |
| 外国人登録者数(人) | 15,687 |
| 区民一人あたりの平均年収(千円) | 3,506 |

## 新宿区（しんじゅくく）

ひし形はしっとりとして、確かなようすをあらわす形。そのひし形をもとに、新宿の「新」の字を一筆で勢いよく書いた。
【木】けやき 　【花】つつじ

|  |  |
|---|---|
| 面積(km²) | 18.23 |
| 人口(男女比/%) | 282,312 (98.4) |
| 人口密度(人/km²) | 16,770 |
| 世帯数(世帯) | 173,560 |
| 昼間就業者数(人) | 551,363 |
| 婚姻率/離婚率(人口1000人あたりの件数) | 9.48/2.60 |
| 人口1000人当たりの出生率(%) | 6.9 |
| 65歳以上の人口比率(%) | 20.70 |
| 外国人登録者数(人) | 35,702 |
| 区民一人あたりの平均年収(千円) | 5,098 |

## 北区（きたく）

「北」の字をデザインした円形につばさをつけた。力強くはばたく北区の未来をあらわす。
【木】さくら 　【花】つつじ

|  |  |
|---|---|
| 面積(km²) | 20.59 |
| 人口(男女比/%) | 330,412 (98.5) |
| 人口密度(人/km²) | 16,047 |
| 世帯数(世帯) | 126,104 |
| 昼間就業者数(人) | 132,475 |
| 婚姻率/離婚率(人口1000人あたりの件数) | 7.12/1.92 |
| 人口1000人当たりの出生率(%) | 7.1 |
| 65歳以上の人口比率(%) | ★24.55 |
| 外国人登録者数(人) | 16,184 |
| 区民一人あたりの平均年収(千円) | 3,566 |

## 板橋区（いたばしく）

「イタバシ」の字をデザイン。中央の円の左が「イ」。外に「タ」。外に「ハ」を4つ組み合わせて「ハシ」。
【木】けやき 　【花】にりんそう

|  |  |
|---|---|
| 面積(km²) | 32.17 |
| 人口(男女比/%) | 523,083 (101.5) |
| 人口密度(人/km²) | 16,260 |
| 世帯数(世帯) | 252,609 |
| 昼間就業者数(人) | 205,226 |
| 婚姻率/離婚率(人口1000人あたりの件数) | 7.46/2.34 |
| 人口1000人当たりの出生率(%) | 8.1 |
| 65歳以上の人口比率(%) | 20.56 |
| 外国人登録者数(人) | 18,342 |
| 区民一人あたりの平均年収(千円) | 3,756 |

[出典・参考]東京都総務局統計部「住民基本台帳による東京都の世帯と人口(町丁別・年齢別)(平成22年1月1日時点)」、「東京都昼間人口の予測(平成22年3月時点)」、「外国人登録人口(平成22年10月1日時点)」／東京都ホームページ／各区役所ホームページ／生活ガイド.com

## 練馬区 ねりまく

平和で健康な明るい町に発展してゆこうという願いをこめて、練馬の「ネ」の字と馬のひづめの形を組み合わせた。
【木】こぶし 【花】つつじ

| | |
|---|---:|
| 面積(k㎡) | 48.16 |
| 人口(男女比/%) | 693,276(97.9) |
| 人口密度(人/k㎡) | 14,376 |
| 世帯数(世帯) | 312,212 |
| 昼間就業者数(人) | 198,277 |
| 婚姻率/離婚率(人口1000人あたりの件数) | 6.59/2.05 |
| 人口1000人当たりの出生率(%) | 8.3 |
| 65歳以上の人口比率(%) | 19.54 |
| 外国人登録者数(人) | 13,977 |
| 区民一人あたりの平均年収(千円) | 4,207 |

## 中央区 ちゅうおうく

お江戸の日本橋・京橋の擬宝珠(橋の柱の頭につける飾り)をデザイン。
【木】やなぎ 【花】つつじ

| | |
|---|---:|
| 面積(k㎡) | 10.18 |
| 人口(男女比/%) | 98,399(93.4) |
| 人口密度(人/k㎡) | 9,666 |
| 世帯数(世帯) | 55,976 |
| 昼間就業者数(人) | 595,401 |
| 婚姻率/離婚率(人口1000人あたりの件数) | ★12.27/2.77 |
| 人口1000人当たりの出生率(%) | ★11.4 |
| 65歳以上の人口比率(%) | 16.64 |
| 外国人登録者数(人) | 5,054 |
| 区民一人あたりの平均年収(千円) | 5,760 |

## 杉並区 すぎなみく

杉並区「杉」の字をデザインしたもの。
【木】さざんか、すぎ、あけぼのすぎ

| | |
|---|---:|
| 面積(k㎡) | 34.02 |
| 人口(男女比/%) | 527,773(94.2) |
| 人口密度(人/k㎡) | 15,538 |
| 世帯数(世帯) | 439,379 |
| 昼間就業者数(人) | 168,240 |
| 婚姻率/離婚率(人口1000人あたりの件数) | 8.02/1.79 |
| 人口1000人当たりの出生率(%) | 7.3 |
| 65歳以上の人口比率(%) | 19.61 |
| 外国人登録者数(人) | 11,311 |
| 区民一人あたりの平均年収(千円) | 5,075 |

## 文京区 ぶんきょうく

文京区の文をあらわすデザイン。募集によって、当時、北多摩郡に住んでいる人の作品が選ばれた。
【木】いちょう 【花】つつじ

| | |
|---|---:|
| 面積(k㎡) | 11.31 |
| 人口(男女比/%) | 189,959(94.4) |
| 人口密度(人/k㎡) | 16,767 |
| 世帯数(世帯) | 336,229 |
| 昼間就業者数(人) | 197,433 |
| 婚姻率/離婚率(人口1000人あたりの件数) | 8.32/1.74 |
| 人口1000人当たりの出生率(%) | 7.7 |
| 65歳以上の人口比率(%) | 19.84 |
| 外国人登録者数(人) | 7,384 |
| 区民一人あたりの平均年収(千円) | 5,771 |

## 千代田区 ちよだく

千代田の「千」の字を飛ぶ鶴の姿にかたどり、さらにこれを「よ」の字に似せ、全体を「田」と読ませて「千代田」の字が書かれている。
【木】まつ 【花】さくら

| | |
|---|---:|
| 面積(k㎡) | 11.64 |
| 人口(男女比/%) | 47,483(93.0) |
| 人口密度(人/k㎡) | 3,589 |
| 世帯数(世帯) | ★985,382 |
| 昼間就業者数(人) | 781,790 |
| 婚姻率/離婚率(人口1000人あたりの件数) | 9.65/1.98 |
| 人口1000人当たりの出生率(%) | 8.3 |
| 65歳以上の人口比率(%) | 19.74 |
| 外国人登録者数(人) | 2,736 |
| 区民一人あたりの平均年収(千円) | 8,205 |

## 墨田区 すみだく

墨田の「ス」の字を組み合わせて、発展する区の姿をあらわす。
【木】さくら 【花】つつじ

| | |
|---|---:|
| 面積(k㎡) | 13.75 |
| 人口(男女比/%) | 239,440(99.5) |
| 人口密度(人/k㎡) | 16,813 |
| 世帯数(世帯) | 262,514 |
| 昼間就業者数(人) | 155,635 |
| 婚姻率/離婚率(人口1000人あたりの件数) | 8.22/2.60 |
| 人口1000人当たりの出生率(%) | 8.4 |
| 65歳以上の人口比率(%) | 21.87 |
| 外国人登録者数(人) | 9,767 |
| 区民一人あたりの平均年収(千円) | 3,581 |

## 港区 みなとく

港区のもととなった芝区・麻布区・赤坂区の3つが一丸となったことをあらわし、港の「み」の字を力強くデザイン。
【木】はなみずき 【花】ばら、あじさい

| | |
|---|---:|
| 面積(k㎡) | 20.34 |
| 人口(男女比/%) | 202,505(89.9) |
| 人口密度(人/k㎡) | 9,138 |
| 世帯数(世帯) | 103,769 |
| 昼間就業者数(人) | ★809,242 |
| 婚姻率/離婚率(人口1000人あたりの件数) | 10.73/2.98 |
| 人口1000人当たりの出生率(%) | 11.0 |
| 65歳以上の人口比率(%) | 17.69 |
| 外国人登録者数(人) | 22,127 |
| 区民一人あたりの平均年収(千円) | ★10,069 |

## 豊島区 としまく

外側は花から12枚の菊。内側は亀の甲羅の中に「豊」の字が書かれている。
【木】そめいよしの 【花】つつじ

| | |
|---|---:|
| 面積(k㎡) | 13.01 |
| 人口(男女比/%) | 245,356(100) |
| 人口密度(人/k㎡) | 19,261 |
| 世帯数(世帯) | 142,925 |
| 昼間就業者数(人) | 229,317 |
| 婚姻率/離婚率(人口1000人あたりの件数) | 9.05/2.59 |
| 人口1000人当たりの出生率(%) | 6.8 |
| 65歳以上の人口比率(%) | 20.83 |
| 外国人登録者数(人) | 19,520 |
| 区民一人あたりの平均年収(千円) | 4,160 |

## 世田谷区 せたがやく

外の円は区の平和をあらわす。中心の、3方に広がる「世」の字は、区の発展とみんなの協力を意味している。
【木】けやき 【花】さぎそう

| | |
|---|---:|
| 面積(k㎡) | 58.08 |
| 人口(男女比/%) | ★833,015(92.8) |
| 人口密度(人/k㎡) | 14,483 |
| 世帯数(世帯) | 429,680 |
| 昼間就業者数(人) | 284,437 |
| 婚姻率/離婚率(人口1000人あたりの件数) | 7.92/1.88 |
| 人口1000人当たりの出生率(%) | 8.0 |
| 65歳以上の人口比率(%) | 18.49 |
| 外国人登録者数(人) | 16,292 |
| 区民一人あたりの平均年収(千円) | 5,349 |

## 目黒区 めぐろく

大正時代に、目黒村役場にかかわりのある人がつくったもの。目黒村の「目」の字をデザインした。
【木】しい 【花】はぎ

| | |
|---|---:|
| 面積(k㎡) | 14.70 |
| 人口(男女比/%) | 253,557(89.8) |
| 人口密度(人/k㎡) | 17,964 |
| 世帯数(世帯) | 136,622 |
| 昼間就業者数(人) | 141,860 |
| 婚姻率/離婚率(人口1000人あたりの件数) | 9.80/1.97 |
| 人口1000人当たりの出生率(%) | 7.7 |
| 65歳以上の人口比率(%) | 19.05 |
| 外国人登録者数(人) | 7,528 |
| 区民一人あたりの平均年収(千円) | 5,762 |

## 中野区 なかのく

中野の「中」とひらがなの「の」の字をデザインしたもの。
【木】しい 【花】つつじ

| | |
|---|---:|
| 面積(k㎡) | 15.59 |
| 人口(男女比/%) | 300,009(99.8) |
| 人口密度(人/k㎡) | ★19,925 |
| 世帯数(世帯) | 172,786 |
| 昼間就業者数(人) | 116,060 |
| 婚姻率/離婚率(人口1000人あたりの件数) | 9.15/2.06 |
| 人口1000人当たりの出生率(%) | 7.3 |
| 65歳以上の人口比率(%) | 20.10 |
| 外国人登録者数(人) | 12,729 |
| 区民一人あたりの平均年収(千円) | 4,114 |

## 台東区 たいとうく

「台」と「東」の字を重ね合わせてデザインしたもの。中央の白い部分が「台」で、黒い部分が「東」。
【木】さくら 【花】あさがお

| | |
|---|---:|
| 面積(k㎡) | 10.08 |
| 人口(男女比/%) | 167,482(104.9) |
| 人口密度(人/k㎡) | 16,388 |
| 世帯数(世帯) | 81,990 |
| 昼間就業者数(人) | 218,313 |
| 婚姻率/離婚率(人口1000人あたりの件数) | 9.32/2.66 |
| 人口1000人当たりの出生率(%) | 6.8 |
| 65歳以上の人口比率(%) | 24.23 |
| 外国人登録者数(人) | 12,653 |
| 区民一人あたりの平均年収(千円) | 4,070 |

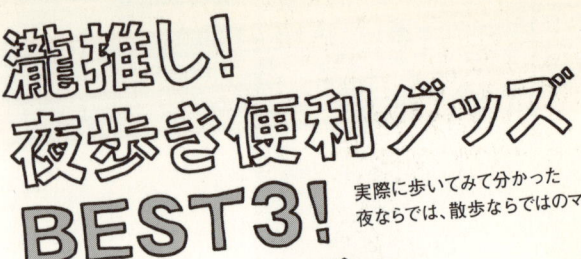

# 瀧推し！夜歩き便利グッズ BEST3！

実際に歩いてみて分かった夜ならでは、散歩ならではのマストアイテム。

### ブタライト（懐中電灯）

町中を歩いていると、町や坂の由来を書いた立て看板に出くわす機会が多い。また、町外れでは街灯が一気に減り、足元が悪くなることも。そんなとき、懐中電灯やペンライトがあれば行動範囲がぐっと広がる。これさえあれば、河川敷の真っ暗な石階段だってスタスタ降りられるのだ！　夜散歩の取材では、秋葉原の自販機でゲットしたブタライトが大活躍した。

### 地図あるいはスマートフォンの地図アプリ

夜散歩はノープランで出かけるのが一番。ただしあまりにもノープランだと、視界の悪い夜だけにあっさりと道に迷う。そんなときはコレ。夜散歩の開始当初は区ごとにコピーした地図を持ち歩いていたが、そのうちスマートフォンの地図アプリを多用するように……。土地鑑のない場所で大いに役立った。

### 三脚

夜散歩では、思いがけない風景に出会う。そんなときにポケットに忍ばせたカメラで写真を撮るのだが、いかんせん夜の撮影はブレやすい。そこで三脚。ポケットサイズの簡易的な物も売っているから、どうしてもカメラに収めたい夜景に出会ったとき、あるいはどうしてもセルフ撮りしたくなったときのための必需品。ぜひ一度お試しあれ。

# 23区の夜の顔

昼間とはひと味違う別の顔。その表情をカラーでどうぞ。

杉並区

台東区

渋谷区

マシン必勝法口伝

一、明るくさわやか笑顔
二、心・技・体
三、空て萎切て吹ている人
四、ハコマシは上がるな
五、攻撃こそ最大の防御
六、ヒガケで牌を引け
セシマして引っ込め
金と運は自分て作るめ
人生に泣くな、牌て泣け
ジャンキは人生

中央区

墨田区
北区
大田区
江戸川区

渋谷区

豊島区

北区

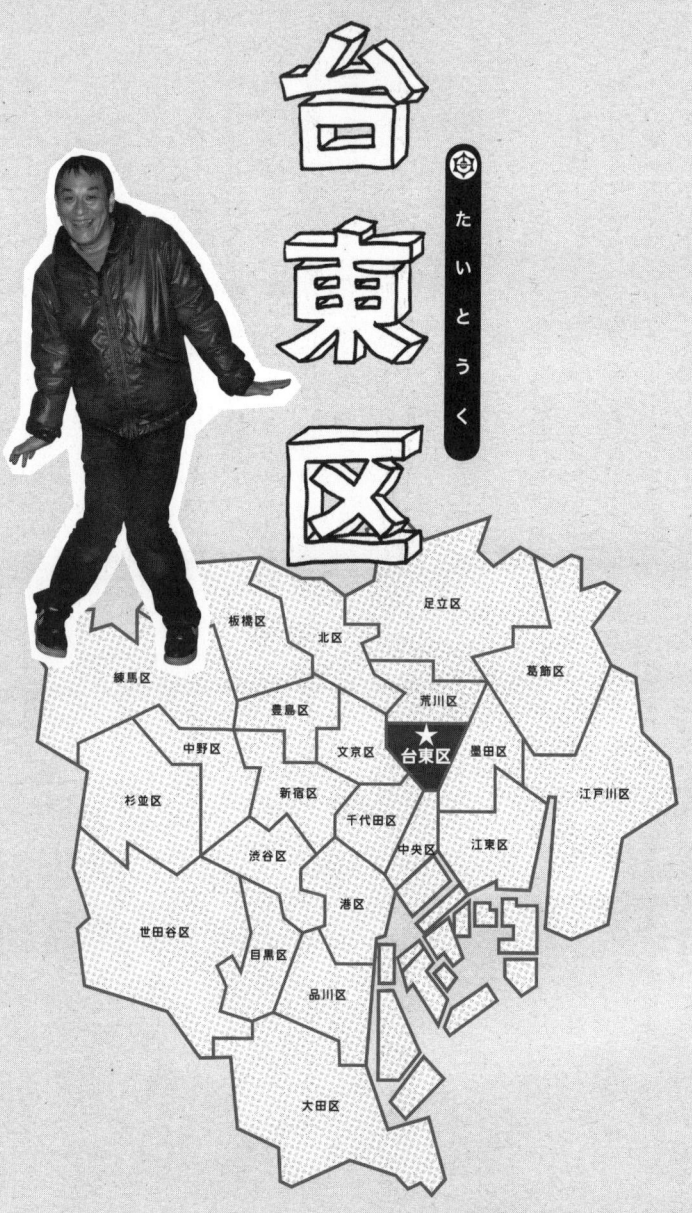

## 銀座線浅草駅スタート

——記念すべき1区目の取材は台東区です。ベタに雷門からスタートですね。昭和22年に下谷区と浅草区が合併して台東区が誕生したそうです。今日は酉の市の開催日ということなので、酉の市の発祥の地、鷲神社に行きませんか？ さらに鷲神社は七福神めぐりの神社のひとつなので、七福神巡りもしたいなと思ってるんですけど。

瀧　7カ所も回るの？

——いえ、浅草だけはなぜか9カ所なんです。ここにその理由を書いた紙があります。どうぞ。

瀧　「九は数の究み、一は変じて七、七変じて九と為す。九は鳩であり、あつまる意味をもち、又、天地の至数、易では陽を表わす」って、ますます訳が分からないな。

——とりあえず、出発しましょう。

あ、閉まっちゃってますね。仲見世通り。

瀧　そりゃ閉まってるでしょ。この時間だもん。でも、この辺りに店出したら、つぶれることなさそうじゃない？ あ、この店で野球中継やってる。今日、日本シリーズの第7戦（ロッテvs中日）だから気になっちゃってさ。まだ7対6ですか？

店主　今、店を閉めてるところだから、テレビを観てる余裕なんてないよ。

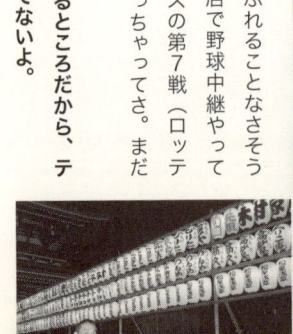

# 台東区

瀧　そうですね。ご苦労様でーす。

——気を取り直して瀧さん、台東区のイメージは？

瀧　下町で、あったかそうなイメージかな。でもウチらみたいな地方出身者が簡単には入っていけないような壁がありそうだなと思って。たとえば俺がここに引越してきたとしても、お祭りの時、御輿にさわらせてすらもらえないとかね。実際に住んでみたら違うかもしれないけど。

——浅草寺が見えました。

瀧　あれ？　あの人たちは何をやってるんだろ？（近寄って）すいません、何をしてるんですか？

工事の人　滑り防止です。参拝する方の足元が滑らないように。

瀧　ほほう。定期的にやられてるんですか？

大黒天

工事の人　いや、工事が入ると参拝の方の足が止まっちゃうので、頻繁にはできないです。

瀧　10年に1回とか？

工事の人　いや、そこまではいかないですけど。

瀧　7、8年に1回くらい？

工事の人　そうですね。昔は下を張り替えていたけど、今はあまりにも参拝の方が多いので、できないんです。だから削るんだ。でも参拝者のために、浅草寺さんが工事を依頼してるってことですよね？

工事の人　はい。

瀧　へぇ、面白い。触ってみよう。

——どんな感触ですか？

瀧　よく庭園の石がスベスベになってるじゃない。そんな感じ。それだと滑っちゃうから、バーナーで焼くんだろうな。これを浅草寺がやってるのもすごいけど、石がこんなにツルツルになっちゃうくらいの人が来るってこともすごい。これは何の石ですか？

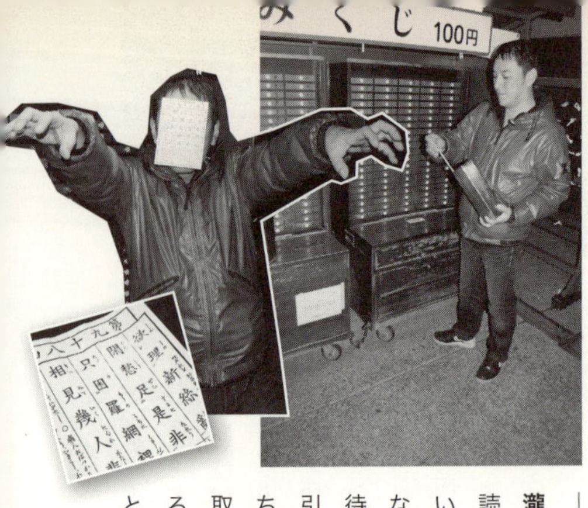

工事の人　御影石で、茨城県で採れるものです。

瀧　珍しい物を見せて頂きました。ご苦労様です。

——数年に1回の工事なのに、今日ここに来たタイミングっていうのもツイてますね。

瀧　そうだね。夜中に来ないと工事なんて見られないだろうからね。

——おみくじ発見。やりませんか？

瀧　もちろん、やるね。(おみくじを引く瀧98番だ。わ！

——あれ？

瀧　まさかの凶……。読んでみよう。「願望叶いがたし。病人おぼつかなし。失せもの出がたし。待ち人来らず。やづくり、引っ越し、わるし。旅立ち悪しく、嫁取り、婿取り、人を抱える、わろし」って何も良いことねえんじゃん！

——わははは（笑）夜の浅草寺はいかがですか？

瀧　ライトアップしてるのも雰囲気いいね。

——ちなみに浅草寺は大黒天です。次の神社はすぐ横にあるみたいですよ。

瀧　あ、ここ？エビス（恵比寿）さんだね。見当たらないけど、中にいるのかな？奥は結構広いんだな。それにしても浅草寺には来るけど、ここは気づかなかった。

——普通は来ませんね。

瀧　そうでしょ。じゃあ、次はこっちに歩いて行ってみようか。ああ、少し離れたところから見る浅草寺のライトアップもキレイだな。

——そうですね。ちなみに浅草寺は1400年目らし

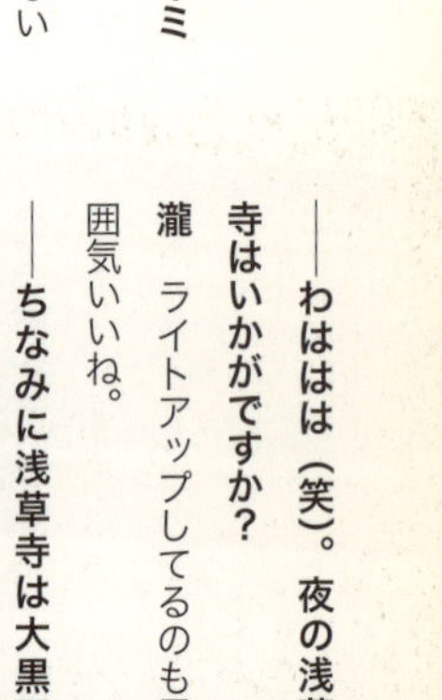

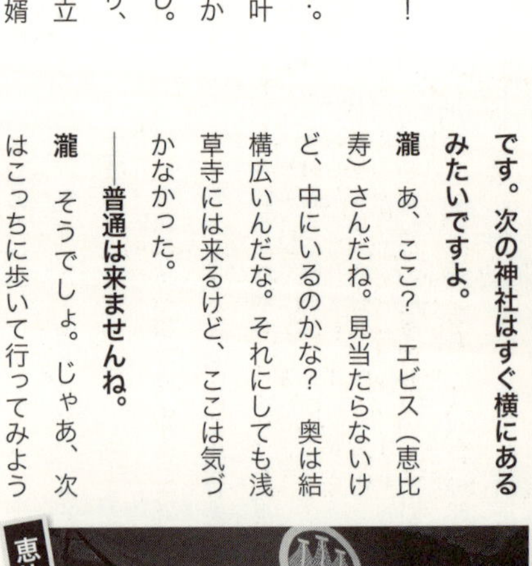

恵比寿

瀧　いですよ。

― あれ？　今、法隆寺で奈良遷都1300年ってやってるじゃん。じゃあ、浅草寺の方が古いのか。

瀧　ここが今戸橋ですね。

― この辺りは小さい商店が多いなぁ。

瀧　台東区は、23区の中で面積が一番小さいんですよ。

― そうなの？　そんな印象ないけど。でもほんと江戸の街って感じだよね。この辺りに住んだことある？

瀧　ないです。

― 地方から出てきて、この辺りに住もうとはあんまり思わないよね。動機がないというか。えーと、ここをもうちょっと先まで行くのかなぁ……。

瀧　言問橋ですね。

瀧　いいね、この交差点。お、東京スカイツリーだ。暗くて分かんなかった。橋の中央からど真ん中に見えるよ。ライトアップされずにヌボォ～っと高い建物がそびえてるとちょっと怖いね。でも、もう真ん中くらいまではできてるんだ。

― オススメのポイントですね。

瀧　そうなのかも。この本が完成する頃はもうスカイツリーがオープンしてるはずだから、読者に「ああ、そんな時期に歩いてたんだ」と思われるだろうな。

## 沖田総司と招き猫

瀧　あれ？　ここじゃない？　でも、扉が閉まってる。「参拝者以外の方はお断り。参拝者は扉を閉めてください」だって。ということは、入っちゃっていいんだ。ここは毘沙門天だね。こんなにたくさん神社仏閣があると浅草の人は「初詣にどこに行こうか？」って迷わないのかな？

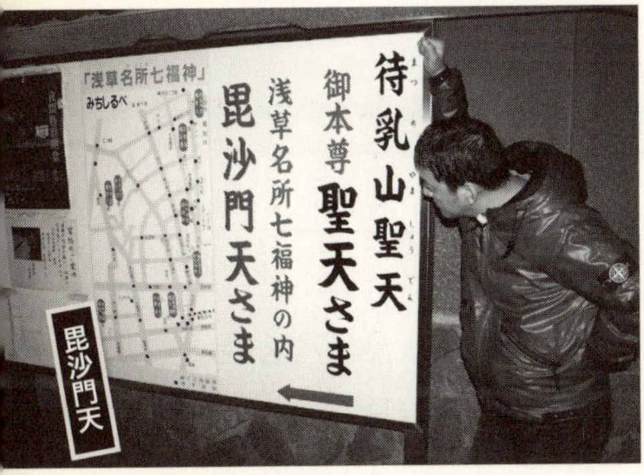

― でも、ここはないでしょ。

瀧　ゼロってことはなくない？　この道を行くと今戸橋方面

に行くんじゃないかな。そうしたら次の福禄寿があるはず。ところでさ、台東区って治安が悪いの？

——やくざの数が日本一らしいです。

瀧　まあ、吉原とかあるもんね。そりゃそうかもな。山谷もあるんだっけ？

——はい。「あしたのジョー」の舞台にもなった山谷ですね。そういえば、関東大震災、東京大空襲ともに、この辺りは焼け残ったらしいですよ。

瀧　震災は運もあるだろうけど、空襲はアメリカが避けてくれたんでしょ。

——お、次の七福神がありましたよ。

瀧　今度は福禄寿ね。あれ？　沖田総司の終焉の地だってさ。さらに招き猫の発祥の地でもあるの？

——総司の終焉の地でもあるんですよね。

瀧　（絵馬を見ながら）「素敵でイケメンの彼ができて、その人と幸せになれますように」

——どっちを推してるんでしょうね……。あれ？　ここは絵馬が丸い形をしてますよ。なんでだろ？

瀧　「ギャップのある広い心の男となんとか縁がありますように」。あ、絵馬の後ろに招き猫の絵が入ってるんですね。

瀧　「縁を招きますように」って、縁結びなんだな。向こうにはパンダバスも駐車してある。これでこの辺りを巡回するんだろうね。なんかここは独特だな。

——あ、招き猫の置物。

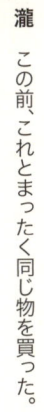

瀧　この前、これとまったく同じ物を買った。(笑)

——どこで？

瀧　自由が丘。ほんと、まったく同じ物。子供と一緒に雑貨屋で見つけてさ。ここがジョーロになってんだよ。衝撃の偶然だね。そして、白もあったのか。

——23時になりました。

写真を。

瀧　じゃあ、パンダバスの前で。

## 歩道橋の上で未知との遭遇

——そういえば、ロッテどうなりましたかね？

瀧　すっかり忘れてた。どうなったんだろう？「今日、ロッテが勝って優勝したらコメントください」ってスポーツ新聞から言われてんだよ。

——(スマートフォンでネット検索)延長12回で7対6でロッテが勝ってます。

瀧　うわぁ、超いいところじゃん。追いつかれたんだけど、また突き放したんだ。12回でピッチャー伊藤(義弘)ってことは、9回に投げた投手は打たれちゃったんだな。でも、アツいなあ。2日連続で延長戦。

——あ、消防署だ。ちょうどテレビの前でみんな観てたりしないですかね？

(消防署のドアを覗き込むと、テレビ観戦をしてる消防署員たちを発見)

——あ、観てる！ロッテが優勝したんだ！テレビに胴上げしてるトコが映ってる！

瀧　うわ〜！まったく盛り上がらない朗報の受け取り方

スの貫禄が出てきた。えーと、この広い道をまっすぐ行くと、次は布袋様か。橋場不動尊。

——この地図には七福神めぐりは2時間で歩けるって書いてあるけど、そんな感じじゃないですよね。

瀧　もっとかかるでしょ。絵馬を見なくちゃならないから（笑）。

——この辺りは一方通行が多い気がしません？

瀧　でも、東京って江戸ゾーンに来ると一方通行の道が多いよね。

——あ、ここが橋場不動尊ですね。

瀧　小さいなあ。ここは布袋様か。じゃあ、次に行こう。あ、大きな通りに出た。

——ここから先は荒川区なんですね。

瀧　じゃあ、次の石浜神社は荒川区なの？

——どうしましょうか？

瀧　ちょっと荒川区にもお邪魔しますって感じで、行けばいいじゃん。巡ってるんだから。

——そうですよね。でも、七福神の中でどうしてこの神社だけ荒川区なんですかね？

（電話でマネージャーと新聞のコメントについて話す瀧）

瀧　はい終了。散歩を再開しょう。お、100円自販機発見。これからこれ見つけたら何かジュースを買おうか。記念すべき1回目は……ゴールドパック社のはちみつレモン！　なんか手作りの味がする。おいしい。

——普通にうまいですね。

瀧　ロッテ、優勝か。俺、ロッテファンなんだけどさ、今年は開幕から西岡（剛）が面構えからして違ったんだよね。前みたいにチャラくないんだよ。そしたら、やっぱこうなった。

——成瀬（善久）も良かったですよね。

瀧　うん。これまでソフトバンク（当時）の杉内（俊哉）の方が一枚上手な印象があったけど、ようやくエー

瀧　区ができるより神社の方が先なんだから、しょうがないんじゃないの？　お、なるほどね。この横断歩道を渡ると荒川区なわけね。その向こうにあるのが石浜神社か。

——**お、巨大ガスタンク！　すげー。**

瀧　いいねえ、神社とガスタンクの組み合わせ。鳥居の前でガスタンクをバックに一枚撮ろう。

（色々アングルを変えて写真を撮る瀧）

瀧　ここは寿老神か。

——**横にはマンションがありますね。**

瀧　四方八方すごいねココ。川、神社、ガスタンク、マンション。このマンションの住民に、周囲の独特な風景について感想を聞いてみたくなるなあ。

——**さあ、ここからどう行きますか？**

瀧　ガスタンクをもうちょっと間近で見たいから、しばらく荒川区側を歩いてから道を渡って台東区に戻ろうか。それで山谷に向かおう。

——**了解です。ここは東京瓦斯、東京ガスの社宅です**

瀧　なるほど。瓦斯(ガス)とともに生きろ、ということだ(笑)。

——そういえば、静岡に絵が描かれているタンクがありますよね?

瀧　ああ、清水インターの近くの貯水タンクに描いてあるね。そういえば、なんでみんなもっとタンクに絵を描かないんだろう? きっと面白いのに。地球とかメロンとか野球のボールとかさ。

——面白そうですね。

瀧　そうしたら物騒な感じじゃなくなるのにね。でも、地域住民としては、そっちの方が気が狂うのかな?

——反対側はタクシーのガス給油所ですね。え? ここに「平賀源内墓」と書いてありますよ。

瀧　あの平賀源内? こんな道端に? これだけガスタンクやガス給油所があると

——え? 俺ですか……。

瀧　めくってみて。そのためにキミがいるんだから。

——あの中に何が入ってるんでしょう?

瀧　そして、あそこになぜか布団(笑)

——うわーっ! 人の糞?

瀧　泪橋の歩道橋だ。うわわわーっ! 衝撃! ちょっと来てみて。足元を見ながらだよ。

さて、七福神めぐりもあと4つですね。見て。看板が歪んでるところが最高。

瀧　買ってみたい。「熱田屋」さんにオリジナルブレンドの調合をお願いしたら、やってくれるかもね。これ

——ここは「熱田屋」さん。カレー粉、香辛料だって。

瀧　ほんとだよね。

ころなのに、急にエレキって(笑)。しかも墓。もっと立派なところにあっても良さそうなのに。

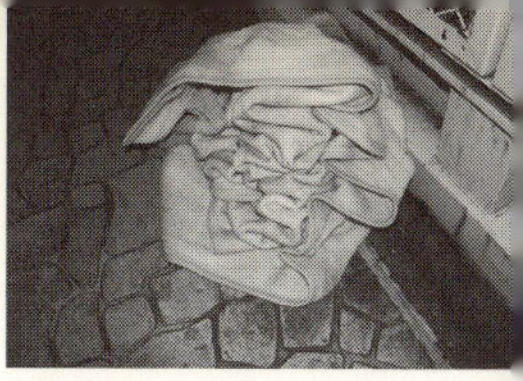

# 台東区

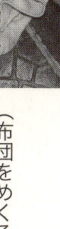

瀧　（布団をめくると……）

瀧　何もないか。チェッ！　じゃあ、降りよう。でも、これは衝撃。階段を上がってきた段階でやっぱ落ちてる物が（ワンカップ等）違うなとは思ってたけど、まさか人の糞があるとはね。ってこれも糞だ。あ、これも！

——なんで階段の脇？　どうして右へ左なんですかね？　出しながら上がったってこと？

瀧　手にとってあそこにベチャーンって投げつけたとか。泪橋歩道橋の上に人糞ありだよ。想像の上をいくなあ。

——ここで実際にしたわけですからね。

瀧　たぶん今晩したんだよ。ケツ出してさ。その証拠にまだフレッシュだったじゃん。乾いてなかったし。

## 開催終了後の酉の市へ

——ここが泪橋の交差点ですね。

瀧　この看板すごい。『歩行者の寝込み注意』って。

——たしかに（笑）。さて、ここからどうしますか？

瀧　せっかくだから細い路地を探索しよう。

（山谷地区の商店街に入る）

瀧　すげーなぁ。この商店街。もう少し奥まで行ってみようか。

一同　すげー。

瀧　（小声で）ふとんを敷いて、地べたに直に寝てるもんね。すごいなぁ。

——……。

瀧　飲み屋的な店とかもあるのかな？

——どうでしょ？　でも、マンションはありますね。

瀧　普通に暮らしてる人とどう整合性が保たれてるのか、理解に苦しむよね。

う〜ん……。

瀧　寝てる人に話を聞くとかそういうレベ

（山谷地区の商店街を抜ける）

瀧　いやあ、すごかった。さて、ココはどこだ？

——日本堤一丁目です。

瀧　吉原大門が近いのか。行ってみよう。

——はい。

瀧　あれ？　この店「桜肉の鍋」。ここに来たことある気がするな……。超老舗で、雰囲気いいんだよ。創業は明治22年か。

——へぇ〜。

瀧　お、ここが吉原大門だ。台東区は全体的に濃いよね。ちょっと独立国家っぽいな。ヨーロッパにこんな感じのところない？

——リヒテンシュタイン的な？

瀧　なんかそういうとこ。だって浅草寺みたいな重厚な場所があるかと思いきや、山谷の商店街で人が寝てるみたいなところもあって。さらに吉原もでしょ。生命力があるよね。七福神めぐりもあるしさ。同じ区の中にこれらが全部つまってるんだもんね。

——そうですよね。

瀧　山谷、吉原なんて、女の人は基本的に来ないしね。さっきすれ違ったお姉さんも、ソープの仕事終わりましたっていう感じだったよ。

——格好とか。

瀧　格好もだけど、なんかさっぱり感があった。（看板を見て）「安心で明るい町、安全な町作り」って書いてある。そりゃ、書きたくもなるわな。

——酉の市もう終わってますかね？

瀧　あ、すっかり忘れてた。行って確かめよう。

——この辺りは来たことあります？

瀧　来たことはあるよ。土地勘があるわけじゃないけ

弁財天

瀧　女の子が「あの殿方に身請けしてもらえますように」とか「性病にかかりませんように」とか祈ってたのかな……。だって昔は抗生物質なんかなかっただろうし、身を賭してっていう局面もあっただろうからね。

――ここも七福神のひとつです。

瀧　そうなんだ。じゃあ、あとふたつか。

――（周囲を見渡しながら）どうやら西の市は終わっちゃったようですね。ここが入り口かな。

瀧　わ！　すごい熊手。せっかくだからちょっと話を聞

いてもいいですか？　この辺りの人？

熊手屋　いえ、埼玉県浦和です。

瀧　今日はどうでした？

熊手屋　日曜日だったので、家族連れが多かったですね。あまり大きいものは売れませんでした。

瀧　でも、毎年決まって買ってく人もいるんでしょ。ご贔屓にしてくれてる人とか。

熊手屋　そういう人もいます。

瀧　同じお店で買って年々大きくしていくのがいいんだよね。大体いくらくらいからあるの？

熊手屋　小さいものだと1000円くらいですね。

瀧　この仕事はもう古くから？

熊手屋　お店自体は僕が生まれる前からずっとあります。ちょっと拡大して、今は3店舗出してるんですけど。

瀧　へぇ～、でっかいんだな。お名前は？

熊手屋　西野と言います。お店は西正

ど。それにしてもたくましいなぁ。パワーがある。今日さ、江戸ゾーンを歩いてきて思ったんだけど、江戸の頃っていろんなモノが剥き出しだったんだろうね。

――たしかに。ここが吉原神社ですね。

瀧　じゃあ、俺もどれか買っていこうかな。でも、もう閉まっちゃうんだよね？
西野　大丈夫ですよ。
瀧　初心者向けの小さいのある？これいくら？
西野　3000円です。
瀧　じゃあ、これからスタートしよう。熊手デビューだ。
西野　来年もぜひ来てください。売約済みって札を貼るので。じゃあ、手締めしますか。益々ご活躍できるように。「いよー、それっ、それっ、それっ、それっ、それっ！」
瀧　気持ちがさっぱりするな。みんなに一生懸命やってもらうと。西正さんは今年は例年に比べて良かった？
西野　今年はまだ一の酉なんで。次の二の酉でどうなるか分からないですけど。
瀧　そうか、二の酉まであるんだ。初めて来たときに来いいもんだなあ。今度はちゃんと営業してるときに来るよ。ちなみにどこまでデカくなるの？　あれくらいだといくら？
西野　あれはお客さんの注文の品なんですけど、10万円以上します。
瀧　そうだよねえ。やっぱそれくらいしちゃうよねえ。ご祝儀代とかも入るんだろうし。

（西正大将が登場）

西正大将　こっちに参道店があります。NHKの番組で「オリジナルは梅色ですが、黄梅は金運を上げる」と言ったら、バァ〜っと人が大勢来て。朝早い番組なのに、みんなよく観てるんだなって驚きましたけど。
瀧　酉の市って年に2回だけなんですか？
西正大将　11月の酉の日にやるので年によって2回か

台東区

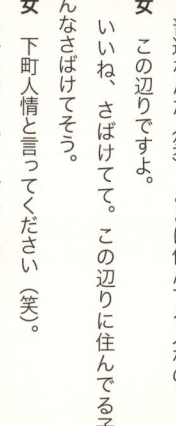

瀧　3回。12月は毎日どこかの神社でやってますよ。
じゃあ、変な話ですけど、売るチャンスはいっぱいあるわけですよね？
西正大将　う〜ん。でも地方での売上は落ちてますね……。
瀧　なるほど〜。なら今日は西正さんにとって本番の日だったんですね。
西正大将　はい。生活がかかってますから（笑）。
（西正大将と別れて、鷲神社を探す）
巫女　こんばんは。
瀧　寿老人ってどこですかね？
巫女　ああ、七福神めぐりですね。あそこです。

寿老人

瀧　お、ここか。じゃあ、お賽銭を入れよう。
（鷲神社でお参りする瀧）
瀧　ところで、今年の西の市はいかがでした？
巫女　やはり出店数も年を追うごとに減ってしまってますね。地元なのでずっと見てますけど。あとは皆さん、二の酉に来られることが多いので。
ところで七福神を全部、回るんですか？
瀧　そう。今日、夜9時からず〜っとウロウロしてるんだよ。あのさ、山谷ってすごいね。おっちゃんが地べたに直寝してるんだもん。度肝を抜かれたよ。
巫女　普通です。
瀧　普通なんだ（笑）。どこに住んでる人なの？
巫女　この辺りですよ。
瀧　いいね、さばけてて。この辺りに住んでる子は、みんなさばけてそう。
巫女　下町人情と言ってください（笑）。
瀧　多少の物を見てもびっくりしなさそうだよね。肝が据わってる。じゃあ、また来るから。ありがとう。

## 最後の七福神を目指す

瀧　いやあ、良かった。キ

レイな娘だったし。なんか気合い入ったなあ。

——テンションが上がりましたね。

瀧　お兄ちゃんたちもさっぱりしてていいし。

——でも、ホント巫女さんかわいかったですね。

瀧　すげー、かわいかった。「山谷とか驚いちゃいましたか？」って感じのところがさ、この辺りの人を嫁にもらうと人生ラクそうだなって思っちゃったよ。妙な安定感があるよね。

——お兄ちゃんたちもイケメンでしたね。

瀧　そう、イケメンだった。そして爽やか！　それにしても、西の市が終わった後に来ても清々しいさっぱり感があるんだから、営業中だとさらにさっぱりしてるんだろうなあ……。

——台東区はほんと、いろいろありますね。面白い。

瀧　この散歩が始まったとき、台東区に住んだらあまり受け入れてくれなさそうとか言ってたじゃん。その

印象がまったく変わったね。

——わははは（笑）。女の子に会ってね。

瀧　女の子もあんなに優しくしてくれるんならって（笑）。でも台東区って、年間行事の数が他地区より多そうじゃない？　地元民として参加すべきイベントって、絶対に多いと思うよ。

——酉の市や大晦日、花火大会、三社祭、サンバカーニバル、下町コメディ祭もありますね。

瀧　ほんと、すげー数。実際は思っているより小うるさくないのかもしれないなあ。住んでもいいかなっていう気もちょっと芽生えてきた。

——180度変わりましたね。

瀧　マジで、180度変わったよ。

——何だか急に都会っぽくなってきてませんか？

瀧　そろそろ中心に戻ってきた感じだね。あ、合羽橋道具屋街だって。プロ仕様の機械だ。あれは……、タレ付け機だって。飯田製作所。焼き鳥のタレなんかを

# 台東区

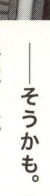
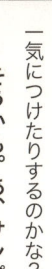
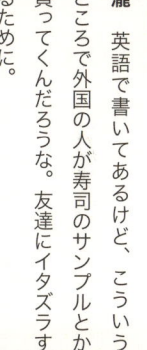

——そうかも。あ、サンプル屋さん。

瀧　英語で書いてあるけど、こういうところで外国の人が寿司のサンプルとか買ってくんだろうな。友達にイタズラするために。

——商店街はちゃんと営業してそうですね。

瀧　でも、道具屋ばかりの商店街って、ほかにもあるのかな？　さっきの熱田香料だっけ？　あそこはどうしてここに出さなかったんだろうって思うよね。

——お、ついに見つけました。矢先神社です。

瀧　福禄寿だね。これがラストだ。コンプリート。じゃあ、浅草寺まで戻ろう。

## 2度目のおみくじで衝撃の結果が！

瀧　これまでずっと合羽橋、山谷、吉原が独立して点在してるイメージだったんだけど、密接につながってるんだね。吉原はもっと離れたところにあるんじゃないかと思ってたけど、意外と近い。それが今日歩いて分かったから、ためになったな。

——たしかに、もっと離れてると思ってました。

瀧　その他に遊覧船みたいな船のゾーンもあるわけでしょ。さらに芸事のゾーンもある。そう考えると、すごい街だな。台東区の結論は、"独立国家"だ。自前の遊園地（花やしき）もあるし、水の輸送路もあり、ガスもある。労働力だってあるし、職人さんもいっぱいいる。台東区だけでやっていけると思わない？

——ええ、それにスカイツリーも見えるし。

瀧　マジで独立国家、行けるって。そして、浅草寺に到着。ゴールだね。

——七福神めぐり、制覇ですね！

福禄寿

瀧 ちょっとは運気が上がったかな。

——せっかくだからもう一度おみくじ、いきますか?

瀧 やってみる? じゃあ、ガラガラガラ。ババン! ……うわ、なんと大吉!(笑)

——え? マジっすか! すげー。

瀧 しかもただの大吉じゃないよ。1番の大吉。すげぇ! 読者の皆さんにオススメしよう。七福神めぐりをすると、凶が大吉になりますよ、と。読むよ。「願事、充分に叶うでしょう。病気、治るでしょう。待ち人、現れるでしょう。失物、遅くなって見つかるでしょう。新地、転居、嫁とり、婿とり、旅行、付き合い等、全てによいでしょう。油断をすると思わぬ災いが起こることでしょう」

——**最初のおみくじと比べると、全部真逆ですね**。素晴らしい!

台東区は **独立国家としても機能性充分!**

瀧 くまなく七福神を回ったご利益だ。はしょらなくて良かった!

——これがガチってところが瀧さん、持ってますね。それに最初が98番で今回が1番ってのも、数字だけ見てもすごい!

瀧 じゃあ、最高の終わり方ってことで、今日は終了(笑)。初回からものすごい距離を歩いたなあ。

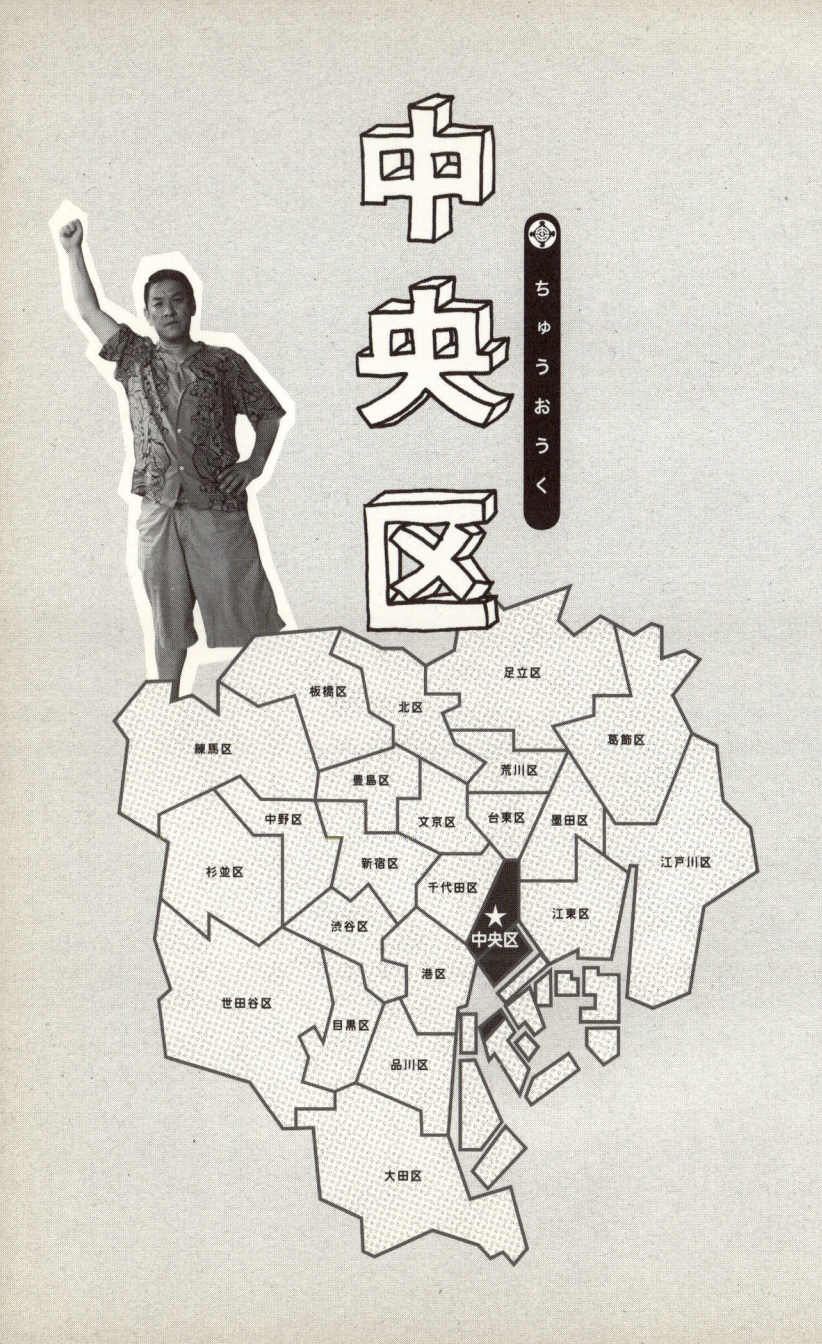

# 中央区

ちゅうおうく

## 有楽町線月島駅スタート

――今日は中央区です。昭和22年に日本橋区と京橋区が合併して誕生した区で、東京市のほぼ中央に位置することから名付けられました。今回は案内人として、料理研究家&フードコーディネイターの森村芳枝さんをお招きしています。

**瀧** 初めまして。今日はよろしくお願いします。森村さんは月島生まれの月島育ちということですが、何代にも渡って住んでいらっしゃるんですか？

**森村** はい。月島では古い家になると思うんですけど、祖父が桶屋だったんですよ。父親は厨房の設計士で、私は屋台料理から宮廷料理にいるまで、いろいろなタイ料理を自宅で教えているんです。今日はまず月島でもんじゃ焼きを食べましょう。オススメの店にご案内します。

**瀧** 僕の月島のイメージって、ほぼもんじゃ焼きオンリーだったんですが、でも一歩裏に行くと、玄関開けっ放しでおっちゃんが涼みながら寝てたりする風景もあるんですね。

**森村** 昔はもっとそうだったんですけどね。ステテコのおじさんとか。

**瀧** そうそう。下町っぽい人が基本的にはいるんだけど、もんじゃのメインストリートだけが全国的に有名になっちゃったという感じですよね。

**森村** はい、たしかに。あ、この横丁を入っていきましょうか。

**瀧** 家と家の間の路地に植木がいっぱい置いてあって、やっぱり下町っぽいなあ。

**森村** 東京の田舎って感じ。でも、地上げにあってだんだん長屋がなくなり、風情がなくなってきましたね。

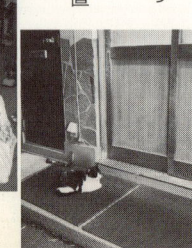

瀧 こういう下町っぽいところでも、こうパッと見上げると、ほら高層マンション。昔から住んでる人からしたらどんな気分ですか？

森村 私は、新旧のバランスが面白い場所だと思ってるんですよ。

瀧 住宅が上に伸びてるということは、人口は増えているんでしょうね。

——中央区の人口増加率は断トツです。

瀧 断トツは意外かも。そもそも何で月島はもんじゃ焼きなんですか？

森村 私の小さい頃は、ご主人を亡くした未亡人が手っ取り早く始められる商売だったみたい。コストがかか

らないから、儲かったんですよ。あ、ここです、「まぐろ家」さん。お出汁がきいておいしいんですよ。

## 月島名物のもんじゃ焼きを堪能

森村 ここは、もんじゃに初めてまぐろに使ったお店。だからお刺身もおいしいんですよ。

瀧 じゃあ、まぐろも食べましょう。オススメって書いてあるから、かまとろにしましょうか。もんじゃ焼きはどれをいったらいいでしょう？

森村 明太子もちチーズ、あさりしらずネギ、豚キムチがオススメですね。

瀧 じゃあ、それで。僕もんじゃ焼きを初めて食べたのは、東京に出てきてからなんです。静岡にはもんじゃという食べ物はなかった。静岡だと子供が駄菓子屋で食べるのはおでんなんです。

森村 それは意外ですね。

瀧 ちなみに、森村さんにとって月島の住民像ってどんなイメージですか？

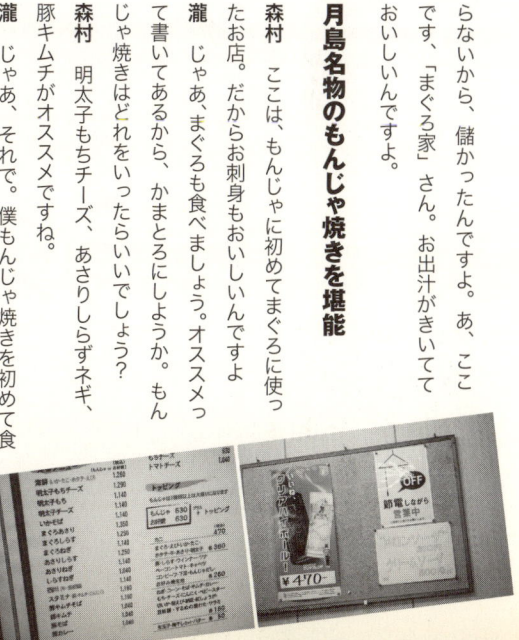

森村　個性が強かったり、キャラクターが濃い人が多いですね。
瀧　職人気質のおっちゃんが大勢いて、血の気が多いエリアだなっていう感じもありつつ、下町特有の静かさも併せ持つという。
森村　二分してるかもしれませんね。
瀧　寡黙な人か、グイグイ行く人か。
森村　そのどちらかという感じかも。
瀧　もんじゃストリートは、グイグイ行く人たちが「街おこしでやっていこうぜ！」というのが発端なんでしょうけど、それが全国レベルまで広がっていったわけだから、彼らの方向性は正しかったということですよね。
森村　そう思います。街おこしは成功しましたから。
瀧　今や羽田空港のお土産屋でもんじゃセットを売ってたりするわけだから、森村さんの子供時代から考えると「え〜？」っていう感じですよね。

森村　あり得ないですよ！ 30年前にもんじゃ屋さんを始めたところなんかは、ビルが建ったくらいですから。
瀧　知り合いや同級生でそういう人はいますか？
森村　いますよ。もんじゃビル（笑）。でも、今は競争がものすごく増えちゃったから、個性がないと。

――入れ替わりが激しいんですか？

森村　流行ってる店とそうじゃない店の差がものすごく激しい。
瀧　じゃあ、新しく店を始めてもあまり儲からない？
森村　よっぽど個性を打ち出さないと無理ですね。
瀧　なるほど。でも、もんじゃ焼き屋以外にも、新しく今どき風の飲食店もチラホラでき始めたりしていて、独特の雰囲気ですね。
森村　月島は地の利が良くて銀座に近いから、戦後の新しい文化を享受してきたんです。歌舞伎座にも歩いて行けるし、ウチの父や父の兄弟もおしゃれで、小さい頃からケーキを食べに行こうって言ったら、「ホテル

**瀧** オークラ」に行ってたんですよ。

この辺りの人は粋でいなせなんですね。僕、東京に住んで26年になりますけど、いまだに銀座って敷居が高いですもん。銀座に行くとビビるというか、銀座は自分用の街じゃないなって(笑)。渋谷や新宿は僕みたいな田舎者には行きやすいなって思うんですけど。

**森村** 大人になってからだと、そう思うかもしれませんね。でも、月島はほんと楽しいの。自転車でどこにでも行けちゃう。銀座、丸の内、ちょっと緑が見たいと思えば浜離宮とか。

(もんじゃの具材が運ばれてくる)

**森村** 店員のお兄さんに作ってもらいましょう。

**瀧** 実は僕、もんじゃ焼きの正解の作り方を知らないんで、教えてくれる?

**男性店員** 正解はあるようでないのがもんじゃ焼きで、作られたものが正解です(笑)。土手を作ら

ないこともありますし、おいしければもう何でも。ウチのはお水が少ないので、固まるのも早いです。

(もんじゃ焼きが完成)

**瀧** それじゃあ、いただきまーす。

……ウマイ!

**森村** おいしい。

**瀧** いつ食べてました? 学校帰りとか?

**森村** 子供の社交の場でしたね。でも、昔のもんじゃに比べると、おいしくなった。こんなトッピングなんて、なかったもん。辛いの大丈夫ですか?

**瀧** 全然、大丈夫です。

**森村** じゃあ、七味をちょっと。明太子チーズもちが究極においしいのよ。

瀧　フードコーディネイターの本領発揮ですね。うん、ピリ辛が入るとさらにウマい。

森村　でしょ？　やっぱりもんじゃは大勢で食べるとおいしいですね。おしゃべりをしながら食べるのにちょうどいい。

瀧　場も盛り上がるしね。

森村　これから佃方面に歩いて行ってみようと思ってるんですが、どうですか？

瀧　歩いて行ける距離なんですね。佃と言えば、佃煮ですよね？

森村　はい。佃島は江戸幕府に貢献した摂津国佃村(現在の大阪府大阪市西淀川区佃)の漁夫が、お魚がいっぱい獲れる領地を与えられ、移ってきてできた場所。佃島の人は、選ばれた人たちだったんです。

瀧　へぇ～。じゃあ、もんじゃも食べ終えたことだし、行ってみましょう。ごちそうさま～。

男性店員　ありがとうございました。

## 住民に愛されてるイチョウの木

(「まぐろ屋」を出ると自転車の乗った大学生の軍団を発見)

瀧　あれ？

大学生1　いえ、違います。豊洲です。

瀧　あのさ、一緒に写真撮ってくれない？

大学生2　ピエール瀧さん、俺、同じ高校なんです。

瀧　え？　キミは何期生？

大学生2　43期生です。

瀧　俺21期生。じゃあ、みんなを説得して並ばせて。後輩なんだから、もう断らせないよ(笑)。

大学生2　はい、みんな早く並んで！

瀧　コレ本になるけど、あとで文句を言わないように(笑)。

大学生2　大丈夫です。

——ハイ、チーズ♪

# 中央区

瀧　ありがとう。じゃあ、キミらは適当に飲んで帰りたまえ(笑)。

大学生　はい。さよなら〜。

瀧　まさか月島で同じ高校の後輩に会うとは思わなかったな。いい子だった。じゃあ、行きましょう。あれ? これ何?

森村　お稲荷さんなんですよ。

瀧　これ、そうなの? 奥にうっすらと灯りがついてますよ。

森村　私が物心ついたときからあって、宮司さんが毎朝、掃除して回っていらっしゃるの。普段はお参りしないけど、今日はしちゃおうかな。

瀧　した方がいいですよ。いつか助けてくれるかもしれないですから。(ふたりでお参りして移動)

森村　ここは最近できたワインバー。いい感じの店ですね。森村さん的には、家の周りに新しいお店ができていくのは歓迎なんですか?

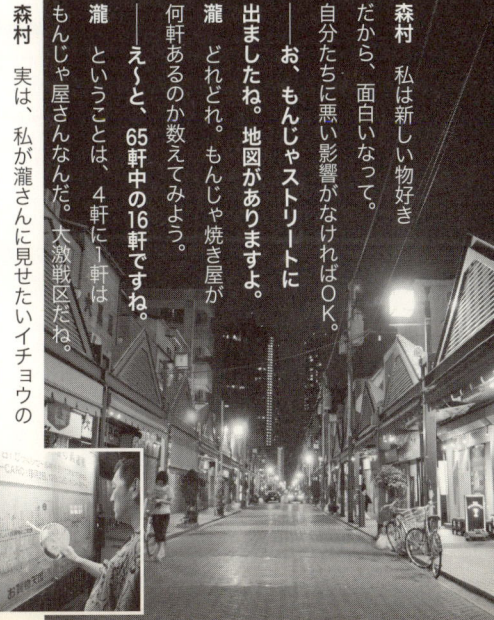

森村　私は新しい物好きだから、面白いなって、自分たちに悪い影響がなければOK。

──お、もんじゃストリートに出ましたね。地図がありますよ。

瀧　どれどれ。もんじゃ焼き屋が何軒あるのか数えてみよう。

──え〜と、65軒中の16軒ですね。

瀧　ということは、4軒に1軒はもんじゃ屋さんなんだ。大激戦区だね。

森村　実は、私が瀧さんに見せたいイチョウの木があるんです。指定文化財になってもおかしくないところなんだけど、地元のみんなが守ってるイチョウの木だから別にブランドにしなくてもいいと断った場所なんですよ。この狭い路地を入っていくとお地蔵様があって……

(突如、巨大イチョウの木が出現!)

瀧　おぉぉ！　すごい。木の上がまったく見えないな。

森村　江戸時代からあるイチョウの木なんです。私は落ち込むとここに来て、こうやって木に抱きつくんですよ。何だかホっとするから。

瀧　住民からすごく大事にされてる感が出てますね。

森村　不思議でしょ。

瀧　これはヨソにはちょっとないなあ。

## 隅田川のほとりを散歩中

瀧　この辺りから渡しが出てたらしいですね。

森村　私が小さいときにはありましたよ。

瀧　風があって、気持ちがいい。夕涼みの場所がたく

さんあっていいなあ。

森村　水が多い街ですからね。この辺りが佃煮屋ストリート。朝はホントにお醤油の臭いがするんですよ。

瀧　元祖佃煮って書いてある。今度、買いに来てみようかな。

森村　そして、ここが住吉神社。

瀧　鳥居もなかなか立派。

——資料によると、月島に移住してきた摂津国佃村の漁夫と、同地に所在する田蓑神社の神主が江戸に移住した際に分霊して創建された神社らしいです。

瀧　なるほどね。

森村　この階段を上ると、佃公園です。桜の季節は、とってもきれいなの。

瀧　お、水門だ。味わい深い。これ

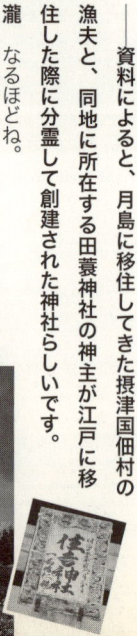

が閉まったところを見たことあります。

**森村** ないですね。かちどき橋が開いたのは見たことがあります。

**瀧** パリ広場って言うんです。

**森村** 佃島なのに?(笑)。無理ないすか? でもお弁当を持ってきたり、日光浴とかもいいかも。ホラ、子供も水辺に足をつけて遊べる設計だし。

**瀧** 真夜中の川を海に向かって進んでく。何だろ、警察かな?

――(川の方を見て)あ、船ですね。

**瀧 パトロールかもしれませんね。**

**森村** ここを東京湾の方向へ向かってずっと進んでいくと、晴海埠頭の方へ出るんです。

**瀧** お、あの人は釣りをしてる。何狙いだろ? シーバスとか?

――じゃあ、そろそろ築地市場へ行きましょうか。

**瀧** うん。結構、歩いたなあ。

**森村** あの辺りが月島の由来になったと言われる月がきれいに見える「月の岬」です。

――再稼働しようとすると、約10億円くらいかかるらしいですね。だから反対意見も多い。

**瀧** へぇ～。月島はもんじゃで有名になっちゃったからそのイメージが強すぎて、実は見落としてる部分がいっぱいあるな。

――たしかに月島に行っても、もんじゃ焼き屋にしか行かないから……。

**森村** そうなんですよね。じゃあ、川の方に降りましょうか。

**瀧** こんなに並々と水があるともっていかれますね。デートコースに最適ということにしとこう。

**森村** ひとりで歩くのが恥ずかしいくらいカップルが多いんですよ。ここは

瀧　じゃあ、月を見るときはあそこから限定で(笑)。で、築地にはどう行けばいいんでしたっけ？

森村　かちどき橋を渡るともう築地ですよ。

瀧　近いのか。しかし、この辺りは遠慮なく高層ビルが建ちまくってますね。昔からこうでした？

森村　ここ20年くらいかしら。

瀧　そりゃ、人口が増えるわけだ。お、かちどき橋だ。歩いて渡るのは初めてだなあ。何かドボーンって落ちそうでドキドキする。この辺りが真ん中？

森村　切れ目はここですよ。

瀧　ほんとだ。それにしても、すごい揺れるのね。

森村　この時間帯はトラックが多いですから。

瀧　城東地区もここ数年で息を吹き返して、やっぱり東京というか江戸の中心はこっちだぞ、という感じになりつつありますよね。

森村　大江戸線ができてから、そんな雰囲気になりましたね。月島は以前、有楽町線しかなくて、その前はバスしか交通手段がなかったんです。陸の孤島だったんですよ。

——お、築地市場ですね。案内役が待ってくれているので急ぎましょう。

## 築地市場内へ潜入

——今日、場内を案内してくれる山本さんです。

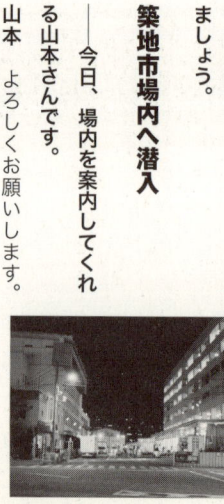

山本　よろしくお願いします。今、準備を始めている時間帯なので、フォークリフトが多いんですよ。なので、まずは屋上から全景を見てもらおうと思いまして。足元が濡れているので、気をつけてください。

瀧　気をつけます。よろしくお願いします。

中央区

(築地市場内へ移動)

**山本** この時間だとまだ商品を並べてるところなんですけど、あと数時間するとお客さんがやって来ます。

**瀧** 何だか物量がすごい。

**山本** だから珍しい時間と言えば、そうなんです。これだけ物が並んでるので。

**瀧** 毎日が修羅場でしょ?

**山本** そうですね。でも、私は事務員で、みんなの修羅場が終わってから出社する感じですから。

**瀧** 当然のことながら、中はちょっと寒いんだね。

**山本** 基本、全部冷凍庫なので。それでは、エレベータで屋上に上がりましょう。

(駐車場の屋上に到着)

**山本** ここからだと、市場を一望できます。

**瀧** ——おお! すげ〜。

**山本** 昔は電車で荷物を引いていたので、ぐるりと線

路が通っていたんです。だから扇状になってました。

**瀧** なるほど。ということは、現在は線路があったところはつぶしちゃってるんですね。

**山本** はい。全体的な流れを説明すると、競りの場所から仲買さんが自分の店に購入した商品を運んで、そこから各スーパーに持って行く……というような感じですね。あとは隅田川から船が来て、水揚げする形になってます。

**瀧** 値段ってどうやって決めるんですか？

**山本** 競りもありますし、基本的に漁師さんから魚を預かって売値の何％かをもらうのが仲買さん（中間業者）です。相場と相談しながら値段を決めるんですけど、高くしすぎると売れないときもありますから。商品を出しても、買ってもらえなかったら意味がないので……。

**瀧** なるほど。それにしても無骨な景色だなあ。

**山本** まだ準備の段階なので、フォークリフトやトラックの数が多いんですよ。じゃあ、とりあえず下に降りましょう。

（エレベータで1階へ。市場に出ると、そこには無限のフォークリフトが……。）

**瀧** うわあ、スゲえ！

——**おお！ なんかスターウォーズの世界みたい。**

**山本** マジでフォークリフトに轢かれますから、気をつけてくださいね。

**瀧** あんな機敏に動いてるフォークリフト初めて見たんだけど。

**山本** ここは基本交通ルールがないですから。ぶつかった方が悪いので、本当に注意しくださいね。

**瀧** でも、おそろしく活気がある。こっちもテンション上がるなあ。

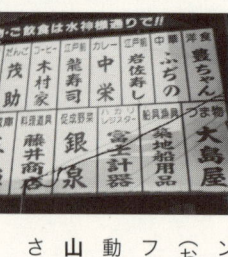

（おっかなびっくりフォークリフトの間をすり抜けながら移動する）

**山本** この辺りが食べ物屋さんで、よくテレビに出てる

瀧　俺らみたいな一般客だと何も買えないんでしょ?
山本　青果は箱売りなんです。
瀧　箱で買うんだったらアリなの?
山本　ウマいです。瓶で持ち帰りできるんですよね。ここはお寿司屋さんです。
瀧　この辺りなら、一般の人も入っていいの?
山本　大丈夫です。でも、昼の12時くらいには店が終わってしまうので、営業時間内に来ないとダメです。それ
森村　おいしいカレー屋さんがあるんですよ。
山本　青果ゾーンはそんなに殺伐とした雰囲気はないね。
瀧　ちょびっとですけど、勉強もさせられるので。
山本　これから怖いとろへ行きますよ(笑)。
──あれって競りじゃないですか?
山本　少量だけど、鮮魚の競りをやるんですよ。今から競りをやるので、気をつけてください。
ゾーンです。
山本　でも、足元を見られていい値段を吹っかけられますね。だから私も青果を買うときは、会社が使ってる業者に頼んでます。素人は足元を見られていい値段を吹っかけられますね。
瀧　シビアだなあ。山本さんは魚の目利きはできます?
で、ここから向こうが青果部。
瀧　野菜ね。
山本　野菜と果物に分かれてるんですよ。ここを真っ直ぐ行くと競り場があります。

瀧　あのおじさんとか苛立ってるので……。魚によって置く場所が決まってるんです。さっきの場所はカツオとマグロ、ここがタイですね。

山本　珍しい物ばっかり扱ってるところもあったりするの？

瀧　あまりないですね。業者さんも珍しい物はあまり売れないというのが分かってるので、メジャーな物と珍しい物をセットにして、「これも売ってよ」という感じです。

山本　会社によって主力の商品が違ったり、扱ってる物が違うんですよ。

瀧　市場に買い付けに来る人たちは、山本さんの会社みたいな仲介業者が用意した魚から、「これとこれ」というような感じで購入していくんでしょ。

山本　はい。料理屋さんは2時間後くらいに来て、並んでる商品から選んでいきますね。

## 冷凍マグロに大興奮！

山本　あ、ちょっと珍しいものがある。ここはマグロの生ものですね。

瀧　マグロのフォルム、かっこいいな。すごい！

山本　どこの海域で獲れたっていうのが紙で貼ってあるんです。

瀧　善し悪しって尻尾の断面で見るんでしょ。

山本　そうです。

瀧　もちろん、高いんだよね？

山本　でも、安いときは安いですよ。

瀧　あれでどれくらいするの？

山本　海域によってまったく値段が違うんですよ。今の時期だったらキロ1万円とかは平気でするので、結

構高いと思います。この先に行くとトラックから冷凍マグロを降ろすところが見られるので、行ってみますか?

瀧　行く行く。

(目の前には次々とトラックから降ろされていくカチンカチンのマグロの姿が……)

瀧　お、ゴロンゴロン出てくる。スゲー。

山本　マグロを切るのも全体重をかけて、すごく大きい包丁で切るんですよ。

(ガン、ガン、ガン!)

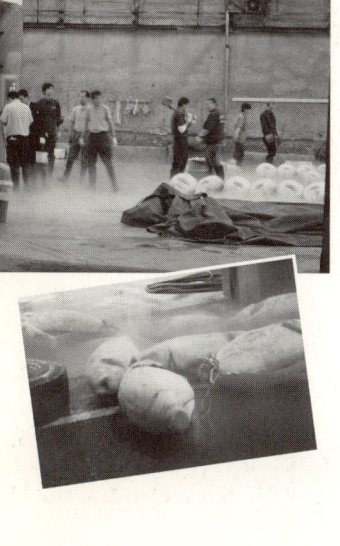

瀧　すごい音がしてるなあ。だんだん荒々しさが増してきたな。

山本　午前5時50分までにすべてのマグロを降ろして、尻尾を切らないといけないので。あそこで尻尾を切るラインを決めて、重りを測ってから重さを記入してここに並べる、という流れですね。つまり、すべて競りにかかるんです。

瀧　へぇ〜、全部売れちゃうんだ。

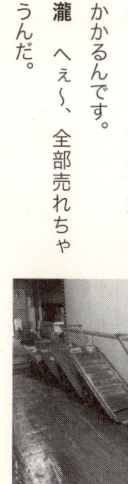

**山本** 基本的には売っちゃいます。冷凍品なので1、2年保存しても問題ないんですよ。新鮮な状態で冷凍をかけてるから。ここにつけてあるトラックは、すべて冷凍マグロなんです。荷台にぎっしりと冷凍マグロが入っていて、2時間後には全部並んでると思います。さて、ざっとですけどどれで市場を1周しました。

**瀧** 超面白かったですよ。あの冷凍マグロがトラックから降ろされるときのゴドン！って音は、一生忘れないと思うな。

**森村** 貴重な体験でした。私、食関係の仕事なので場内にはよく来るんですけど、マグロのコーナーには近づけないから。

**山本** 何だかすごく慌ただしくて、すいませんでした。

**瀧** いや、逆に落ち着いて見られない感じというのはよく分かりましたよ。すげー楽しかった。森村さんも山本さんも、今日はありがとうございました。わ、もうすっかり朝だ。。

粋も活気も近代化。

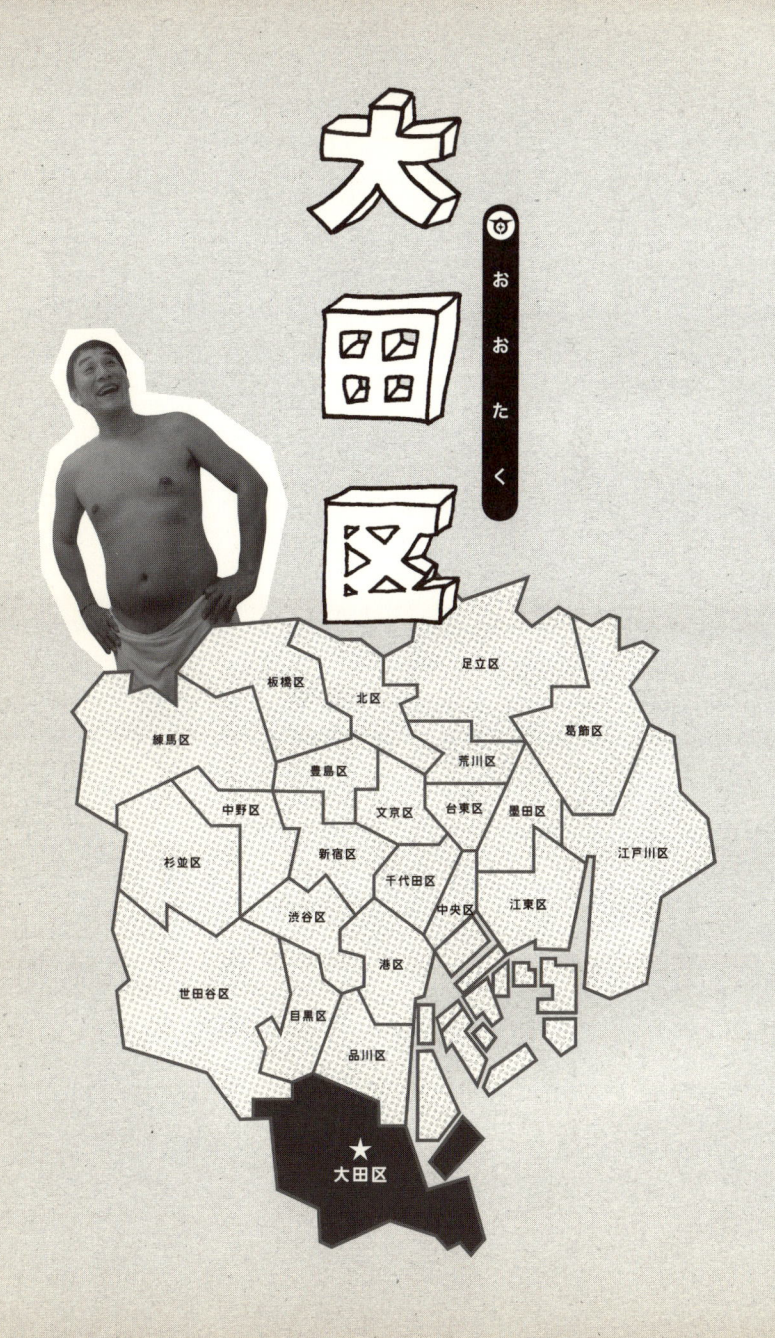

# 大田区

おおたく

★ 大田区

練馬区 板橋区 北区 足立区 葛飾区
杉並区 豊島区 荒川区
中野区 文京区 台東区 墨田区 江戸川区
新宿区 千代田区 江東区
渋谷区 中央区
世田谷区 港区
目黒区
品川区

## JR蒲田駅西口スタート

——さて、今日は大田区です。大田区と蒲田区が合併する際に、一文字ずつとって大田区と名付けられたのが由来ですね。まず、瀧さんのイメージは？

瀧　町工場、羽田空港。あと、大森、蒲田は治安が悪いっていう評判をよく聞くね。

——蒲田には来たことあります？

瀧　あまり来る用事がないんだよね。蒲田に住んでる友達を持ったことがないからさ。ある？

——ないです。

瀧　あ、でも思い出した。20歳くらいのときに付き合ってた彼女が蒲田にあるショップの店員をやってたことがある！　仕事終わりに「迎えに行くよ」って、そのとき以来かも。

——ということは……20年以上前ですよね。当時と比べて町並みは変わってますか？

瀧　いや、まったく覚えてない（笑）。でも、意外と大きい街だなあ。歓楽街の大きさとか、地方都市くらいあるなと思って。

——どこかへ出張に行った日の夜っていう感じですかね？

瀧　そう。ちょっと東京とは思えないよね。店の名前とか、看板の書体とか、ネオンの感じとかさ。ほら、フィリピンパブ、グランドキャバレーみかど……。

——あ、不動産屋を発見。そんなに家賃、高くないですよ。ワンルーム5万7千円。

瀧　ふ〜む。でも、前から住んでる人じゃないと住むきっかけがないよね。もしくは飛行機好きとか？

——羽田空港で働いてる人とか？

瀧　飛行機マニアとかね（笑）。でもさ、羽田空港の24時間化にともなって、不動産業界は結構盛り上がってるんじゃないの？

——そんな気がしますね。

瀧　日本の主要都市を商談で飛び回ってる人からしたら、蒲田は羽田空港の近くだからすごく便利なんだろ

大田区

うし。

——前線基地みたいな感じですかね？

瀧　今までの蒲田って羽田空港が近いとはいえ、"まち"としての価値はそれほど高くはなかったような気がする。でもこれからはさ、旅行会社とかいっぱいできるんじゃない？　考えが甘いかな。

## 長い長い商店街を直進中

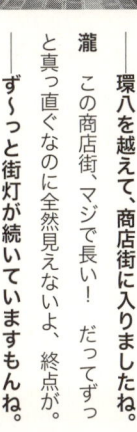

——環八を越えて、商店街に入りましたね。

瀧　この商店街、マジで長い！　だってずっと真っ直ぐなのに全然見えないよ、終点が。

——ず〜っと街灯が続いていますもんね。

そういえば大田区って、黒いお湯の温泉が有名みたいなんですよ。ちょっと寄っていきませんか？

瀧　お湯が黒い？　それは面白そうだからぜひ行ってみよう。新宿にある十二社温泉が、一番都会の中にある温泉なのかと勝手に思ってた。

——大田区には結構、温泉が多いらしいですよ。ち

なみに銭湯には行ったことあります？

瀧　地方出身者だからさ、地方って家に風呂があるのが普通じゃん。だからあまり縁がなかったな。

——俺もです。あ、看板に「蒲田温泉」って書いてありますよ。ほら、あそこに煙突も見えた。

瀧　ふふふ（笑）。何だか今日は旅っぽい気分だなあ。やっぱり地方都市に来た感じがする。せっかくだから蒲田温泉に入っていこう。

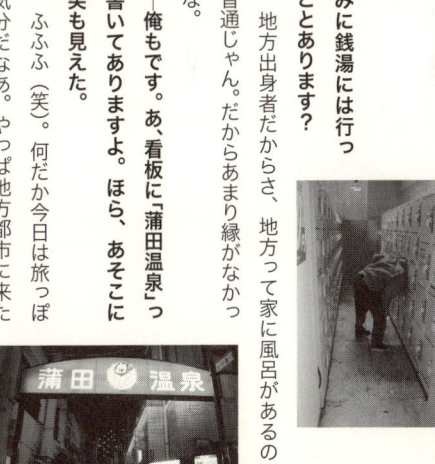

## 蒲田温泉の中に入ると……

瀧　ん！？（ポスターを見ながら）「ビバ銭湯」。蒲田温泉の公式曲がギュギュっとつまった温泉ソングが全国発売だって？　しかもセカンドアルバム？

——オーナーの島さん　こんばんは。

瀧　どうも。ところで、入り口

に貼ってあるポスターのバグザンさんとはどういうご関係なんですか？

島 なんかここを気に入って下さって、勝手に曲を作っちゃおうということだったみたいで。

瀧 もともとミュージシャンの方なんですね。

島 はい。シンガーソングライターみたいです。今じゃ大田区の催しがあるときには、お声がかかるみたいですよ。

瀧 へぇ～。あ、ここは休憩室もあるんですね。

島 ええ、食事もできますよ。じゃあ、こちらへどうぞ。

（風呂場へ移動する瀧）

瀧 皆さん、レポーターさん、入りま～す。

島 ははは。おかみさん、慣れてるなあ（笑）。

瀧 「皆さん、ピエール瀧と申します。ふざけた野郎ですが、おじゃましま～す」

島 ゆかたもあるので、後で着替えてくださいね。

瀧 え？ ゆかた？

島 はい。ウチは450円払えば、朝の10時から夜の12時まで、ずっといていただいていいんですよ。仮眠室もありますから。

## 休憩場でくつろぎタイム

瀧 （浴衣姿で）ほんとに真っ黒だったよ、ここのお湯。コーヒーより黒かったもん。あ、ステージがある。カラオケも！

常連さん夫妻 ……（瀧の来訪に驚く）。

瀧 あ、常連さん、こんばんは。よく来られるんですか？

常連さん夫 はい、たまに。

瀧 友達同士で蒲田温泉に何時に集合、みたいな？

常連さん夫 ええ、まあ。でも、家族と来るのが一番なので。

瀧 なるほどね。

島 よかったら、カラオケでも1曲歌っていかれませんか？

瀧 （笑）じゃあ、せっかくなんで持ち歌を。

―― 島 え？
―― この方、ミュージシャンなんです。
島 そうなんですか。はい、どうぞ。
瀧 じゃあ一曲。

♪夢でkiss kiss kiss kiss kiss kiss〜♪

（同「Shangri-La」を熱唱する瀧パチパチパチパチ〜（拍手）

瀧 これを歌うとき、「本物だ！」って言われるんだけど、実際にはサビは俺が歌うパートじゃないから、なんかこっ恥ずかしいんだよな。さておかみさん、この辺りってどんなとこるですか？

島 NHKで取り上げられることもあるんですけど、そのときは「町工場の中の温泉」とくくられることが多かったですね。昔はこの辺りも町工場がたくさんあったんです。今もお客さんにいますけど、機械ってずっと動かしてないとダメじゃないですか。だから年金をつぎこんで機械だけを動かしている。いつ辞めようか……と思いながら。

瀧 窯に火を入れ続けているんですね。それも自腹で。

島 本当は仕事さえあれば、もっと続けていきたいしいんですけど、でも仕事がないから。

瀧 話に聞くところによると、腕のいい職人さんがいっぱいいるらしいじゃないですか。ロケットの部品や新幹線の部品を作ってる人とか。

島 特殊な技術を持ってる職人さんは、まだ仕事があるんですよ。

瀧　ところで羽田空港が24時間化しましたけど、この辺りも変わってきた実感はありますか？

島　まだ大田区は騒いでないですね。

瀧　え？　さっき僕ら歩きながら、今は静かだけど今後インターナショナルなビジネスマンが増えてくるんじゃないかな、という話をしてたんですけど。

島　たしかにマンションは増えてきましたね。羽田空港まで京浜急行1本だし、約10分で行けますから。関連事業の方は需要があるんじゃないですかね。

瀧　僕は上京して20年くらいになるんですけど、正直、蒲田にはほとんど来る用事がなかったんですよ。(後ろの席に座る常連さん夫妻に向かって)ゴメンね、お兄さん、悪口言っちゃって。

常連さん夫　いえいえ。

瀧　お兄さん、おいくつですか？

常連さん夫　32歳です。

瀧　だったら若い頃は、やんちゃな子が多かったでしょう？

常連さん妻　今も多い(笑)。

瀧　今も！　暴走族？

常連さん夫　暴走族はいないですけど、やんちゃな子は多いですね。そういえば昔、発砲事件もありました。

瀧　**は、発砲事件？**

常連さん夫　それで下校禁止になったことがありますね(笑)。

瀧　オマエら、発砲があったから学校から帰らずに待っているように、みたいな(笑)。

島　ええ。ただ、最近は静かになりましたね。

## 話は蒲田温泉の歴史、蒲田の町作りへ……

瀧　ところで、こちらの店は何年くらい営業されているんですか？

島　75年目です。先代が浴場建築の棟梁だったんです

けど、浴場建築には宮大工みたいな技術が必要なんですよ。昔の建物は基本的に木造でしたけど、水で湿気てしまうから屋根はそのままで、柱の下から3尺くらいのところだけ全部柱を入れ替えていたんです。そういう技術を持ってないと、務まらない仕事だったんですね。

瀧　へぇ〜。

島　それで2代目も建築をやっていて、戦争で一度はこの店も焼けたんですけど、井戸は涸れていなかったので見よう見まねで建てたんです。でも構造的に限界がきたので、25年前に建て替えました。

瀧　なるほどね。

島　本当はその時代にその建て方だと、入浴料が1000円くらいになってしまうんです。でもね、それだとご近所さんが来られなくなってしまう。ウチは周りの皆さんのおかげでここまでくることができたわけですから、そのままの値段で行きましょうということで、今にいたっています。

瀧　男気あるじゃないですか！　素晴らしい！　とこ

ろで、あのお湯はなんであんなに黒いんですか？

島　いわゆる天然の化石水ですね。

瀧　じゃあ、ミネラルたっぷりだ。だからあんなに真っ黒なんですね。

島　もう入れ立てのブラックコーヒー。これだけ良い成分は滅多にないみたいですよ。

瀧　埋め立て地は元は海だから、こういう黒いお湯が出るということなんですか？

島　それだけじゃダメなんですよ。富士山の火山灰や太古の海水、植物など、いろいろなものが堆積して層になってるところだから。

瀧　そうか、だから大田区は黒湯が多いんですね。

島　もうひとつは美白作用があると言われてます。アルカリ性だからお肌がスベスベになるし、化粧水がいらない。なかには行きはタクシーで来るのに、お風呂に入ったら元気になっちゃって、帰りは歩いて帰るお客さんもいますよ。思わず杖を忘れちゃったりして（笑）。

瀧　いい話ですねぇ（笑）。（再び常連さん夫妻に向かって）ところで、おふたりはどうしてここにいたんです

**常連さん夫** お風呂に入った後に、ここで待ち合わせをしてたんです。

**常連さん妻** ええ。実は……、彼は町作りをやってるんですよ。

**瀧** え？

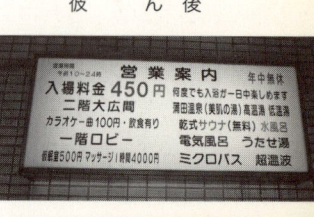

**常連さん夫** 大田区の職員なんです。

**瀧** マジで？ 町作りという意味では、ここの銭湯なんていいじゃないですか。羽田空港の24時間化でたくさん外国人の観光客も来るだろうし、ここに「いいお湯があるぞ」って教えてあげれば。

**常連さん** そうなんです。大田区では生活文化の良さをもっと出していければ、と思ってるんですよ。

**島** でもね、蒲田の駅を降りても、今いちぱっとしないのよねぇ……。

**瀧** わはは（笑）。それを蒲田の人が言っちゃいます？

**島** もうちょっと区でなんとかならないのかしら？ と思って。もっと盛り上がってもいい感じがするんだ

けど。

**瀧** でも今日、蒲田に来た感じだとかなり昭和の香りがするから、そのまま残しておいた方がいいと思うんだな。たとえがちょっと違うかもしれないけど、タイのバンコクって国際都市でしょ。だけど空港のすぐ近くに屋台があって、外でみんながバクバク食べてたりする。そのギャップが個人的には好きなんだよね。国際空港と下町って、実は良いセットなんじゃないかと思って。江戸までは行かないけど、昭和の感じがいい具合で残っているという。

**島＆常連さん夫** そうですよね。

**瀧** 味わいのある建物がいっぱいあるんだから、外観はそのままで中身を小綺麗なカフェにするとか。

**島** それはいいかもしれない。だけど、本当に良い建物はもうないのよ。戦争で焼けてしまったから。

**瀧** それを言ったら、東京はみんなそうですよ。

**瀧さん、23時になりました。**

**瀧** せっかくだからみんなで記念撮影しましょう。

——ハイ、ポーズ♪

## 蒲田温泉を後にし、多摩川へ

瀧　地元の人はいいねえ。なんか人情に触れたな。

――おかみさんがさばけた人で良かったですね。

瀧　うん。それにしても大田区って、人口ひとりあたりのスナック数がものすごい気がする。

――で、どこに行くんだっけ？

――とりあえず京浜急行電鉄・東京モノレールの天空橋駅まで行ってみましょうよ。そこが羽田空港の敷地の端っこらしいですから。

瀧　じゃあ、そうしよう。そういえば、今日は深夜0時～1時くらいまでの間に双子座流星群が見られるらしいよ。ビュンビュン飛ぶらしい。

――大田区は東京の端っこだし、空もそれほど明るくないだろうから、流星群が見えるかもしれないですね。

瀧　こうやって実際に路地を歩いてみると、やっぱり小さい会社が多いなあ。技術系っぽい名前ばかりだもん。ここで人工衛星の部品とかを作ってるのかも。あ、ここで曲がってみよう。

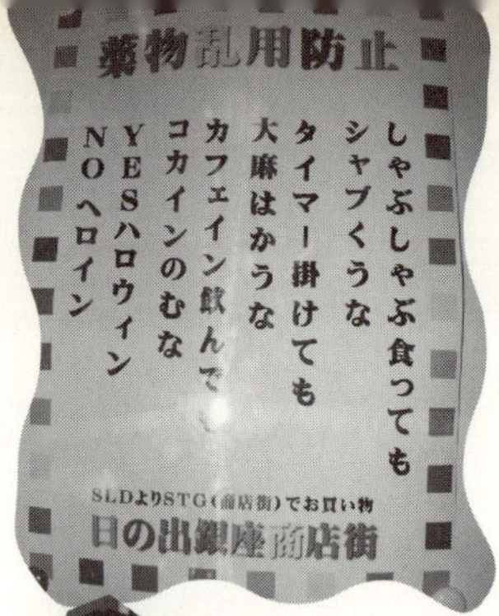

――また商店街。多いですね。

**瀧** 日の出銀座商店街。あれ、何この標語? 『しゃぶしゃぶ食ってもシャブくうな。タイマー掛けても大麻はかうな。カフェイン飲んでコカインのむな。YESハロウィン。NOヘロイン』

しゃぶしゃぶ食ってもシャブくうな。タイマー掛けても大麻はかうな。カフェイン飲んでコカインのむなYESハロウィンNOヘロイン

かな? 「LSDよりSTG」って、STGでショーテンガイ。すごいな、これ(笑)。

――若者が考えたんですかね? でも、ストップ・ザ・万引きとか、犯罪を注意するポスターが多い気がする。

**瀧** たしかに多い。全体的に静かだし、道も暗いしの。女の人だと夜はちょっと怖いかも。

わははは(笑)。日の出銀座商店街がこれを言ってることは、ここじゃそんなに出回ってるのかな。書きが多い地域と言っても、神社に放火する奴がいるなんてさすがにバチあたりもいいところだよなあ。

――たしかに、あり得ないです。でも、ほかの区に比べると、神社の数が少ない気がしますよね。

**瀧** この辺りって、江戸時代以降に埋め立てた地域だから、今でいうお台場みたいな所だったんでしょ。だってお台場行くとさ、地面に神様がいそうにない感じするもんな。ここ護られてないなって感じる。

**夜空を眺める高校生に遭遇**

――この辺りも工場が多いですね。

あ、神社がありますよ。萩中神社。

**瀧** うわ! この神社に放火した奴がいるって書いてある。いくら犯罪に対する注意

瀧 うん。あれ? あそこさ、なんか土手っぽくない?

——ちょっと見てきます。(走って確認しに行く) 多摩川ですね。

瀧 俺の実家も川の近くだけど、こんな工場ばっかりじゃなくてもっと牧歌的なところなんだよね。

——もっとのどかな?

瀧 そう。あ、ここボール板加工だって。これぞ大田区の町工場というメニューだな。ん? あれ? (土手に座ってひとり空を眺めている少年を発見)

瀧 こんばんは。何してるの?

少年 ……(警戒)。

瀧 俺、ピエール瀧という怪しい者なんだけどさ、キミいい趣味してるね、夜中にひとりでこんなところに来るなんて。名前なんて言うの?

少年 村山です。

瀧 高校生?

村山 はい。高2です。

瀧 この辺って羽田空港が近いから、やっぱり夜もうるさいの?

村山 この間、深夜2時くらいにちょっと気になったかな。

瀧 これからは2時どころの騒ぎじゃないでしょ。

村山 まあ。

瀧 なんか夜中に獣が鳴いてんな、という感じ?

村山 まあ。

瀧 ひょっとして双子座流星群を見てるの?

村山 ここに来て、5分も経たないうちに見られましたよ。

——そうなんだ。

瀧 俺、静岡県出身でさ、安倍川っていう川の近くに住んでたんだけど、やっぱりに河原に来るとさっぱりした気分になっていいよね。ま、でも静岡にはこんな都会的な景色はないけど。山ばっかりだからさ。で、君んちは何やってるの?

村山 レインボーブリッジの辺りで、客船を出してる

会社です。その船の整備をしてる。

——電気代がすごそう。

瀧　あそこまでやることはないでしょ。川崎、ちょっとはしゃぎすぎだって（笑）。

——わははは（笑）。

瀧　それにしても大田区の端っこで流れ星を待つ俺らって……。

——あれ？　飛行機じゃないですよね。人工衛星かな？

瀧　何それ、人の気を引こうとしてさ。そんな寂しがり屋じゃないですよ。やっぱり星じゃないと思うんだけど……。

瀧　雲が流れてるから、星が動いてるように見えるだけだって。

——俺、流れ星を見たことないんですよ。

瀧　え？　見たことないんだ。でも、願いごとするのはまず無理だよ。

——早すぎて？

瀧　うん。願いごとを3回唱えるのなんて絶対に無理。1秒あるかないかだもん。

瀧　どえらいもん整備してんだね。（土手の反対側で光り輝くマンションを指さして）あっちは（神奈川県）川崎市だよね。あのマンションさ、あんなに明かりをつける必要なくない？

村山　前はなかったんですけどね。

瀧　カジノじゃないんだからさ（笑）。でも、君って優しい子なんだね。こんなところにひとりで星を見にくるなんて。

村山　でも、彼女いないし……。

瀧　大丈夫。ここで星を見てれば、きっとかわいい子に会えるって。それか、流れ星にお願いしな。じゃあ、楽しんでるところゴメンね。ありがと。

村山　さようなら。

### 満天の星空を見上げながら川沿いを歩く

瀧　いい子だったな。夜中にひとりで河原に来て流星を楽しむなんて、大人っぽいよな。それにしてもさ、あのマンションはやっぱり電気つけすぎじゃない？

大田区

――早く見たいな。

瀧　あ、屋形船が停まってる。水門に行けるみたいだよ。

――そうしましょう。

瀧　うわ、何だか闇に吸い込まれそうで怖いな。屋形船がいっぱいだ。俺さ、ここじゃなくて天空橋の辺りからだと思うけど、釣船に乗って海釣りに行ったことあるよ。

――瀧さんて、釣りもするんですか？

瀧　最近はご無沙汰だけど、昔はね。東京湾はおかっぱりから釣れないから、夜船でちょっと沖まで出るのよ。そうしたらライトに向かってシーバスが集まってくるから、光と影の境目にルアーを投げると釣れるんだよ。

――へぇ～。あ、看板にこの場所にあったと書いてありますよ。

瀧　じゃあ、羽田という地名は昔からあって、そこに空港を作ったから羽田空港っていうんだ。そうか、羽田って飛行場の印象が強いけど、もともとは河口だから船が行き来する出入口でもあったんだろうし。

――羽田は江戸時代から漁師町だったらしいです。現在でもアナゴ漁やアサリ漁をやっているみたいですよ。あ、雲がなくなって空がひらけてきた。

瀧　流星チャンス！　集中しよう！
（空を見上げて歩きながら10分経過。首都高の下を通り抜ける）

瀧　……なかなか来ないなあ。

――結構、羽田空港から飛行機が離陸してますね。

瀧　ほんとだ。バンバン飛んでる。でも、近所の人からしたら、羽田空港より首都高の方が問題だよな。一晩中うるせーよ、みたいな（笑）。
（そのとき、星空の中にスゥ～っと一筋の流れ星が

――あ！　流れ星！

昔、羽田の渡しがこの場

瀧　見た?

——見ました。感動。

瀧　願いごと頼でしょ?

——早いですもんね。お、また流れ星。やった! 2個見た。

瀧　ちょうどピークを迎えた頃なのかな。あはは(笑)。やっぱ見れるとスゲーうれしいなあ。流れ星の動きってさ、当たり前だけど向きバラバラなんだよね。そりゃ、大昔の人が見たら大パニックだって。

——村山くんも見てますかね?

瀧　見てるでしょ。それにしても想像してたよりもずっとすごかったな。普通の流れ星よりキレイだった気がする。ついつい空を見ながら歩いちゃう。

## またしても土手に男性を発見

瀧　こんばんは。いくつ見えました?

男性　1個見えました。

瀧　僕ら、ふたつ見れましたよ。じゃあ。

男性　どうも〜。

大田区

瀧　いいね、多摩川の土手に星を見に来る感覚。今日さ、流星群を狙ってフライトする人もいるんじゃないの？席を窓側にしてくれって。ああ、もう1回流れないかな？　もっと見たい。それにしても、河原で見てる子は若い人が多いな。

——**男の子が多いですね。**

瀧　だんだん河口というよりは、海っぽくなってきた。道も生身の人間を跳ね返す的な作りになってきたよ。

——**あ、鳥居だ。**

瀧　海神様的なやつじゃない？　なんだか導かれるように、すごいところに到着したな。

——**なかなか徒歩で羽田空港まで来る人っていないでしょうからね。**

瀧　徒歩&飛行機はほぼいないよな。でも、せっかくのこの立地なんだからさ、船で空港に着くようにしてくれたらいいのに。サラリーマンがアタッシュケースやスーツケースを持って船に乗っていく、みたいな。

——**おお、弁天橋の大鳥居（旧穴守稲荷神社）ですよ。もともと別の場所にあったのを、平成11年にこの場所**

に移築したんですよね。

瀧　そうなんだ。「平和」って書いてある。寄付金か。小銭がないし、羽田に来た記念に奮発してお札を入れておこう。（案内板に目を通し）なんかこの鳥居にはおっかない噂も立ってるけど、ちゃんと読んでみると由緒あるなあ。

——さあ、天空橋駅までもう少しです。

瀧　おっと、100円自販機発見。今回は……スコール！

——懐かしい。

瀧　うん、うまい！　受験勉強の味だな。

あれ？　あそこが天空橋駅？

——そうです。今日のゴール地点に到着です。

瀧　最後に天空橋の上で流星群を見て終わり、というのが美しい気がするんだけどなあ。キレイすぎるかな？（笑）

## 天空橋の上で待つこと20分。流星群現れず

瀧　……流れ星、来ないな。やっぱりさっき2個見られたのが奇跡だったんだ。じゃあ、今日はこれでおしまいということで。

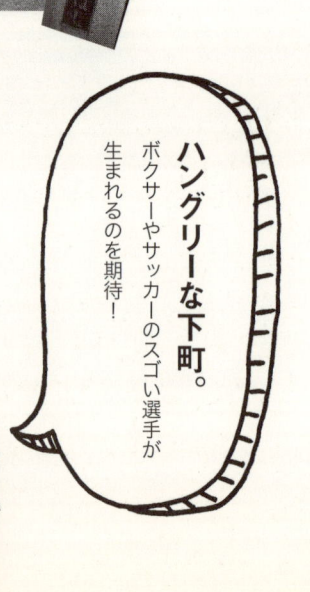

**ハングリーな下町。**
ボクサーやサッカーのスゴい選手が生まれるのを期待！

# 新宿区

**しんじゅくく**

## JR新大久保駅スタート

——今日は新宿区です。新宿の由来は、1698年に甲州街道の新たな宿場町として、信州高遠藩内藤若狭守の下屋敷に「内藤新宿」が開かれたからだと言われてます。瀧さんの新宿の印象は？

瀧　うーん、一言で言うと、"キング・オブ・アジア"かな。

——たしかに（笑）。

瀧　この辺りのカオスなアジア感はかなり破壊力があるな。いま歩いてる間にも外国語を結構聞いたし。

——韓国語に中国語。

瀧　新宿ってさ、極端に言ったら、金さえあれば、なんでも手に入る感じでしょ。女、銃、ドラッグ、もしかしたら国籍だって買えちゃったりするかも。でも、俺にとっては静岡から上京したときに最初に住んだ街が西新宿なんだよね。"東京の街"というのを初めて身近に感じた場所なんだよ。

——そうだったんですか。

瀧　「うわ～、都会に来ちゃったよ」って思ったもんね。ちょっと行けば、アルタとか普通にあるしさ。で、当時何かバイトをしようと思って求人誌で見つけたのが「コミックパブ　チャップリン」。

——え？（笑）どんな店だったんですか？

瀧　どうせやるなら面白いバイトがいいと思ったんだけどさ、店の店員から「オマエこれの係ね」と言われてタンバリンを持たされて。客が歌うカラオケに合わせて一晩中シャカシャカやらされた。

——楽しくなさそうですね。

瀧　そう。それでこりゃヤバい、と思って3日で辞めた。

# 新宿区

それで夜ヒマだから、夜中に中央公園に散歩に行くと、住友ビルとか新宿副都心のビル群が闇にそびえててさ。深夜だから人もいなくて、「ねー、大都会を独り占めだ……」って、ひとりじんわりしてたな。だから、新宿には特別な思い出があるんだよね。

——なんで西新宿に住んだんですか？

瀧　近くに専門学校があって、そこに通ってた。

——なるほど。ちなみに新大久保には来ます？

瀧　たまにね。大久保ってがちゃがちゃしてて気楽でよくない？　気取った感じが全然ないからさ。あと、単純に街にパワーがあるから好きなのかも。

——まさにアジアンパワー。

瀧　新宿にいる外国人の数って半端ないだろうね。——2009年には大阪府についで、全国2位になったみたいですよ。

瀧　ふーん。23区では断トツなわけだ。

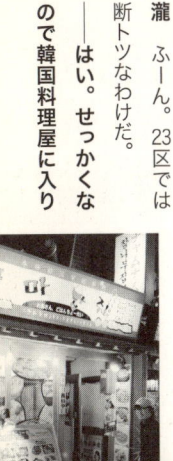

——はい。せっかくなので韓国料理屋に入り

## 韓国料理屋でカルビクッパを堪能

ましょう。

瀧　いいね。入ろう（「オンマ・パップチョ」に入る）。

店員　いらっしゃいませ。

瀧　こんばんは。お兄さん、お名前は？

店員　こんばんは。ハンサンソブと言います。

瀧　えーっと、何を注文しようかな？　オススメは？

ハンサンソブ　カルビチゲ。

瀧　じゃあ、それで。あ、お母さんもいらっしゃった。オモニ、お名前は？

オモニ　萩原きんすです。韓国の名前はコン・キンス。

瀧　日本に来てどれくらいですか？

オモニ　13年です。

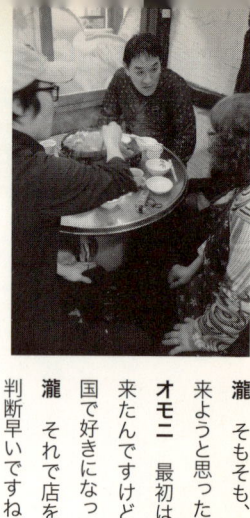

瀧　そもそも、なんで日本に来ようと思ったんですか？

オモニ　最初は遊びで日本に来たんですけど、すごく良い国で好きになって。

瀧　それで店をやることに？判断早いですね。

オモニ　いや、最初は自分で商売をしてたわけではなく、他の店で働いてたんです。

ハンサンソブ　韓国でも食堂をやってたんですよ。最初はまだ日本のことがよく分からないので他の店で働いてたんですが、料理の味がおいしいと言われて「じゃあ、自分で店をやろう」って。

瀧　新宿区を選んだ理由は？

ハンサンソブ　最初から大久保に住んでたので。

オモニ　なるほど。これからはずっと日本で暮らすつもりですか？

オモニ　ええ。もう韓国にはずっと帰ってないです。行くこともない。

瀧　え？　なんで？

オモニ　もうお母さんもいないし、娘も日本と韓国を行ったり来たりだから。

瀧　つまり韓国へ行く用事がないと。日本に住んでみてどうですか？

オモニ　私は日本、好き。

瀧　うれしいなあ、そう言ってもらえると。じゃあ新宿のお客さんはどうですか？

ハンサンソブ　最近は韓流ブームで、お客さんがたくさん来てくれますよ。年配のお客さんが増えました。

瀧　ああ、おばさん軍団ね。「韓流だ〜」って大久保にやって来て、「ご飯でも食べていこう」って感じでここに来るわけですね。定番ルートだ。

（料理が運ばれてくる。オモニは厨房へ）

瀧　お、うまい！　辛くて最高！　ところでお兄さんはお店を手伝いつつ、将来的にはどうしよう？

ハンサンソブ　このお店を2、3店舗、広げていきたいんですよ。

瀧　野望アリだ。韓国はどこの出身ですか？

新宿区

ハンサンソブ　ソウルです。

瀧　東京とソウルの違いは？

ハンサンソブ　人の優しさが違います。日本人の方が優しいですね。一般人は分からないけど、タクシーやバスの運転手さんは優しい。ソウルはつっけんどんだから。

瀧　じゃあ、今のところ出会った日本人はいい人ばかり？

ハンサンソブ　ええ、いい人ばかり。

瀧　それは良かった。運がイイ。

ハンサンソブ　韓国へ行ったことあります？

瀧　何回も。ソウル好きなんですよ。特に好きな場所が市場。南大門市場や東大門市場に行っておばちゃんがやっている店で食べてると、なんとなく親戚のおばちゃんの家に来たみたいな気分になるんだよね。

ハンサンソブ　韓国のおばさんって、外国人に優しいんですよ。

瀧　初めて韓国に行ったときに焼き肉を食べようとしたら、おばちゃんがサンチュで焼き肉を捲いて、「こうやって食べるんだよ。ほら、あ～ん」って口に入れてくれて（笑）。

――そういう距離感は日本にはないですよね。家族でもそこまでやらないから。

瀧　そう。だからすげーうれしくてさ。この国はおばちゃんの言うことを聞いてれば、何とかなるなって思ったもん（笑）ちなみに、日本で一旗揚げようとやって来る韓国人って多いんですか？

ハンサンソブ　学生はかなり多いですね。社会人で言うと、会社に勤務してる人より

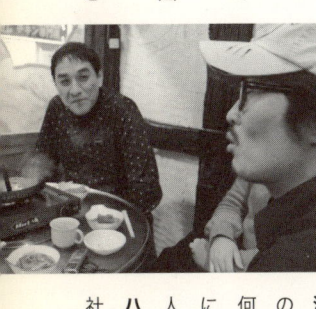

飲食店で働いている人が多い。僕の弟も軍隊が終わったら、すぐ日本に来た。

瀧　徴兵制か。お兄さんも軍隊へ行ったんでしょ

ハンサンソブ　まあ、一応。

瀧　じゃあ、ライフル撃てるんだ。

ハンサンソブ　ええ。でも、僕はミサイル担当でしたけど。

瀧　え？　ミサイル？

ハンサンソブ　ミサイルを撃つ車を運転してました。

——兵役って何年ですか？

ハンサンソブ　2年。でも、兵役が終わってもずっと夢に出てくる。まだ軍隊が終わらない夢、終わってもまた行かなくちゃ行けない夢。

瀧　はー。やっぱり大変なんだ。

ハンサンソブ　そりゃ大変。先輩からいろいろ言われたり、殴られたり。あの体験は夢に出てくる。みんな、そう言ってる。

瀧　それは日本人には分からない感覚だな。20歳のときでしたっけ？

ハンサンソブ　そう。

瀧　20歳なんて、俺は遊びまくってたもんなぁ……。じゃあ、そろそろ失礼しようかな。最後にみんなで記念撮影しましょう。はい、マッコリ♪

## インドネシア発日本のおっかさん

(「オンマ・パップチョ」を出て歩き出す)

瀧　韓国人にとっては、この辺りはリトルソウル化してて気分的に安心かもね。それにしても半分以上が韓国料理の店だな。

——ほんとだ。

瀧　やっぱ活気があるな。こんな時間になっても路上に出てる人が多いしさ。

——この辺りがマサラストリートと呼ばれてる場所ですね。なかなか良い感じのビルがありますよ。

瀧　いろいろなマサラ味の店が入ってる感じだ。

——3階はインドネシア人のやってる店らしいです。入ってみます？

瀧　オーケー。アジア諸国を歴訪だ。

(「メラ・プティ・カフェ」のドアを開けながら……)

——こんばんは。

女性店員　いらっしゃいませ。

——あ、ちっちゃい子がいる。

瀧　かわいいね、ビリーくん。あ、お母さん。お名前は？

女性　ハウジアです。

瀧　初めまして、ピエール瀧です。じゃあ、せっかくだからインドネシアの代表的な料理を注文しようかな。

ハウジア　インドネシア全体の代表料理と言ってもたくさんあるんですよ。島それぞれにあるので。

瀧　なるほど。ちなみにハウジアさんはどこの出身なんですか？

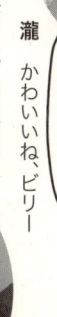

お名前は？ 子供　ビリー。

ハウジア　スマトラ島です。

瀧　じゃあ、スマトラ島の代表料理にします。

ハウジア　有名なのはチキンカレーやマトンカレー。

瀧　じゃあ、マトンカレー。

ハウジア　分かりました。これから作るので、しばらくお待ちください。

（旦那さんが登場）

瀧　あ、旦那さんも。こんばんは。お名前は？

旦那　ウィリアムです。日本名は、あかぎただし。日系3世です。

瀧　インドネシアに住んでたんですか？

ウィリアム　いや、ブラジルです。ブラジルから日本に移ってきたんだけど、彼女と知り合って。それで彼女の実家に3年くらい住んでた。

瀧　複雑だ。ブラジル、インドネシア、日本という3つのチョイスがあったわけでしょ。なんで日本に住んでるの？

ウィリアム　奥さんは日本が良いって言うし、僕もブラジルに戻っても仕事がないからね。

瀧　そうなの？　あ、カレーがきた！　なんかインド風だ。インドネシア料理ってビーフンやナシゴレンとか中国寄りだと思ってたけど、インドというイメージはあまりなかったなあ。

ハウジア　だって、インドネシアだから。インドとチャイナ（シナ）が混ざってる。

瀧　インドとシナでインドネシアなのか。ところで、旦那さんとはどこで知り合ったの？

ハウジア　大学生のときにクラブでナンパされました。

瀧　ブラジル人はこれだからな（笑）。

ハウジア　口がうまいから。

瀧　そうでしょ。君は美しい、最高だってすぐに言うでしょ（笑）。ウィリアムさんも学生だったの？

ウィリアム　いや、働いてました。

新宿区

地方に住んでたけど、週末は六本木に遊びに行ってたから。結婚したのは、彼女が大学3年生のとき。

瀧　早くない？　その年齢で結婚って。

ハウジア　いや、大学に入った時期が遅かったんですよ。23歳で入学したから。

瀧　何を学んでたの？

ハウジア　マネジメントです。経営者になりたくって。

瀧　しっかりしてるなあ。新宿区についてはどんな印象をお持ちですか？

ハウジア　最初は怖かったんですけど、いざ入ってみるとすごく住みやすいです。ご飯はおいしいし、買い物もしやすく、食材も揃ってる。

瀧　不便さは感じない？

ハウジア　まったくないです。友達も多いし、コミュニティもしっかりしてる。インドネシア、ネパール、ミャンマー、それぞれにコミュニティがある。

瀧　日本に来る前と来た後では印象が変わりました？

ハウジア　私はみんな着物を着てると思ってました。あと、毎日雪が降るとも。

瀧　わははは（笑）。

ハウジア　私は着物が好きだから、日本に来ればもっと着られると思ってたんです。

瀧　それは残念でしたね。日本にいて困ったことは？

**ハウジア** ないです。

**瀧** それはびっくり。でも、ありがたいね。日本にいて困ったことがない、なんて発言は。どうやら日本の政府もしっかりやってくれてるんですね。

**ハウジア** はい、きちんと。

**瀧** ということは、昔から日本が好きだったんですね。もしかして演歌も好きですか?

**ハウジア** 美空ひばりとか。

**瀧** え? いきなりそこ?

**ハウジア** 眠れないときに「川の流れのように」を聞くと、落ち着くんですよね。

**瀧** もう完全に日本人の心じゃないですか!(笑)。

**ハウジア** 「おしん」も観てましたから。

**瀧** え? インドネシアでも放送してるんですか?

**ハウジア** はい。国営放送でやってました。私は「おしん」に憧れて日本に来たんです。

**瀧** 「おしん」を観て日本だったら、日本は大変な国だなって思わなかった?

**ハウジア** もちろん、ちゃんと今の本も読みましたよ。

**瀧** 両方とも知らないといけないと思って。ご主人もちゃんとした人をナ

# 新宿区

ンパできて良かったですね（笑）。今後の夢は？

**ハウジア** 今のままで十分。子供がいて、家族が元気で、それが一番。

**瀧** 完全に日本のおっかさんだ。慎ましいですね。今の日本のお母さんでもそこまでの人、あまりいないですよ（笑）。じゃあ、そろそろ失礼しようかな。最後にみんなで写真を撮りませんか？　ビリーくんもおいで。

——はい、チーズ♪

## 高田馬場駅を目指す

**瀧** じゃあ、この路地をまっすぐ歩いて高田馬場に向かおう。でも、この辺りに食材を買いに来るのは"アリ"だよね。安いしさ。ハウジアさんが言ってた居心地がいいっていうのも分かるんだよなあ。楽しいもん。ところで、高田馬場も新宿区なんだよね？

——はい。最近、駅の周りを再開発してます。

瀧 この辺りてくる感じがすぐなくなる？家がなくなる、でもさ、行政がしっかりしてるってことで、良かったと思わなかった？

ほんとですよね。

瀧 あ、ここ見たことあるよニュースとかで見るよね。

そうです。両側から水が入ってきて、水が溜まってしまう。瀧達の歩いてる辺りでも、排水溝があるけど、高田馬場って、お駅に着きます

——早稲田大学がありますからね。

77

瀧　学生ばっかだな。キレイな大塚って感じ。

たよ。

——わはははは（笑）。言わんとすることは分かります。じゃあ、早稲田通りを進みましょうか。この辺りはラーメン激戦区なんです。

瀧　ほんとだ。ラーメン屋がすごく多い。「麺屋武蔵」もある。昔はさ、環七がラーメン激戦区だったけど、あんな感じなわけ？

——そうです。

瀧　「純蓮」。こっちは『長浜』。4軒に1軒くらいがラーメン屋だな。

——あ、ここのラーメン屋の店長が台湾の方なんですって。

瀧　「鷹流らーめん」。次は台湾か。よし入ってみよう！

## ラーメンで街に活気を！

店主　いらっしゃいませ。あ、ピ

エールさん、どうぞ食べてってください。

瀧　どうも。壁にやんちゃな写真がいっぱい飾ってありますね。

店主　ええ（笑）。鷹と言います。

瀧　じゃあ、このラーメン、汁ありと汁なしのラーメン、両方ともどうですか？

店主　汁なし？　珍しい。

瀧　じゃあ、お願いします。

鷹　今（2011年2月時点）、町おこしで馬場麺というラーメンを出してるんですよ。タピオカとじゃがいもで作った麺なんです。

瀧　この辺りはラーメン屋さんがほんとに多いですね。

鷹　実はラーメン屋の数でいくと、高田馬場は日本一なんですよ。1日1食ラーメンを食べるのに1カ月くらいかかるでしょ。北海道から沖縄県の八重山までの麺が揃ってるから。

瀧　完全にラーメンタウンですね。

新宿区

鷹 でも、都知事は無視。せっかく日本一なのにもったいない。じゃあ、自分たちで何かやらせてくれたいって駅前のロータリーひとつ貸してくれないし、区役所に行ってもらちがあかない。「どこかの商店街組合に入りなさい」「警察署の許可をもらってきなさい」って。そうしたら話は聞いてやるけど、区として許可を出すかは分からない、と。

瀧 なんでだろ？

鷹 分からない。この辺りは家賃がべらぼうに高いんですよ。だから若い人が来てラーメン屋を出しては潰れ、出しては潰れてる。

瀧 人気がないと続けられないんだね。

鷹 皆さん「ラーメン屋だったら儲かるでしょ」と言うけど、そんなことない。俺なんか2年以上赤字で、今も首の皮一枚ですよ（笑）。

瀧 それでも高田馬場に店を出すのはなぜ？

鷹 地方から見れば、ステイタスだから。この信号の一角だけで10軒だもん。それで、ウチみたいなあっさり系のお店は、高田馬場でもわずか4軒。でも、俺は何とか踏ん張ってる。

（ラーメンが運ばれてくる）

瀧 じゃあ、いただきます。

鷹 馬場麺の特徴はまず具材。具材が全部底に入ってる。よく混ぜてください。

瀧 あ、うまい！

鷹 この馬場麺はね、1本麺じゃないんですよ。答みたいにスリットが入ってるんです。よくからむようにね。パスタと同じ感覚です。汁なしで具と麺が逆さま。これだけ決めておいて、あとは自由に食べて、という感じ。

瀧 でも、馬場麺を汁なしにしよ

汁なし

汁あり

というのはどうして？

鷹　麺も統一できないし、スープでも統一は無理。じゅあ、汁なしにしようって。

瀧　こっちは汁ありだね。

鷹　スープを飲んでもらえば、高田馬場で珍しい部類なのが分かりますよ。

瀧　俺、高田馬場のイメージがまったくないから分からないんだけど（笑）。

鷹　濃厚魚介豚骨がすごい流行ってるから。ウチはそういうのがいっさいなし。美肌以外興味ないので。

——なんで美肌なんですか。

鷹　ホスト時代に肌を悪くしたから。仕事が終わるのは朝5時だから睡眠不足で……。

瀧　ホストだったの？　鷹さんは台湾生まれでしょ？

鷹　高円寺生まれで、すぐに台湾へ行ったんですよ。

小学校1年生まで台湾にいて、2年生からは横浜。その後は大塚に行って、両親が離婚したので独立して、歌舞伎町の「クラブ愛」でホストをやってました。

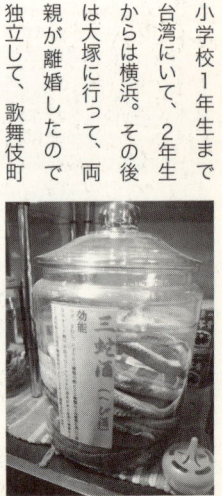

瀧　やんちゃなことを一通り体験してますね。

鷹　壁に貼ってある（藤原）紀香と写ってるのがホストのとき。もう引退直前かな。

瀧　結構なポジションだったんじゃないの？

鷹　ええ、一応ナンバーワン。

瀧　すごいじゃん。

鷹　でも、30歳までやって辞めました。それ以上続けると、あの世界は辞められなくなってしまうから。それで歌舞伎町のロシアンクラブで働いてたんだけど、弟が糖尿病で亡くなり、中華料理店を引き継いだ。で、今は高田馬場にいるわけですけど、ここは日本一になれる可能性がある。ラーメン激戦区の高田馬場に来て

成功したら、事実上の日本一でしょ。ホストをやってるときも一緒。当時、「クラブ愛本店」って言えば日本一のホストクラブでしたから、そこでナンバーワンになれば事実上、日本のトップということになる。ただ、ラーメンの場合は好みがあるから。みそ、醬油、豚骨とかいろいろあるなかで、俺はあっさり系で一番を獲りたい。ただね、ちょっと舐めてました。ラーメン業界は奥が深い。

**瀧** こんなに苦労すると思わなかった？

**鷹** 2年間、赤字続きだからね。今は麺も五穀を練り込んだ自家製「健身五穀麺」になり、いっそう美肌にこだわってやってます。

**瀧** ずっと新宿を見てきた鷹さんだから聞きたいんだけど、これから新宿はどうなると思います？

**鷹** もういっそのこと、歌舞伎町をカジノの街にしてしまえばって思う。歌舞伎町をつまらないふうに正常化しても面白くないわけでさ。だって、街は必然的にでき上がっていくから面白い

のであって、渋谷には渋谷、池袋には池袋が好きな人が集まる。それに行政が手を入れるのが間違ってる。

**瀧** 燃えたぎる街で、男を試すべきということだよね。じゃあ、新宿にはもう少しやんちゃさを取り戻してもらって（笑）。

鷹　もうちょっと活気のある街に戻ってほしいね。俺がやりたいのは、ラーメンで街に活気を取り戻すこと。8月8日を高田馬場の日にして、ラーメン屋の俺たちが人を呼ぶ。高田馬場はラーメンの街であり、カレーの街であり、ダンスの街でもあるのよ。若手芸人もよく来るし、たとえば書道家やダンサーを呼んだりして、そういう人たちの発表の場にしてあげればいい。そういう街になっていけば、活気づくと思うから。

瀧　ストリートというか、道にいる連中が街を作っていこうという図式がいいですね。ぜひ実現してほしい。

### 取材を終えて……

――今日は韓国、インドネシア、台湾の方々にお話をうかがったわけですけど、どうでしたか?

瀧　やっぱ活気がある。鷹さんみたいなコアな人から見たら活気がないと感じるのかもしれないけど、たまに来る俺らみたいなのからしたら「新宿魂ここにあり!」って感じがするな。でも、鷹さんが言ってたことにはひとつ真理があって、やっぱ男は結局たぎるわけじゃん。そのたぎるものを排出する場所はやはりあってもいい気がする。これだけデカいメガシティなわけだからさ。

――たしかに、そういう街があった方がいい気がしますね。

瀧　でもさ、なんかホッとしたよ。外国人の皆さんが楽しそうで。なんか、困ってるのは日本人だけなんじゃないかって錯覚するくらいの感じだったな。

## 新宿魂は国境を越える!

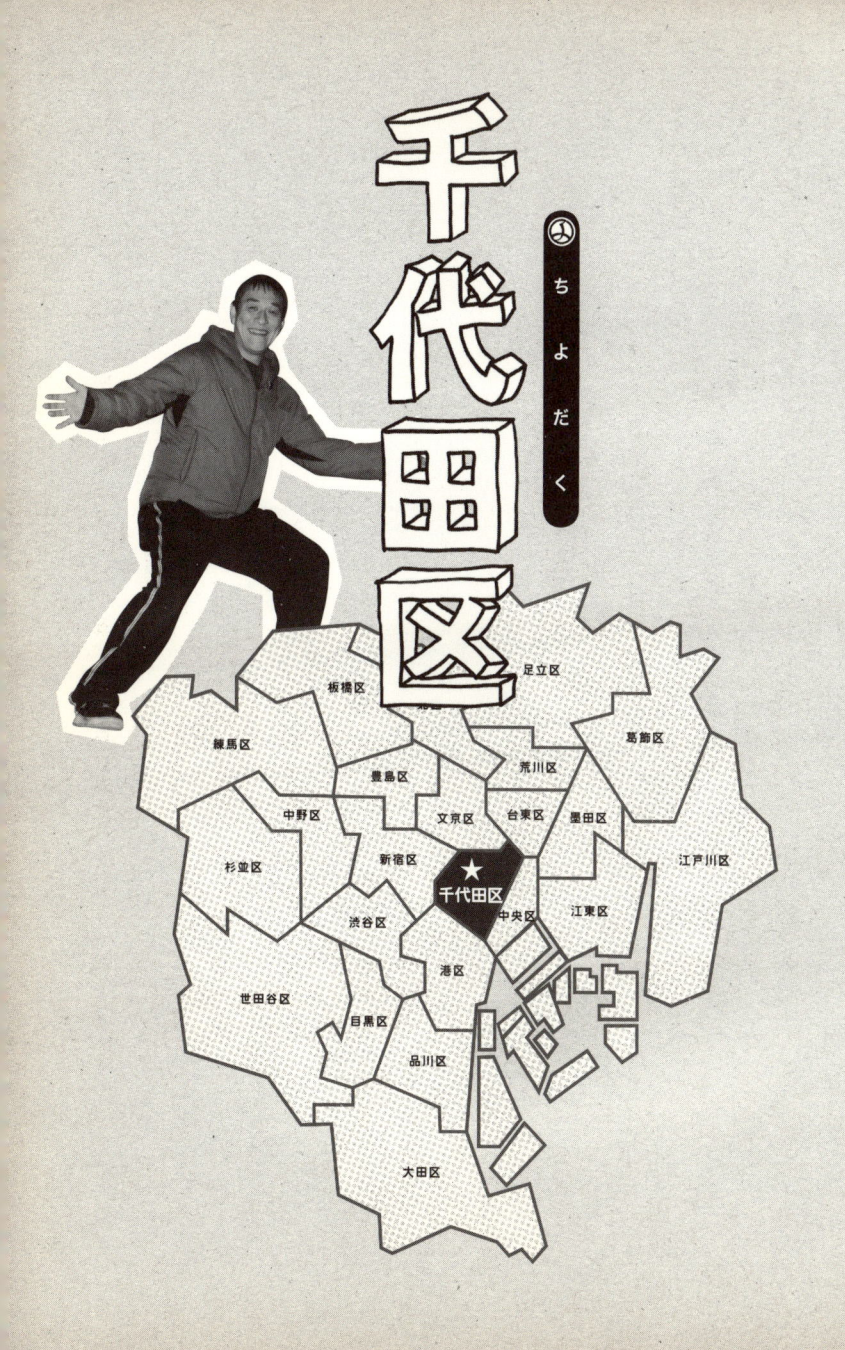

# 千代田区

ちよだく

## 東西線竹橋駅スタート

——今日は千代田区です。由来は昭和22年に麹町区と神田区が合併するときに、江戸城の別名「千代田城」にちなんで名付けられたそうです。千代田区に対するイメージは？

瀧　皇居、官公庁、武道館、ニッポン放送。(目の前を通過していく皇居ランナーたちを見て)ところでさ、皇居ランナーってあんなにいるんだ。

——ピーク時はもっと多かったらしいですよ。そういえば、「皇居ランナーに対する苦情が増加」というニュースが取り上げられてたよね。

——ランナーの中には自分たちが中心と思ってる人もいるみたいで、歩行者に暴言を吐いてケンカになってしまうこともあるらしいです。

瀧　歩いてんじゃねーよ！　みたいな(笑)。皇居周辺を歩いてぐるりと回ると距離はどれくらいあるの？

——約5kmくらいです。ちなみに皇居の中に入れるって知ってました？

瀧　参拝とかで、みんなでジャリを踏んでいくやつね。あれ、面白そうだな～とは思うんだけど、休みの日に「これから皇居行くか？」とはなかなかならないよな。

——たしかに、その展開はあまりないかも(笑)。お、あそこは国立公文書館ですね。

瀧　堅そう。行ってみたい気もするけど、いざ中に入っても何を見ればいいのか全然分かんないなあ。

——アメリカだったらケネディ大統領暗殺とかロズウェル事件とかになるんでしょうけど、日本だと何ですかね？

瀧　ポツダム宣言的な感じとか？　それとも大政奉還がどうしたこうしたとか？　それにしてもこのランナーたちは、どっから集まって来るんだろうな。どこで着替えてるの？

——車で来て、駐車場で着替え

瀧　る、みたいな。

ーーそうなんだ。じゃあ、ここを"トラック"として考えてるってことだ。

ーーあと、周辺の会社員が昼休みを利用して走ったりするそうですよ。

瀧　サラリーマンが昼休みの合間に走るというのは何となく想像できるな。でもさ、ナンパ目当ての人も絶対いるよね（笑）。

ーー話しかけやすいですよね。だって同じ方向に走ってるから。

瀧　「走るの好きなんですか？」「僕も好きなんです」みたいな（笑）。

ーー一時、ゴルフ合コンが流行ってたし、皇居ランナーもあるかも。

瀧　それにしても、天皇陛下はどんな気分なんだろうな。家の周りをグルグル回られてる感じって。しかも走ってるヤツら同士で、もめ事が起きたりしてるワケでしょ。「ケンカをするんじゃない！　仲良く走りなさい！」って思ってたりして（笑）。

ーーそうですよね（笑）。

瀧　この辺りはええと……、北の丸公園が隣にあるのか。武道館って北の丸を突っ切ったところにあるんでしょ。

ーーここから行けますよ。せっかくだから武道館に行ってみましょう。

瀧　（北の丸を歩きながら）ここは住宅地の公園と違って規模もでかいけど、遊び場というよりは空間だな。昔はこの辺りも武家屋敷があったわけでしょ。でも、今はまったく家屋がない。

ーー人口が東京23区で一番少ないらしいです。でも、昼間の人口は一番多い。

瀧　すごいね、そのギャップ。たしかに、千代田区に家があるイメージはないもんな。一軒家ってあまりなさそうだし。

ーーでも、これからどんどんマンションが建つみたいだから、人口が一気に増えるかもしれないですよ。

瀧　あ、ここは科学技術館だって。何があん

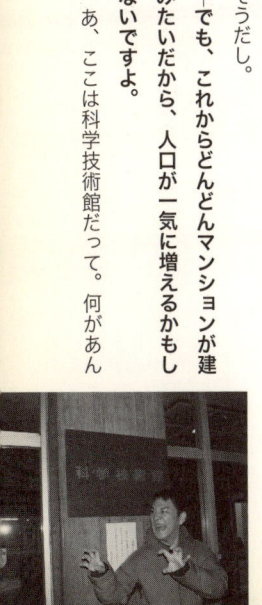

——週末には子供向けのワークショップをやってますの?

瀧　ペットボトルロケットみたいなヤツよ。

——う〜ん。それは分からないですけど(笑)、レーザーを使って消しゴムに名前を焼き付けたり、「磁石と電気と力」をテーマに実験したり。

瀧　へぇ〜、面白そう。

——あ、武道館が見えますよ。

瀧　あれでしょ、大きな玉葱って呼ばれてるの。でも、擬宝珠(伝統的な建築物の装飾で橋や神社、寺院の柱の上に設けられている飾りのこと)ですよね。ちなみに武道館の思い出は?

瀧　昔、ライブをやったよ。最初は「ヤダ、めんどくせー」とか言ってたんだけど、「ここでやっておくと、あとあと違うから」って事務所に説得されて。

——めんどくせーって(笑)。で、違いました?

瀧　分かんないね。やってない場合と比べられないから。まあ、ハクがつくってことでしょ。でも、いるのかな、そのハクって。

——ないよりは、あった方がいいんじゃないですか。

瀧　でも、武道館公演は大変だったな。日の丸はいじるな、ステージは降りるな、火は使うなってさ。

——いじりそうに見えたんですよ、きっと。

瀧　火、使いそうに見えたんだろうな、きっと。武道してる皆さんにとっては、武道館は聖地だもんね。

——天皇杯関係の試合は武道館でやりますよね。

今の若い子が見たら、きっとメタルスライムだって思うよな(笑)。

86

# 千代田区

瀧　それにしても北の丸公園、全然人がいないな。ん？何あれ？

——えーと、傘？　なんか手紙みたいなものがはさんである。

瀧　ちょっと読んでみる？「処分してください、とのこと」だって。

——わははは（笑）。

瀧　「とのこと」って、オメエが処分しろよっていう話だよ（笑）。

——誰に言ってるんでしょうね。

瀧　あれかな？「処分してくれ」って言われた人がここに処分したということなのかな？　でも、これ処分とは言わないよな。

——たしかに、これは放置です。

瀧　まだ全然使えるよ。でも、これを俺が入手すると、パクったことになるからいいんじゃないかな？

——処分って書いてあるからいいんですか。ここで今、言っているそばから雨が降って……きた！　すげー！　何このタイミング。しかも大粒になってきました。

瀧　（処分用の傘をさしながら）お、禁止事項の立て看板があるよ。業として写真を撮影すること。集団で走ること。あ、ダメなんだね、ここは。守らない人は公園から退園していただくことがありますって、ゆるくね？　退園すればいいわけ？

## 北の丸公園から靖国通りへ

——この道を真っ直ぐ行くと、神保町に出るので行ってみませんか？

瀧　いいよ。ふ〜ん、この辺りってこんな感じなんだ。同じ歴史のある街とはいえ、台東区とはちょっと違う

て、何のビルだか分からない。そんなに会社ってあんの? って思うなあ。

——それでもあんなに電気が点いていますけどね。ここは東京理科大学九段校舎だ。

瀧 学校、大使館。なんか公っぽい感じだな。千代田区にあるものってさ、会社や企業にしてもなんか真面目なイメージがある。外資が入っているよりは、堅いドメスティックな企業が多いというか、昭和初期から頑張ってます、みたいな。

——そうそう、千代田区って喫煙禁止だって知ってました?

瀧 いや、知らない。

——たばこ禁止条例が一番最初にできた区なんですって。決め

られた場所以外はダメらしいですよ。

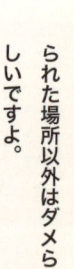

瀧 でも、火を付けずにたばこをくわえてる分にはいいんでしょ。

——そうきたか(笑)。それは問題ないと思いますけど。ちなみに、この辺りには来たことあります?

瀧 昔、フィンランドの会社だったかなあ……。温度湿度計のセンサーの会社があってさ。人材派遣会社に紹介されて、半年くらい毎日、通ってたよ。

——どんな仕事だったんですか?

瀧 よくホテルとかに行くと、壁についている湿度計があるでしょ。そのセンサーを調整して送り返す仕事をずっとやってた。

——へぇ〜、意外。

瀧 俺も人材派遣会社から送られたわけだけど、そこの会社の人が「瀧くんは真面目にやってくれていいよ。この前に来た子は全然真面目にやってくれないから、

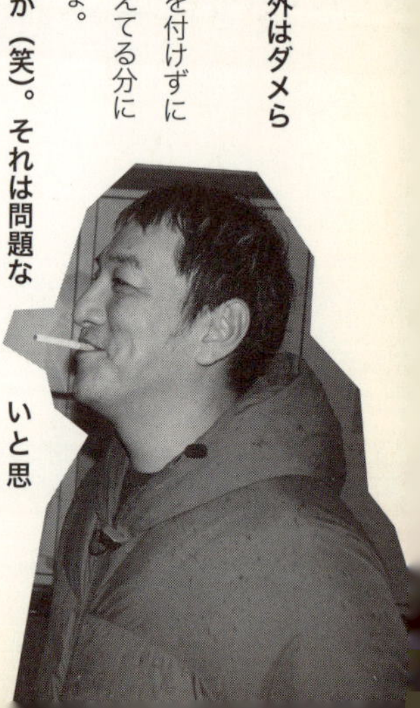

千代田区

に送られてたのって、実は(石野)卓球なの(笑)。俺の前に困っちゃって……」って言ってたんだけどさ。

——わははは(笑)。卓球さんも同じところで働いてたんですか!

瀧 俺らバンドやってるからさ、ライブやツアーのある時には休めるように人材派遣に登録してたの。まあ、単純に給料が良かったんだよね。20年前で時給1000円確約だったし、9時〜17時で帰れたから。

——人材派遣のバイトは長い間、続けてたんですか?

瀧 うん。続けてたよ。お、千代田区でも発見しました、100円自販機。やっぱりこの辺りにもあるんだ。何にしようかな? 皇居ランナーを見た後だから、何となくバヤリースのトマト味。新製品なのかな?

——どうだろう? でも、バヤリースのトマト味は見たことがないかも。

瀧 なんか、昔のトマトジュースの味がする。飲んでみる?

——さらっとしてますね。わ、この建物、古いですね。

瀧 日本タイ協会。「サワディー」って書いてあるよ。こういう建物ってさ、家賃が高いのかな、それとも安いのかなあ。いわゆる歴史的建造物とまではいかなくても、古い感じのやつってさ。

——安いんじゃないんですか。冷暖房あまり効かなそうだし。

瀧 タイの人から見たら日本は寒いよっていう話だよな。でもさ、やっぱ昭和だよ。千代田区って。港区は21世紀的な感じがあるけど、千代田区はまだギンギンに昭和。堅い土地柄だから新興勢力が入りにくいということなのかもしれないな。

## 雨足が強まり、喫茶店でひと休み

——雨がまた強くなってきましたね。喫茶店でも探しましょうか。あ、ここ開いてますよ。「すみません、まだ開いてますか? ああ、もうラストオーダー過ぎた? 分かりました」。

瀧 じゃあ、この先に行ってみよう。

——あれ? 店の人が追いかけてきた。え? 大丈夫なんですか? 入っていいそうです。

瀧 すみません。雨が降ってきちゃったもので。お、中は広いですねえ。

(「神保町ラドリオ」に入る)

——ウインナーコーヒーを初めて出した店だそうです。せっかくだから頼んでみましょう。

瀧 (店のスタッフに)今、夜の散歩してるんですけど、この辺りで何かいいところはないですか?

店員 ……すみません、ちょっと分からなくて。

瀧 いえいえ、急にそんなこと を言われてももって感じですよね。

店員 もうちょっと早く来ていただければ、常連さんとコーヒーを飲んでいただけたんですけど。

瀧 じゃあ、雨宿りをして15分が経過)

常連客 あの、すみません。僕、ファンなんですけど、握手してください。実はさっき店を抜け出して場所取りをしてきたの店があるんですけど、ちょっとだけでもどうですか?

瀧 え? じゃあ、せっかくなんで甘えてみようかな(笑)。お名前は?

常連客 杉山です。

瀧 何やってる人?

杉山 この辺りにある小さな出版社で働いてます。小説とかエッセイなどを出版していますね。

瀧 どういうきっかけで入社したの?

杉山　学生時代から丁稚奉公みたいなことずっとやっていて、そのまま。

瀧　杉山くん、そんな長いことやってるんだったら、入っちゃいなよ、みたいな。

杉山　はい。それまでは1カ月5万円だったんですけど、社員になって。

瀧　じゃあ、写真を撮ろう。一緒にどうですか。

杉山　あ、はい。

——あ、瀧さん、23時ですよ。

## とあるビルの2Fへ案内される

杉山　この店です、「Serge」。じゃあ、僕はここで失礼します。

——え？　帰るんですか？

（杉山さん、足早に立ち去る）

瀧　帰っちゃったよ……。ここはDJがいるんだね。この辺りはレコード店も多いもんな。

——楽器店やスポーツ用品店の数も多いですよね。

瀧　そうだね。じゃあ、ちょっと飲んでいきますか。俺はコロナビールで。道行く人を眺められる感じもいいっぽくていいな。でも、なんかここ溜まり場——この席のところだけ、建物から飛び出てる感じが

しますよね。

瀧 うん、なんか浮いている感じがする。でも、神保町で働いちゃったら、ここから抜け出せない感じがするよね。本、レコード、楽器、何でもあるから。それにしてもこの辺りはちゃんとしてんな。23時過ぎたけど、ゆるくないもんな。街がだらけてないというか。台東区の夜のだらけっぷりと言ったら……。

——たしかに。台東区はすごかった。

瀧 さて、ビールも飲んだし、そろそろ行きますか。

### 昔ながらのゲーセンを発見

瀧 どっちへ行こうか？ あ、古いゲーセンがある。「ゲームコーナーミッキー」だって。

——まだ開いてるし、ちょっとゲームでもやっていきます？

瀧 うん。ここ、すげー落ち着くな。匂いもいい。しかも全部50円だって。

——あ、ロードランナーがある！

瀧 それ俺が高校生のときの台だよ。25年前。懐かしいなあ。ストリートファイターにワースタ（ワールドスタジアム）もある。じゃあ、ワースタ2001にしよう。オールスター戦で。誰がいる？ 松井、清原、江藤、二岡、小笠原、中村、城島、井口。

（しばしの間、ゲームに興じる二人）

千代田区

瀧 あー。面白かった。よし、行こう。こんなところでゲームをやってると永遠に散歩が終わらない(笑)。
(ゲームセンターを出て、新御茶ノ水方面へ)
瀧 わ、また本屋ばっかり。渋いね。将棋本の専門店だ。将棋宝典、現代実践定席とか。こういうお店がちゃんと継続してるって、やっぱ東京ってすげーな。

——あ、明治大学ですよ。

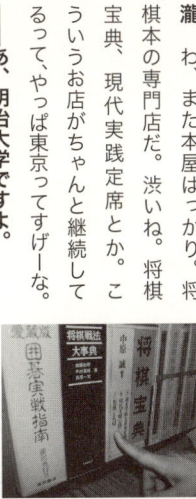

瀧 きれいなキャンパスだな。この辺りはすごいね。中央、明治、日大、専修……って、キャンパスタウンじゃん。でも、これだけ大学があると、俺はいやらしいことばっか考えちゃうなあ(笑)。

——いやらしいことって?

瀧 なんか大学生ってさ、勉強よりはサークルの部室とかでいちゃいちゃしてるんでしょ。なんかそういう偏見というか、憧れがあるんだよな(笑)。あれ? 予備校だって。この辺りって予備校があることが多いですよ。

——一般的に大学の近くには、予備校があるものなの?

瀧 じゃあ、大学に行きたい人は、その大学のある街の予備校に入るってこと? それはそれでしんどくない? すぐ側にあった方が気合いが入るのかな……。でも、なんか負け犬になった感じがしない?

——たしかに、精神的にはきつそうですけどね。

瀧 きついでしょ、絶対。「来年こそはあっちに」だ。

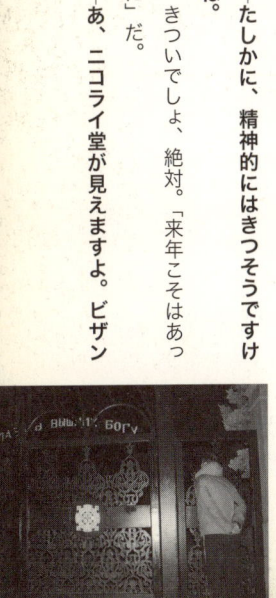

——あ、ニコライ堂が見えますよ。ビザン

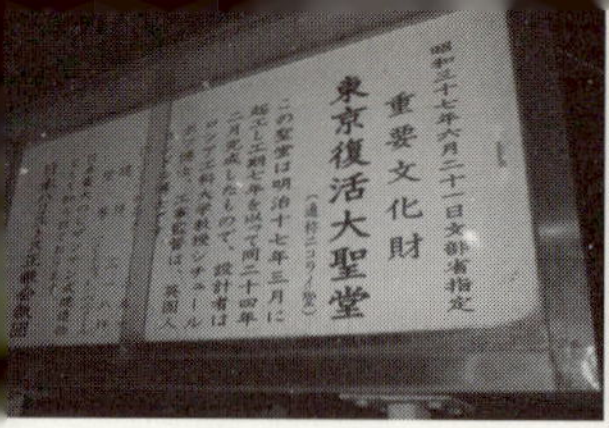

——チン建築では日本で一番古くて最大級の大きさを持つ教会ですね。

瀧　おー。若干、イスラムっぽさも入っているし、シンドバッドも入ってる感じというか。でもさ、こういう歴史的な建物の近くに高いビルとか建てちゃダメだよね、ほんとに。

——原爆ドームのすぐ横に高層マンションが建ってる感じとか。

瀧　そうそう。歴史がちっちゃくなっちゃってダメだよ。

——あ、駅が見えますね。

瀧　千代田区ってさ、どこまで行っても城の範囲だな。これだってお堀でしょ。

——そっか、この辺りも昔はお堀だったんですよね。うわ！　電車が停まったら、一気に人が出てきた。

瀧　この角度から見るプラットホーム、すごいなあ。なんかさ、新しいものばっかりだと、こっ恥ずかしい感じがするよね。自分より古いものがあると、「あ、自分もいていいんだ」って思えるけど、自分より新しいものばかりだとさ、「俺、ここにいていいのかな？」って考えちゃうからね。

## アキバ周辺を散策中

——この道を真っ直ぐに進むと、秋葉原ですね。足も疲れたし、メイドリフレなんてどうですか？

瀧　じゃあ、せっかくだからアキバの雰囲気に飲み込まれてみよう。お、1000円自販機発見。1000円払って何が出てくるの

千代田区

——電子辞書とか。

瀧　何、夢見てんの？ そんないい物がボンボン当たるわけないじゃん。ババン！ ジャーン！ LEDライト。ぶたさんの（笑）。

——これ、取材に使えますね。

瀧　意外にいいね。人力充電式で電池いらずだし、災害時にも使える。まあ、1000円をどう解釈するかは別として（笑）。

——でも、夜の散歩アイテムとしてはいいですよ。

（ぶたさんライトを片手に、再び歩き始める）

瀧　なんかさ、もうメイドの店って節操ないね。内装とか関係ないっていう感じでやってるもんな。

——そのへんはどうでもいいんでしょうね。

瀧　お、あった。「ぽんでぃしぇり秋葉原」。えっと、普通のマッサージ20分でいいや。

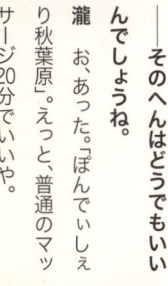

——あまり音が大きくない気が……（笑）。

瀧　でも、DSが直接入っているわけではないからさ。お、箱系の物が出てきた。

か、お楽しみってやつ。運が良いとDS、運が悪いとキーホルダーみたいな。よし、やってみるか。（ガシャン！）

## メイドリフレでウィッチに遭遇

——じゃあ、入りましょうか。

れたくない。こわいもん。

瀧 知らないやつに耳いじら

メイドたち お帰りなさいませ。旦那様〜。

瀧 ただいま〜(笑)。完全に興味本位で来ました。20分コースでお願いします。

メイド 分かりました。では、始めさせていただきます。

瀧 名前は何ちゃんなの?

メイド ほしくまめるこです。

瀧 漢字?

メル子 ひらがなです。でもお店のリストには星熊メル子になってて。

瀧 じゃあ、漢字じゃん。

メル子 みんなと揃えないとダメだって。でも本当は、ほしくまめるこがいいんです。今日はどちらから来たんですか?

瀧 皇居の辺りから。5時間半くらい歩いてきた。

メル子 すごーい。

瀧 だから腰が痛いの。

メル子 じゃあ、腰を重点的に。秋葉原はよく来られるんですか?

瀧 たまに来るよ。ゲームを買い漁りに来る。

メル子 私もゲーム大好きで。(モミモミ)

瀧 何時から何時まで働いてるの?(モミモミ)

メル子 夜番なんで、ほとんど夕方から。金曜、土曜日だと朝5時まで、平日だと11時まで。今日はお休みだったんですけど、たまたまメイド仲間の誕生日で来

瀧　ふ〜ん。この仕事って楽しい？

メル子　ここはすごくアットホームなので。居心地がいいし、楽しいです。（モミモミ）

瀧　そうだよね。楽しくなきゃやってられないもんね。ところでさ、彼氏っているの？

メル子　いや、いないですよ。私、魔法の国から来たウィッチなんです。で、あだ名はメルル。何百光年も先から来てるので年齢も違うし、今は7歳なんです。（モミミミ〜ン）

瀧　がんばって設定を理解するわ（笑）。じゃあ、メル子ちゃんは地球にはどうやって来てんの？

メル子　メルル星は魔法の学校があるんで、いつも空を飛んできて、途中から走ってくるんです。（ミモモモ〜ン）

瀧　ラムちゃん的な感じだ。なんで地球に来ることになったの？

メル子　実は、UFOキャッチャーみたんです。（モミモミ）ふーん。この仕事って楽しい？いな大きなのにつかまれて、ぽいって投げられたのがこの地球なんです。第2のメルル星だ、住もうって。（モミヤミヤッ!!）

瀧　地球のお客さんはサラリーマンとかが多いの？働いている方だったり、学生さんだったり。

メル子　いろいろです。

（ピピピ〜とマッサージ終了のベルが鳴るトントントン）

メル子　あ、20分経っちゃいました。じゃあ、仕上げに、

瀧　ありがとう。はい、ありがとうございました。じゃあ、一緒に写真でも。メルル星

のマッサージもなかなかいいモンだね。気持ちよくて寝そうになっちゃったよ。

**メル子** こちらこそ、うれしかったです（笑）。

メイドたち　旦那様のお出かけで～す。寒いのでお気をつけ下さい。

**瀧**（照れながら）ちゃんとお見送りしてくれんだね。

## マッサージを終えて……

――どうでしたか？

**瀧**　気持ち良かったよ。意外にちゃんとしてる。メイドが好きで20分間2000円だったら、アリじゃないの？　彼女たちは俺たちが思ってるのと感覚が違うんだろうな。やらされてる感もないだろうし、部活がお金になるんだったらいいじゃん、みたいな。だから興味がないヤツは傍観していればいいし、とやかく言うことじゃねえなって思った。

――たしかにみんな、すごく楽しそうでしたね。

**瀧**　でも、メルル星の王女メル子ちゃんで君主のはずなのに、メルルってあだ名をつけられちゃったり、アキバで働いていていいの？　とは思ったけどね（笑）。まあいいや、今日はここで終了だ。今回も結構、歩いたなあ。

役人と魔女の街。
昭和の香りと最先端。

# 北区
きたく

★ 北区
板橋区
練馬区
豊島区
足立区
葛飾区
荒川区
中野区
文京区
台東区
墨田区
杉並区
新宿区
江戸川区
渋谷区
千代田区
中央区
江東区
港区
世田谷区
目黒区
品川区
大田区

## JR赤羽駅スタート

――今日は北区です。区名案には飛鳥・赤羽・東北・城北・京北などが挙がりましたが、「区の位置を明確にする名前が良い」ということで、北区になりました。瀧さん、北区の印象はどうですか？

瀧　正直、印象ゼロ。王子と赤羽があることくらいしか知らない。（周囲を見渡しながら）でも、赤羽は意外に都会だな。地方都市で赤羽駅よりショボイ駅前なんていっぱいあるよ。

――たしかに、意外に都会でびっくりしました。

瀧　そして、ここが噂の「ララガーデン」商店街か。結構な高さ（約13m）のアーケードだ。ところでホームページで23区最大の商店街をうたってたけど、

何が最大なんだろ？

――これよりも距離が長い商店街は、都内にもありますもんね。あれ？これって中学校？

瀧　建て直してるなぁ。商店街に直で併設してる中学校って珍しくない？　先生が「寄り道するんじゃないぞ」って言ったところで無理でしょ。

――そりゃ無理ですよ。だって、すぐ隣にお店があるんだもん。

瀧　えーと……あれ？　商店街はもう終わり？

――そうみたいですね。思ったよりも、距離が全然短い。いったい何が最大なんでしょう？　今日は商店街の世話役の森岡さんにお話を聞けることになってるので、後で聞いてみましょう。

瀧　そうしょう。お、あそこにデカいお豆

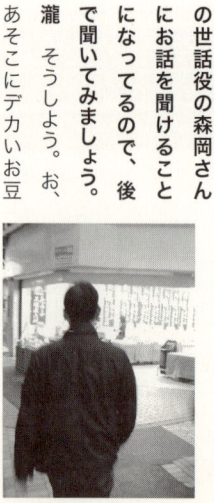

# 北区

腐屋さんがある。行ってみる?

——そうですね。

瀧 (「三代目茂蔵」に入る)

瀧 こんばんは〜。(店内の商品を見渡して)豆腐工場直売所って書いてあるのを見ると、買うべきはやっぱり豆腐ですよね。オススメはどれですか?

店員 もっと早く来ていただければたくさん種類があったんですけど、もう売れちゃって品数が少ないんですよ。

瀧 枝豆豆腐はどうですか?

店員 今、売れ筋ですね。

瀧 じゃあ、極上豆腐と枝豆豆腐を買ってみよう。

店員 このふたつは自慢の商品です。塩を振ってお召し上がりください。お醤油やお豆腐のタレでもいいですけど、オススメは塩ですね。

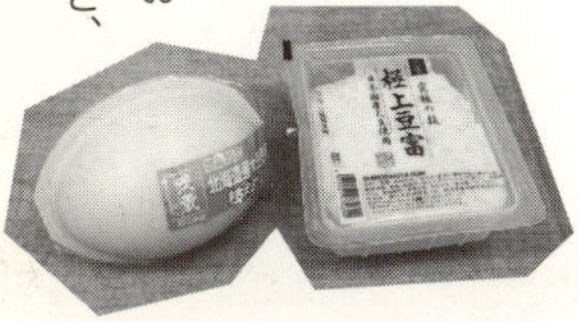

瀧 なるほど。そうなってくると塩にもこだわらなきゃいかんな。ここに売ってるから、塩も買っていこう。

店員 ありがとうございました。

瀧 どうも〜。あのさ、もうひとつ気になってる店があるんだけど。

——どこですか?

瀧 さっき前を通った「美声堂」さん。このレコード店をのぞかないわけにはいかないでしょ。この並びの中で、明らかに異彩を放ってるもん。(「美声堂」に入る)

## 活気溢れるレコード屋を発見!

瀧　こんばんは。お仕事中に失礼します。

主人　いらっしゃいませ。あ、ピエールさんじゃないですか。「電気グルーヴ」のCDも置いてありますよ。

瀧　お、ほんとにあった。ありがとうございます。（壁に貼ってあるイベント写真を見て）このお店にはいろいろな方がキャンペーンに来てるみたいですね。

主人　そう。ラジオとかでね。

奥さん　たしかに。美声堂くらいですね（笑）。

瀧　今、北区の取材をしてるんですけど、オススメのスポットはありますか?

主人　今このアーケード商店街を往復してきたんですけど、なんか雰囲気が違

いましたから。

主人　今日は火曜日で、みんなお休みなんですよ。だからそう感じるんじゃないですか。

奥さん　シャッター通りではないですからね（笑）。

瀧　（店内を見渡して）今だにカセットを売ってるっていいですね。

奥さん　ウチのウリはカセットですから。

主人　自分の住んでる街にはレコード屋がなくなってしまったけど、この店にはまだ売ってるから、ということでみなさん、買いに来てくれるんです。

奥さん　口コミでね。

瀧　じゃあ、この店って超重要じゃないですか!

奥さん　そんなことないですよ。（謙遜する奥さん）

瀧　赤羽は一言で言うとどんな街ですか?

奥さん　すごく住みやすいですよ。物価が安くているいろなお店があるし、交通の便もいい。一度住んでしまうと、もうよそには行けませんね。

北区

瀧 たしかに暮らしやすい感じはしますよね。でも僕、こんなに活気のあるレコード屋さんに、久しぶりに来ましたよ。(笑)
奥さん やっぱりお店は印象が大事だと思うんですよ。特にウチの店なんて、中に入ってもらって商品を見てもらわないと、買ってもらえない商売なんだから。
瀧 この店は入りやすそうな雰囲気だし、こんな楽しそうにキャッキャやってる店はそうないですよ。キャンペーンも多いし、きっとママさんのその雰囲気が楽しくてお客さんは来てるんじゃないですか?
主人 「もう1本飲んでって」みたいな(笑)。
奥さん そういう仕事にちょっと憧れます。やってみたい(笑)。
瀧 こうなったらホステス系の接客も導入しちゃいましょうか。(笑)

奥さん やってみようかしら。
瀧 おふたりの会話聞いてると、ほぼ漫才ですね(笑)。ちょっと赤羽の雰囲気が分かってきた気がする。
主人 こんなのはウチだけですよ。

(息子が帰宅する)

瀧 あ、こんばんは。息子さん?
息子 はい。初めまして、こんばんは。
瀧 息子さん、お仕事は?
息子 教員をしてます。
瀧 堅いところにいったねぇ〜。両親の背中を見て、教師になろうと?
息子 はい。
主人 反面教師だよな。
瀧 このふたりは、200歳くらいまで商売やってそうな勢いだもんね(笑)。ほんと、面白いお父さんとお母さんだね。
息子 はい。だからつまんない息子で。
主人 典型的な理系人間だもん。
瀧 今、取材をしてるんですけど、息子さんが北区で

103

奥さん 美声堂!

瀧 一番好きなとこはどこ？ それはもう分かったっつーの(笑)。

息子 荒川ですね。僕がよく散歩に行くのは春は桜並木が綺麗なので。

瀧 やっぱ堅実だな、答えが。ちなみに商店街に中学校があったけど、息子さんもあそこに通ってたの？

息子 いえ、僕は違います。

瀧 今、立て替え中みたいでしたが？

主人 そう。塀がなくなって、校舎に直接入れるユニークなデザインになるらしい。実験的らしいよ。

瀧 でも、商店街に隣接してる中学校なんて珍しいですよね。

奥さん でも、前からそうだから。

瀧 あの〜僕、生まれて初めて自分からお願いすることなんですけど……、サインを書いて置いていってもいいですか？

奥さん 何で口から出まかせばかり言うんですか？(笑)

主人 すぐ分かる出まかせはいいんだって。かわいいだろ。

奥さん そうだよパパ、それは嘘つきって言うんだよ。

瀧 もういいでしょうか(笑)。じゃあ、書かせていただきますね。おこがましいですけど、この店にはサインを置かせてもらいたいなって思ったので。

奥さん かわいいなんて、誰も言ってないから。自分で言ってどうするの。

奥さん もちろんです！ 気がつきませんで、ごめんなさい。

主人 いやー、取材を受けるのが初めてなもんで。

(サインを書いた後に、ふたりと記念撮影する瀧)

瀧 ありがとうございました。楽しかったです。

## "共生の街" 赤羽

奥さん　ビニールを貼って飾らせてもらいますね。

主人　ぜひ、またお越しください。

——そろそろ森岡さんのお店「たばこセンターやまと や」に行きましょう。

瀧　ここだね。(店内に入る) 初めまして、ピエール瀧です。今日はよろしくお願いします。

森岡　こんばんは。お待ちしてました。

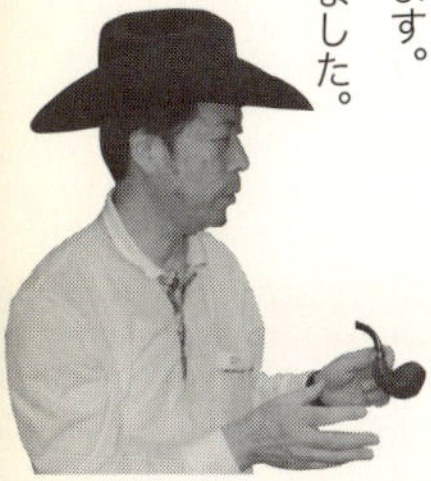

瀧　インターネットにこのララガーデンが23区最大だと書いてあるのを見たんですけど、何が最大なんでしょうか？

森岡　道幅が13mあるアーケードはこの商店街しかないんですよ。

瀧　ああ、道幅が最大なのか。それは意外でした。

森岡　車道と歩道がきちんと分かれてるでしょ。

瀧　たしかに。ということは、いつでも自転車で走っていい商店街なんですか？

森岡　いや、ダメです。本当は12〜20時までは自転車を押して歩かないといけないんですけど、現実的にはそれを完全に徹底するのは不可能なんですよね。一時は赤羽警察署と一緒になって見張ってたけど、その時期が終わるとすぐに元通りになる。でもね、それが当たり前なんですよ。だから住民の生活を考えて、アーケードの中に駐輪場を作ろうとしてるんです。

瀧　うーむ、それは他区にはない考え方かもしれませんね。普通は規制しますから。

**森岡** 住民と一緒に商店街を育てていきましょうということで、来年工事するんです。

**瀧** いいですね。客目線だ。

**森岡** 隣のレコード屋さんもよく歌謡ショーをやるんですけど、道路までお客さんが溢れてしまうことがあるんですよ。だけど、"30分くらいみんなに楽しんでもらえればいいじゃないか"って、商店街で反対する人はいないんです。みんな理解してくれている。

**瀧** それは素晴らしい。現実重視な考え方なんですね。

**森岡** はい。そういう観点から見ても、赤羽は面白い街だと思いますよ。

**瀧** なるほど。ちなみに、北区でご主人のオススメの場所はありますか?

**森岡** 赤羽ですね。お店以外だと荒川かな。あと、小山酒造という23区唯一の酒造会社もあります。

**瀧** やっぱり荒川の土手はお好き?

**森岡** はい。荒川は小さい頃には洪水とかいろいろあって嫌なこともありましたけど、一緒に育ってきたんですよ。

**瀧** 僕も静岡市の安倍川のすぐ近くで育ったんですけど、川に行くと季節も分かるし、いろいろヘンなものが転がっていたりとか、面白いですよね。この辺りは河川敷にも直接降りられるし、川が遊び場にもなっている。生活に根ざしている感じがします。

**森岡** 赤羽に住んでる人は水と親しんでるというか、水の視点から街が見られるんです。船に乗って川の方から街を見ると、景色が全然違うんですよ。街の在り方が変わるんです。普段、見えないところから見ると、ほんとに面白い。

**瀧** なるほど。赤羽の人は共生感が強いんですね。川と共に生きるとか、商店街と共に生きるとか、"共生の街"なのかもしれない。

**森岡** やった。それは良い言葉ですね。

**瀧** ぜひ、使ってください(笑)。

# 念願のパイプを初体験

**瀧** 実は、パイプに興味があるんですけど、何から手をつけていいのか分からないんですよ。一度、試させてもらってもいいですか?

**森岡** もちろんです。単純にパイプと葉っぱを買えば、できるんですよ。あとは扱い方の要領だけですね。2、3回軽く噴かして、1、2回軽く吹く。これを繰り返すといいですよ。

**瀧** そ〜っと吹くと。

**森岡** そう。それさえ覚えれば大丈夫。(パイプを瀧に渡す) 2段階でパイプに火をつけるんです。1回火をつけて、表面上を焦がしてから消します。そして、もう1回火をつける。

(アドバイスを実践する瀧)

**森岡** 口の粘膜でニコチンを吸収するから、急激にはこないんですよ。その代わり、注意して吸わないとダメです。肺で吸ってしまうと、ニコチンを直接、吸収してしまいますから。

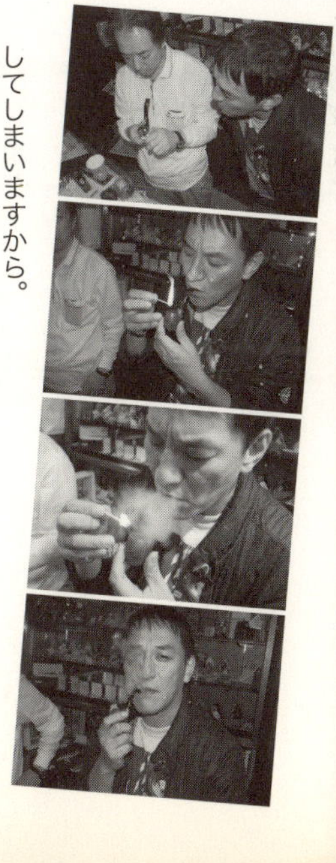

**瀧** ダメージが強すぎる?

**森岡** バタっと倒れますね。

**瀧** 気をつけます(笑)。ちなみにどれくらいの時間、持つんですか?

**森岡** 長い人は30分くらい。でも、上手ですね。ほんとに初めてですか?

**瀧** 初めてです。なんかパイプって落ち着きますね。

**森岡** つい自分の世界に入っちゃう。

**瀧** これは良い機会に恵まれたな。ご主人、パイプの入門セットないですか?

**森岡** 最初はビギンザパイプで十分ですね。葉っぱはいろいろ種類があるんですけど、希望はありますか?

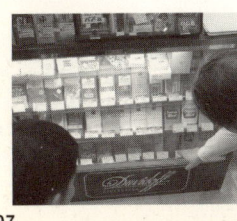

瀧　ここはご主人のオススメに乗っかりましょう。

森岡　甘いのがいいです。

瀧　これから始める人に適してる。

森岡　じゃあ、チェリー系がオススメですね。

瀧　赤羽には気取った感じがないよね。

——だから住みやすいのかもしれませんね。

瀧　無理してない。みんな、ニュートラルに暮らしてるんだなあ。

（荒川の土手に到着）

瀧　東京の川って、なみなみと水があっていいよね。なんか落ち着く。地元の安倍川なんて、全然水が流れてないときもあるもん。しかし、誰もいないな。

——街灯もないですから。

瀧　草の匂いがする。水面に橋のライトが映るのもいいなあ。よし、この辺りで豆腐を食べてみよう。お、あの大きい石の上とかいいじゃん。

（石の上にララガーデンで買った豆腐、塩を並べて夜のピクニックの準備完了）

瀧　まず極上豆腐から。うん、うまい！　濃厚な味。

森岡　ありがとうございます。

瀧　これから荒川の土手に行くので、そこでちょっと試してみますね

森岡　ぜひ、楽しんでください。

瀧　では、ありがとうございました。

## 居酒屋の隣に小学校!?

瀧　じゃあ、荒川に行こう。でも、まさか「最大」が商店街の道幅のことだとは思わなかったなあ——そうですね。美声堂のご夫婦もいい感じでした。

瀧　何か元気が出るよね。奥さん、パッカーンと花が咲いてる感じだし。

——うん、面白かったです。

北区

そして、枝豆豆腐は柔らかい。プリン系の味だね。こうやって土手で豆腐を食べるってのもいいもんだな。

——何気に合いますね。

瀧 これでビールがあったら、最高の夕涼みだよね。（周りを見て）高層マンションもないしさ。じゃあ、パイプをやってみようかな。ちょっと見晴らしの良い場所に移動して……ここにしよう。

（パイプを吸い始める瀧）川を眺めながらのパイプはいいなあ。何も考えなくていいし、ボーっとできる。

——落ち着きますか?

瀧 うん。赤羽ってよく考えてみるとさ、繁華街があって飲み屋もある。交通の便はいいし、川や土手もある。高層マンションもなくて、空も青い。特筆すべきものはないけど、特筆さえしなければ住みやすい街なんだろうなあ。

（パイプを終えて、赤羽駅へ向けて歩き出す）

——なるほど。結論が出た感じがしますね。

瀧 お、ここじゃない。「小山酒造」さん。

——23区で唯一の酒造会社だと言ってましたよね。

瀧 意外に大きいんだなあ。丸眞正宗っていう酒なのか。今度、買って飲んでみよう。

（住宅街をさらに進む）

瀧 このゲーセンの感じとか、懐かしくない?

——そうですね。それに、駄菓子屋さんもある。

瀧 東京の中心で消えつつある

109

佇まいが、赤羽小学校にはまだ残ってるんだなあ。

— お、赤羽小学校だ。

瀧　うわあ！　スゲえところにあるなあ。

— 目の前、パチンコ屋ですからね。すぐ近くには飲み屋、スナックがありますよ。

瀧　居酒屋の「月の宴」なんて、体育館からの距離およそ7mだよ。子供たちが朝、ゲロをよけながら小学校へ登校する姿が目に浮かぶな（笑）。

— なんか、強い子供になりそうですね。

瀧　世の中の仕組みを理解するのが、早そうじゃない？　ほら、あそこが正門でしょ。飲み屋街のど真ん中に、小学校の正門があるって衝撃だわね。生々しく生きてるよな。キレイごとばかりではなくて、現実をしっかりと見据えてる感じがする。人間にはやっぱり煩悩もあるわけだしさ。

不思議とここのダメな感じがすごく魅力的に見えてくる。

— 最初の印象があまりなかっただけに、最後は強烈でしたね。

瀧　これまでの散歩の中で、行く前の印象からの上がり幅が一番大きかったのは北区かもしれないな。ほんと、スゲえ見直したよ！

共生しつつ、生々しく生きてます。

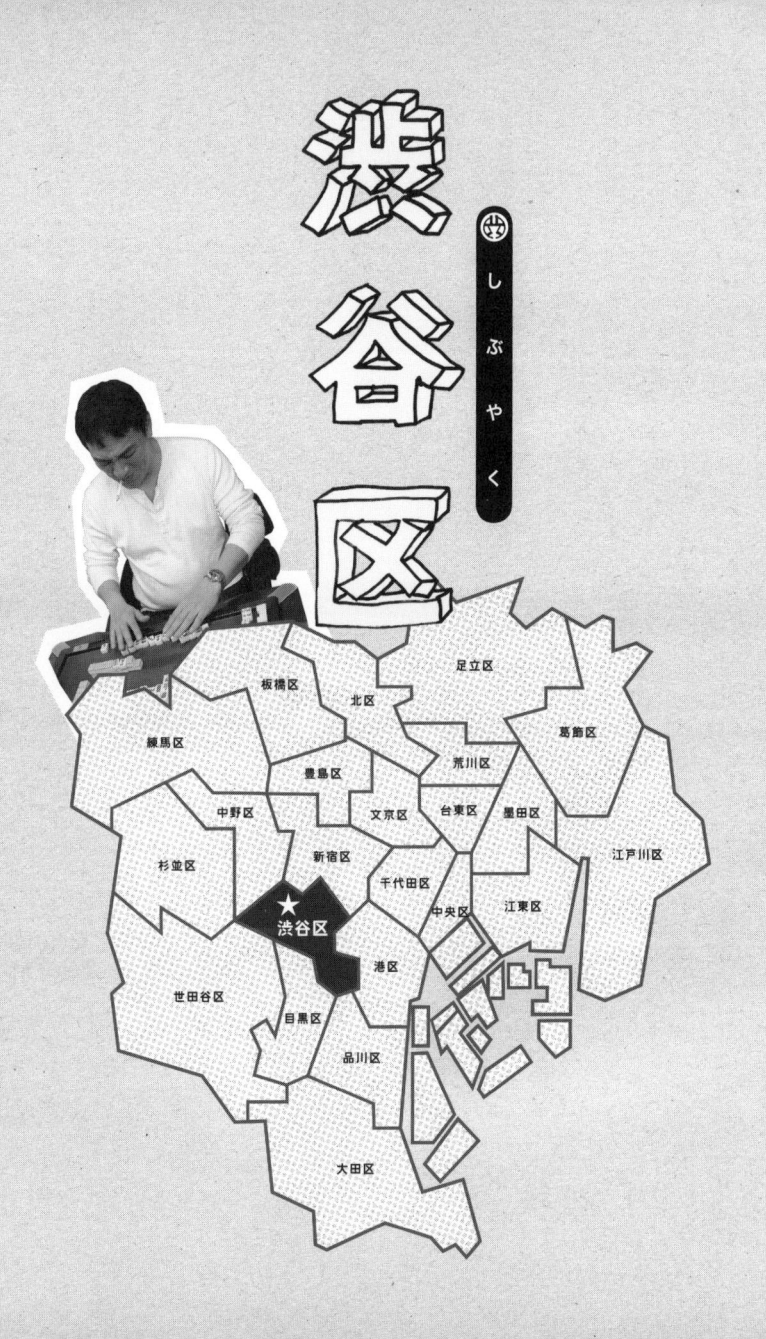

# 渋谷区

しぶやく

練馬区　板橋区　北区　足立区　葛飾区
杉並区　豊島区　荒川区
中野区　文京区　台東区　墨田区　江戸川区
新宿区　千代田区　江東区
★渋谷区　中央区
世田谷区　港区
目黒区
品川区
大田区

## 京王線初台駅スタート

——今日は渋谷区です。昭和7年に渋谷町、千駄ヶ谷町、代々幡町が合併して誕生しました。今回は歌手の森山直太朗さんをゲストにお迎えして、渋谷区を案内していただきます。よろしくお願いします。

瀧　森山くん、今日はよろしく。

森山　よろしくお願いします。

瀧　森山くんの家はどこなの？

森山　代々木上原です。

瀧　俺は上京して1年目に、この辺りに住んでたんだよ。こりゃ大都会だなって思ったけどね。

森山　あはは（笑）。

瀧　いや、マジで。

森山　まー、大きな通りやビルもあるしね。

瀧　でしょ？ すげーなーと思って。で、この近くのファミレスでよくバンドの打ち合わせをしてたんだけど、外のテニスコートでは欽ちゃんバンドのコニタン（小西博之）がテニスをやってたりしてね。

森山　さすが東京だ！って。

瀧　そう。あれ？ ここにあったパチンコ屋はなくなっちゃったのか。

森山　どんどん変わってますよ。何年前の話ですか？

瀧　25年前。実は、水道道路の先にあった東洋公衆衛生学院という専門学校に通ってたんだよ。

森山　何の学校？

瀧　臨床検査技師。病院とかで血液検査や尿検査などを担当する技師だね。

森山　わははは（笑）。何でそんなのやりてぇ〜って思ったの？

瀧　生物と化学が好きだったから。

森山　冷やかしじゃなくて？

瀧　うん。これからの時代は手に職だろうと思って入学したんだけど、すぐに行かなくなっちゃった。遊んでばかりいたから（笑）。その頃、串揚げ屋でバイトしてたんだけど、逃げて辞めちゃったんだよね。まだ店はあるのかな？

森山　「串松」か。（店内を覗きながら）お客さん、結構入ってるね。

瀧　ほんとだ、すげー。

森山　お母さんがいるよ。

瀧　たしか夫婦でやってたんだよね。

森山　せっかくだから挨拶していったら？

瀧　じゃあ、挨拶してビール1本だけ飲んでいこうか。

（「串松」に入る）

森山　なんで陰からこそっと見てるの？

瀧　なんか、怒られそうじゃない。

森山　お！ まだ店がある（店に近づく瀧）。

（しばらく歩くと串揚げ屋を発見）

森山　でも、当時の瀧青年を覚えてるのかな？

瀧　どうだろね……。

森山　たとえば、ファブリーズの宣伝を見て、「あ〜！」って。

瀧　これ、バイトを逃げた瀧くんじゃないの？　って

## 25年ぶりにバイト先を訪問

瀧　こんばんは。

奥さん　いらっしゃいませ。お座敷へどうぞ。

瀧　あ、お座敷あったわ。思い出した。

奥さん　はい、おしぼりをどうぞ。

瀧　奥さん、僕のこ

奥さん　顔と声には覚えがあるような……。

瀧　25年前にこの店でバイトをしてた瀧という者なんですが……。

奥さん　え！

瀧　3、4カ月くらい。僕、奥さんの顔覚えてますよ。

奥さん　ははは。記憶力が……。

瀧　顔を覚えてないですか？

奥さん　はい……。

瀧　僕、作ってました。

森山　記憶が一致してるからこの店で間違いないけど、完全に忘れられてますね。

一同　わははは（笑）。

（厨房に確認に行く奥さん）

奥さん　ゴメンなさい、私は全然覚えてなくて。でも、マスターは何となく覚えてるみたい。

瀧　じゃあ、マスターにご挨拶してこようかな。

（厨房へ挨拶に行き、戻ってくると……）

瀧　マスターに挨拶はしてきたけど、顔までは覚えてないって言われて。意外に会話が盛り上がらなかった（笑）。

森山　だって、3、4カ月しかバイトしていなかったんでしょ。

瀧　賄い料理を食べた記憶あるし、ニラ卵とじは煉瓦みたいなお皿でやってませんでした？

**瀧** うん。ちなみに、森山くんはバイト経験あるの?

**森山** ありますよ。渋谷の東急文化村のシアターコクーンで客案内してました。

**瀧** へぇー、東京出身の子はバイトが上品だねぇ。(メニューを見ながら)じゃあ、俺は自分が作ってたニラ卵とじを食べようかな。

**森山** こうなったら自分の過去に戻るしかないですよね。お父さん、お母さんのテンションが高くないんだから。

**瀧** そうなんだよ(笑)。店内に入ってみて思い出したけど、ここの座敷でお客さんが帰った後、「これ、まだ食えるな」って残り物をこっそりつまみ食いしてたんだよね。

**森山** ひもじいな。

**瀧** 当時、初台に姉と住んでたけど、たしか仕送りは10万円で、そこから家賃を払って暮らしてたからね。この店の時給は700円くらいだったかな。賄いが出るって言うからさ。

**奥さん** 失礼しま〜す(料理を運んでくる)。

**瀧** マスターは結構、変わっちゃいましたけど、奥さんは昔と変わらないですね。

**奥さん** いえいえ、変わりましたよ。

**森山** 当時の写真でもあればね、もっと盛り上がったんだけど(笑)。

**瀧** そうだよね。お、ニラ卵とじ。全然、変わらないな。これ、コツコツ作ってたよ。懐かしい。(食事を終えて帰り際に……)

**瀧** すいません。どうもありがとうございました。

**奥さん** お顔はテレビで拝見してるんですけど……。

**マスター** 一緒に飲みに行ったことある?

**瀧** なかったですね。でも、僕はおふたりによくしていただいたのに、最後にバイトを辞めて逃げたのがずっと心残りだったので……。すいません、その節は。今回お話できて、ホッとしました(笑)。

## 古本屋でプレゼント交換

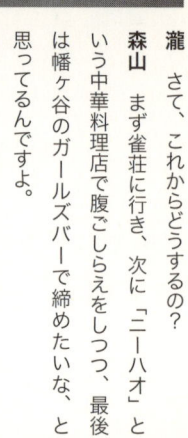

瀧　さて、これからどうするの?

森山　まず雀荘に行き、次に「ニーハオ」という中華料理店で腹ごしらえをしつつ、最後は幡ヶ谷のガールズバーで締めたいな、と思ってるんですよ。

瀧　へぇ～。幡ヶ谷にガールズバーがあるんだね。

森山　地元なので、なかなか行けないじゃないですか。だから瀧さんと行こうかなと。

瀧　それはぜひ行こう。ここはたしか10号通り?

森山　そうです。幡ヶ谷に行くと6号通りがあるんだけど、商店街に6号通り、10号通りという数字の名前がついてる感じが東京だなって思ってた。普通はすずらん商店街とか駅前銀座みたいなアットホームな名前でしょ。10号通りなんて漫画の「アキラ」の世界じゃん。学区だって、第何学区とか数字なんでしょ?

森山　ついてますね。

瀧　地方出身者は東京へ来ると、「商店街がちゃんと機能していいね」って言うもんね。地方だと6号、10号みたいな規模の商店街は機能してないから。

森山　瀧さんの自宅に近い駒沢方面も良いところだけど、この辺りはミニマム感がありません?

瀧　あるよね。この商店街だけで完結しちゃう感じ。

森山　そうそう。

瀧　子供の頃は何をして遊んでたの?

森山　ホントに運動ばっかしてましたね。あと、中学、高校になると、ときどき下北沢や渋谷のセンター街で遊んでました。

瀧　中学のとき、下北沢で何をやってたの?

森山　古着を買ったりとか。

瀧　もう買物? お金を使って遊んでたんだ。すげーなあ。

森山　ヴィンテージジーンズを買ってた。あとはもうテレビばっかり見てたかな。スペースシャワーとか。

瀧　なるほどね。ちなみに、俺が通ってた専門学校はこれ！

森山　え？

瀧　臨床検査技術学科に通ってたんだよね。すぐそこの教室が理科室みたいになってて、大理石の流しがあるんだけど、その下にでっかいアルミのポリバケツがあって、その中にはガーゼでくるんだ臓器がいっぱい入ってる。

森山　えー、こわ！

瀧　心臓のホルマリン漬けとか、脳味噌が輪切りになったやつが入ってた。肺もあったよ。

森山　それって人間の？

瀧　そうだよ。

森山　お、6号通りに出ましたよ。

瀧　キレイになったね。あ、古本屋がある。せっかくだから1冊ずつ買って、プレゼントし合おうか？

森山　そうしましょう。

（店内を歩き回り、それぞれプレゼントを購入）

瀧　じゃあ、まず俺から森山くんへ。「珍ゲームと福引」コロムビア・トップ著だよ。すごくない？

森山　すごいね。ありがとうございます。じゃあ、僕から瀧さんへ。「職業欄はエスパー」森達也著ですね。

瀧　結構、しっかり選んだなぁ（笑）

（6号通りを抜けて甲州街道へ）

森山 あ、ここです。麻雀「プレスリー」。やっぱりすごい！夜に映えるなあ。

瀧 すごい店構え。こんなの知らなかった。

――瀧さん、ちょうど23時です。

瀧 じゃあ、ここで記念写真を撮ろう。森山くんも一緒に。あ、麻雀できる？

森山 できますよ。この店の社長の伏見さんていう人が元祖ジゴロなんだって。

瀧 へぇ〜。

――「社長さんが今から来られるというので、中に入ってちょっと待っててください」ということです。

森山 じゃあ、麻雀を打ちながら待ってましょう。

## 伝説ジゴロと麻雀を興じる

森山 失礼します。こんばんは。

瀧 こんばんは。ちょっとだけ打たせてもらいます。

（しばらくして社長の伏見さんが登場）

**瀧** お邪魔してます。ピエール瀧と申します。

**森山** 森山直太朗です。

**伏見** よろしく。

**瀧** 伏見さんは、伝説のジゴロだとお聞きしてます。

**伏見** いろいろなホストクラブでずっとナンバーワンだったんですよ。

**瀧** そりゃ伝説にもなりますね。じゃあ、当時はいろいろな人たちと浮き名を流して？

**伏見** 名前は言えないけど、有名な女優さんとかね。

**瀧** マジですか？ やるなぁ。

**伏見** うん。みなさんは毎回、いろいろな場所を散歩してるんですか？

**瀧** はい。

**伏見** ウチの看板を写真に撮ってく人は結構、多いですよ。あのエルビス・プレスリーが麻雀を打ったことがあるのかって。

**瀧** 僕らもそれに引き寄せられてやって来たんです。

**伏見** いろいろな有名人が来日してるけど、プレスリーだけは日本に来てないんだよね。マリリン・モンローも来てるのに。

**瀧** そうなんですか。

**伏見** 皆さん、知らないと思うんだよね。

**瀧** 若輩者ですんません。でも、麻雀はいいですよね。知らない人ともこうやって距離が縮まりますから。ところでジゴロっていう商売は毎日、何をしてるんですか？

**伏見** お金を持ってる女性の相手ですね。

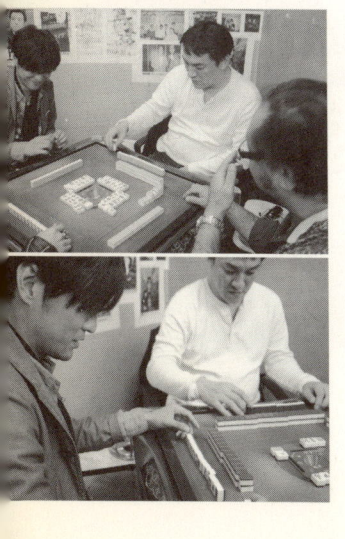

瀧　モテたんですねぇ〜。今でもモテてそうですけど。

伏見　今はモテない。ただのおじさん。

瀧　いやいや、そう見せかけて、でしょ？

伏見　いやいや、ほんとうにそう。

森山　お話中すいませんが、リーチです。

瀧　あ、ツモ。

森山　そういう空気の読めないとこ、ありますよね……。

瀧　わははは（笑顔）。社長がジゴロになったのは20代の頃ですか？

伏見　そう。30年くらいやってたね。バンドもしてたし、俳優としてNHKの銀河小説にも出演したこともあるよ。2012年に芸能生活40周年を迎えるので、音楽作品「十字架」とか自伝「ジゴロ聖訓」を出す予定なんだよ。

瀧　ジゴロをやりつつ、役者やバンドもやってて、何だか人生が楽しそうですね。

伏見　後悔しないように生きてるんだけどね。でも麻雀って、ゲームの中では一番奥深いよ。

瀧　強い人が必ず勝つわけではないですもんね。社長はいつから麻雀を覚えたんですか？

伏見　麻雀は逃げの口実。麻雀やってると言うと、女はみな男だらけだから安心するんだよ。隠れ蓑だね。

瀧　なるほど〜。賢い。ところで、どうしたら女の子にモテますか？

伏見　素直に生きることが一番じゃないかな。それから、女の求めてるものを追求すればいいんじゃないの。

瀧　それって分かります？ 人によっては家庭だったり、お金だったり、物だったり、いろいろあるじゃないですか。なかなか導き出せないですよ。

伏見　聞けばいいこと。簡単だよ。あと褒める。

瀧　その手がありましたね（笑）。

伏見　何が夢なのか、何がほしいのかを聞いて、そこ

渋谷区

から帳尻を合わせていけばいい。
（麻雀に夢中になり、あまり喋らない森山）

森山 上がりたいなぁ……。

瀧 そうなんだよ。「いい手で上がったね！」と褒められたくて。

伏見 一度くらいは上がらないとね。

瀧 そうなんですよ。

森山 社長はやんちゃな時代に危ない目にあったことはありますか？

瀧 人の女に手を出しただろ、みたいな。

伏見 何度もありますよ。それもあるし、歌舞伎町のいろいろな親分たちに目をつけられて、よく狙われました。

瀧 怖っ！ どうやって落とし前をつけるんですか？

伏見 ちゃんと筋を通して。

瀧 さらに怖っ！ 僕だったらそんなところに怖くて行けないですよ。

伏見 でも、逃げてちゃダメ。正面からぶつかって行くと、きちっとした親分は分かってくれますね。中途半端な人たちはちょっと……。

瀧 やっぱり立派な人が親分をやってるんですね。

伏見 そうそう。というわけで、リーチです（笑）。

森山 まさかの！ そうくるとは思わなかった。

伏見 麻雀の醍醐味ってこれなんだよ。パチンコは話をできないけど、麻雀は相手の心理を読むことができるから。

瀧 ふーむ。

伏見 女も同じだよ。正面からぶつかり、麻雀と同じでリーチ一発で落とす。

瀧 リーチはどの段階でかけるんです

伏見　いつもリーチだよ。
瀧　いつもですか？
伏見　そう。男と女ってのはやっぱり勝負だから。
森山　勝負か。
瀧　やっぱり常に全力じゃないと、何もつかめないってことですか？
伏見　そう。無我夢中でやってるときは、どこかで人がちゃんと見てくれてるし。
瀧　う〜ん、そうかもしれない。加減しようとすると、良くない結果に終わることが多い。
伏見　見破られちゃうしね。というわけで、ツモ。
瀧＆森山　え？……。
（麻雀を終えて記念撮影）
森山　勉強になりました。女性のクドき方の手ほどきま

でしていただいて。
瀧　社長に伺った、相手の欲しい物をあげればいいという話は肝に銘じます。
伏見　実践してみてよ（笑）。今はここでおじいちゃん、おばあちゃんのために麻雀教室をやってるんですよ。これは長い目でず〜っとやっていこうと思ってる。世の中はおじいちゃん、おばあちゃんに冷たいから。近くに来たら、また寄ってください。
瀧＆森山　はい。ありがとうございました。

## ふたりの出会いは音楽番組での共演

瀧　社長、面白かったな。

森山　正直、社長のスピード感についていくのがやっとでした。

瀧　俺、麻雀をやりながら、「コイツ全然使い物にならないな。オマエも何か聞けよ」って思った（笑）。

森山　瀧さんが話を聞いてくれてるから、俺は別にいいかな、と思って。

瀧　さっきからみんなと遊んでるだけじゃん。まあ、それでいい取材なんだけど（笑）。

森山　あ、この「スパイス」という店は、美味しいカレー屋さんなんですよ。

瀧　美味しそうな匂いがする。この辺りもやっぱり昔と変わってるね。立ち食い蕎麦屋がラーメン屋になってたりするし。

森山　お、到着しました。ここが「ニーハオ」です。

瀧　あ、ここ知ってる！ 1回だけ来たことある。

（しばらく歩く）

（「ニーハオ」店内に入る）

森山　こんばんは。

瀧　お邪魔します。こんばんは。

森山　水餃子と腸詰が抜群にうまいんですよ。

瀧　いいねえ。またビールを飲んじゃおうかな。ここに家族でちょくちょく来るってのはいいね。

森山　いつも祖母や母親と来たりします。

瀧　森山家はちゃんとしてるなあ。

――ふたりはどういうきっかけで知り合いになったんですか？

瀧　俺と森山くんとマリエで、一緒にスペースシャワーで生放送の番組をやってんだよ。

森山　最初の打ち合わせのとき、実は瀧さんのことが怖かったんですけどね……。

瀧　なんで？

森山　ガタイも大きいし、イメージがね。でも、番組が始まったら優しいし、すごくリードしてくれて。それで番組開始後、2、3カ月が経過したときに、みんなでキャンプに行ったんですよ。

瀧　行ったねー。夏に遊びでね。

森山　それまでつかず離れずの関係だったんだけど、そのキャンプで僕が結構、高い場所から1回転して川に飛び込んだんです。そうしたら瀧さんに、「結構いいとこ、あんじゃん」って言われて。

瀧　あははは。森山くんは基本、打たれ弱くて、いたずらとかすると本気で狼狽するんだよ。そんなことをされるように育ってきてないから。

森山　たしかに、公の場ではあんまりいじられキャラだったので……。すぐに驚くので？

瀧　実はすごくビビりでしょ。何で？

森山　なんでだろう？周りにそういう人が多かったのかな。って、周りのせいにしてるけど……。

(料理が運ばれてくる)

森山　やっぱり、腸詰めを。ウマい！この前も腸詰めを食べた記憶がある。

瀧　森山くんとは年も違うんだけど、なんだかんだでちょくちょく会ってるよね。

森山　瀧さんは2コ上の先輩みたいな感じで、会ってると楽しいんですよ。

瀧　みんな意外と知らないかもしれないけど、森山くんって実は運動部系の

——瀧さんはやっぱり兄貴キャラ？

森山　そうですね。でも、この業界で体育会系の人ってあんまりいないんですよね。

瀧　確かに、いないかも。

森山　僕はずっと運動しかしていなかったから、上下関係があった方が楽というか。

瀧　言ってることは分かる。俺も姉がいるし、似たようなところがあるからね。YOUとか清水ミチコさんたちと一緒にいると、自分が一番末っ子になるからすごく楽。

森山　瀧さんにもそんな側面があるんだ。

瀧　うん。実は末っ子気質（笑）。

（その後も食事を満喫し、「ニーハオ」を後にする）

## ガールズバーで大はしゃぎ

瀧　もうガールズバーには行かなくてもいい気がするんだけど……。行きたい？

森山　はい。行ってみたいですね。

瀧　じゃあ、そうするか。でも、まさか幡ヶ谷にガールズバーができてるとは。

森山　僕も地元にできてるとは思わなかった。

瀧　ガールズバーに飲みに行ったことある？

森山　ないです。

瀧　カウンター越しに女の子と喋るんだけど、結構いいよ。

森山　そうなんだ。あ、ここです。

瀧　1時間2000円だって。

（「ガールズバークレヨン」に入る）

瀧＆森山　こんばんは〜。

女の子　初めまして。マリエと言います。

瀧　え〜、マジで？　ウチの母親と同じ名前。

マリエ　ほんとですか？

森山　いやぁ、ビックリした。ホントに母親とあまりにも違うから（笑）。マリエちゃんは店に入ってからどれくらい？

マリエ 半年いかないくらいですかね。
瀧 普段は何やってるの?
マリエ 働いてます。美容師なんですよ。
森山 アシスタント?
マリエ そうです。休みの前日に、ここで働いてます。
瀧 (森山を指して)この人、知ってる?
マリエ はい、「さくら」の。
瀧 そうそう、「ケツメイシ」ね。
森山 違う違う。
瀧 マリエちゃんはどこに住んでるの?
マリエ 幡ヶ谷です。
森山 おー、バッチリじゃない。
瀧 俺も約24年前に住んでたんだけど、当時はこの辺りにはお店とかなかったよ。
マリエ じゃあ、もともと栄えてたわけじゃないんですね。
瀧 少なくとも浮かれた感じの店はなかったよ。
マリエ そうなんですか。

瀧 マリエちゃんって、今、欲しい物なんかある?
マリエ なんだろ……。(考えた末に)あ、長持ちする財布が欲しいです。
瀧 長持ちする財布っていうと、金庫以外考えられないけどね。
マリエ そこまでじゃなくて、使っててあまりヘニャヘニャしないヤツ。
瀧 たとえば、ヴィトンの財布は長持ちするタイプ?
マリエ そうだと思いますよ。私は持ったことないですけど。
瀧 彼氏に買ってもらえばいいじゃん。
マリエ 買ってくれないんですよ。
森山 そうなんだ。彼氏に甘えたりするの?
マリエ 甘えるのはあまり上手じゃないかも。
瀧 キミはいい子なんだね。そして、すごくいいフォルムをしてる。
マリエ フォルム?

瀧　そう、形のこと。いいムードが漂ってる。

マリエ　ほんと？　うれしい。ありがとうございます。

森山　大事なことだからね。

瀧　うん、かわいいよね。森山くんに会ってみてどう？　歌のイメージしかなかったと思うけど。

マリエ　顔がちっちゃいなって。

森山　なんだ、それ。

瀧　ちなみに義理の兄貴が「おぎやはぎ」の小木（博明）ね。彼と結婚すれば、森山良子さんと小木がもれなくついてくる。

マリエ　へぇ〜。びっくり。でも、お母さんもすごいですよね。

森山　ほんと？　ありがとう。

瀧　どのへんがスゴイと思うの？

マリエ　やさしいオーラをテレビ越しに感じる。

瀧　なるほどね。

（その後、女の子との会話やダーツを楽しむ）

瀧　じゃあ、そろそろ行こうか。マリエちゃん、ありがとね。

森山　僕、地元が近いんで、見つけたら声をかけてください。

マリエ　はい、ぜひぜひ。

瀧　声をかけたら、もれなく「さくら」を歌ってくれるから。

マリエ　あははは（笑）。また遊びに来てくださいね。

瀧＆森山　は〜い。じゃあね〜。

## 散歩取材を終えて……

森山　いやあ、面白かった。

瀧　社長の話ちゃんと実践した？

森山　え？　やってたの？

瀧　「何が好き？」って聞いたら、熟考した末に財布だってさ。

森山　そういえば、たしかに「良い子だね。かわいいね」って褒めてたね。

瀧　隙あらば、とにかく褒めろって。それで欲しい物をあげないといけないんだから、それも聞かないとな。

森山　ちゃんと実践してたんだ。チャレンジャーだなあ（笑）。

――今日は森山さんご推薦のルートを歩いてみてどうでした？

瀧　結果的に、俺が上京してきたばかりの19、20歳の頃に活動してたエリアをトレースしたんだよね。

森山　意外とノスタルジックな感じ？

瀧　そうそう。とりあえず森山くんは置いといて（笑）俺だけのくくりで言うと、「懐かしい場所」という感じかな。静岡から出てきて、ポンっと落ちたところがここだったから。

森山　そっから始まったわけですもんね。僕は前から行きたかった雀荘とガールズバーに行けたので、良い社会勉強になりました。瀧さんとかと一緒じゃないと、絶対に行けないですから。

瀧　ガールズバーは良かったね。

森山　うん、良かった（笑）。今日は楽しかったです。ありがとうございました。

瀧　こちらこそ、ありがと。今日はすごく懐かしい散歩になったよ。

> 自分にとっては懐かしい場所。初めの街。

# 杉並区

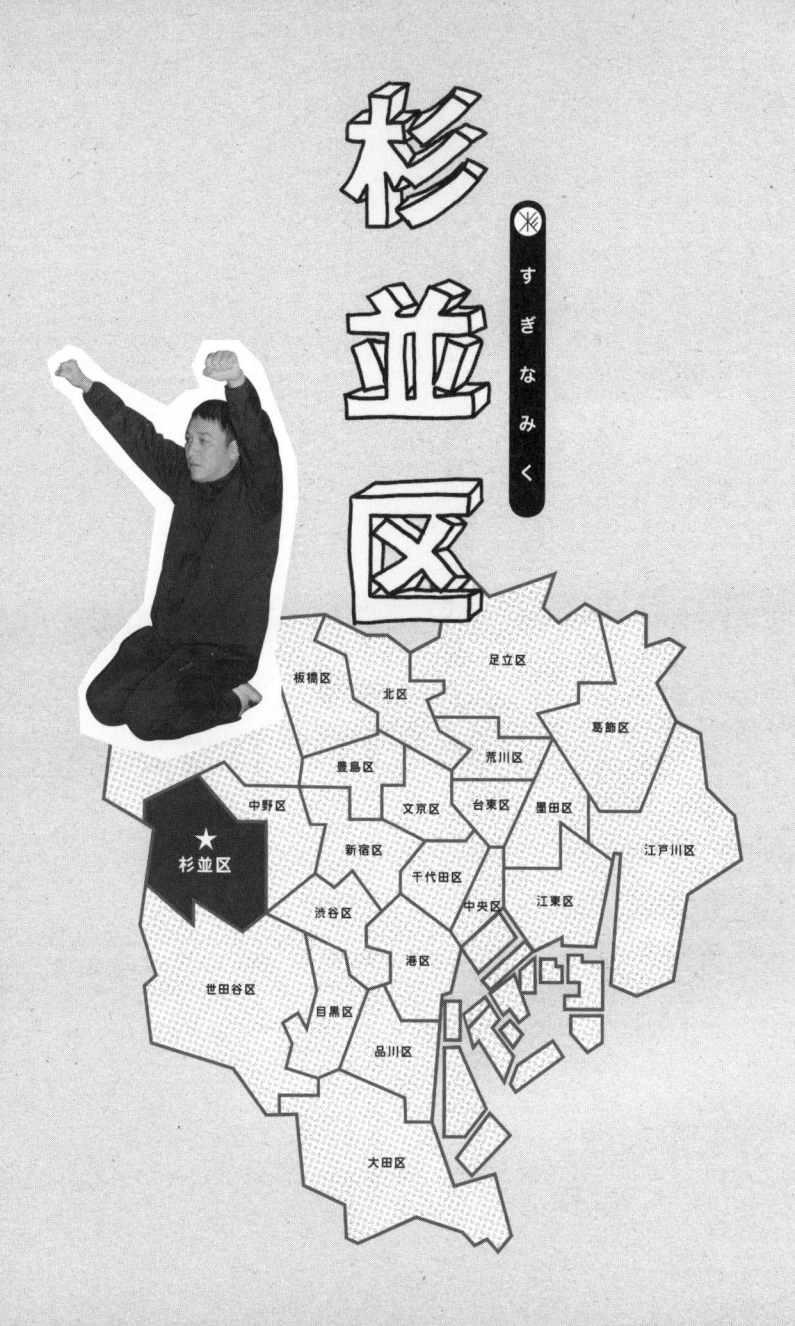

㊗ すぎなみく

★ 杉並区

板橋区 北区 足立区
豊島区 荒川区 葛飾区
中野区 文京区 台東区 墨田区
新宿区 江戸川区
渋谷区 千代田区 中央区 江東区
世田谷区 港区
目黒区
品川区
大田区

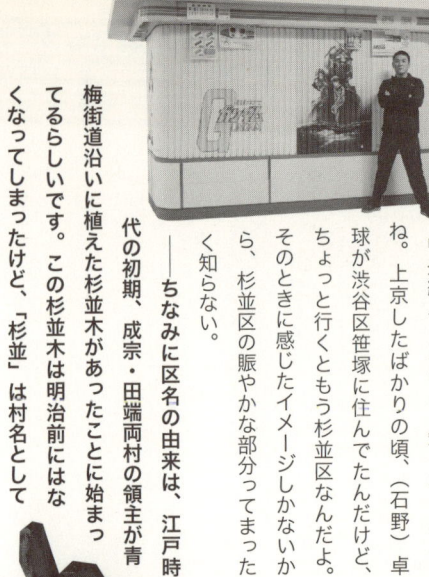

## 西武新宿線上井草駅スタート

——さて、今日は杉並区です。まず、瀧さんのイメージは?

——つまり住宅街ってこと?

瀧 うん。俺、中央線エリアをよく知らないんだよね。上京したばかりの頃、(石野)卓球が渋谷区笹塚に住んでたんだけど、ちょっと行くともう杉並区なんだよ。そのときに感じたイメージしかないから、杉並区の賑やかな部分ってまったく知らない。

——ちなみに区名の由来は、江戸時代の初期、成宗・田端両村の領主が青梅街道沿いに植えた杉並木があったことに始まってるらしいです。この杉並木は明治前にはなくなってしまったけど、「杉並」は村名として採用され、現在に至るそうです。

瀧 ふーん、そうなんだ。あ、駅前にガンダム像が立ってる。

——ガンダム世代ですよね。やっぱり好きでした?

瀧 11、12歳の頃に最初のガンダムが放送されたからね。(壁に描かれているガンダムを発見)あ、いいのがあった。

——それはひょっとしてガンタンクのポーズ!

瀧 ふふふ(笑)。お、またあった! ここはガンダム推しの街なんだな。

——ひょっとして、好きなモビルスーツはガンタンク?

瀧 そんな訳ないじゃん(笑)。でも、当時のヒーローモノは勧善懲悪が多かったけど、そのなかでガンダムだけ違ったもんな。あの鬱屈した感じを子供心にモヤモヤしながら見てたな。リアルっていうか。

― なるほど。あれ? ひょっとしてここは……。

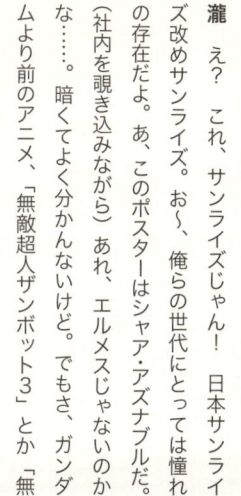

瀧 え? これ、サンライズじゃん! 日本サンライズ改めサンライズ。お〜、俺らの世代にとっては憧れの存在だよ。あ、このポスターはシャア・アズナブルだ。(社内を覗き込みながら)あれ、エルメスじゃないのかな……。暗くてよく分かんないけど。でもさ、ガンダムより前のアニメ、「無敵超人ザンボット3」とか「無敵鋼人ダイターン」もまた放送してほしいんだけどね。

## 杉並区の苦い思い出

瀧 それにしてもイメージ通りの杉並区だなあ。お、あそこに灯りがピンクの自動販売機があるね。なんか、いいねえ。じゃあ、100円自販機シリーズでもいこうか。今回は……キウイストロベリー。

― どんな味ですか?

瀧 う〜ん、何だろな? ラブホテルみたいな味(笑) 飲んでみる?

― あま〜い味ですね。そういえば、杉並区に何か思い出ってあります?

瀧 21歳の頃に、以前も話した人材派遣のバイトをしててさ。当時は世田谷区に住んでたんだけど、現場が(西東京市)田無だったのね。電車で行くとお金も時間もかかるから、原付バイクで環八を通って上井草駅まで来て、バイクを停めてから西武新宿線に乗って田無駅まで半年くらい毎日、通ってたんだよ。

― 上京したての頃ですか?

瀧 そう。ただ、環八がものすごく怖いんだよ。朝、大量に車がビュンビュン走っていく中、20歳そこそこの小僧が原付でモタモタ走ってたからさ。だから西武新宿線を見ると、ちょっとダークな気持ちになるんだよね(笑) それもあってさ、杉並区の印象があまり良くないんだと思う。さっき上井草駅を見たときに、「あ

「あ、こんな駅に原付を停めてたな」とか思い出しちゃったよ。

——苦い思い出ってやつですかね？

（笑）でも、さっきからこの辺り歯医者の数が多くないですか？

瀧　患者の数で言うと多いかもしれないけど、歯の数で言うと多いこんなもんだよね。患者ひとりで歯医者ひとつと考えるけど、歯はたくさん生えてるわけじゃん。何本も治療のチャンスがあるわけだから、それも考えないと（笑）。

——その考え方は新しいかも！　そんなふうに思ったこと一度もなかったな。

瀧　（掲示板を見て）これ何？　ユニカール？　杉並区

障害者技術生活支援センターがやってる催しなんだけど、「Universal Curling」を略してユニカールで、「氷上ではなくカーペットの上でできるカーリングとして、スウェーデンで考え出されたスポーツ」だって。杉並区は行政サービスが良さそうなイメージがあるな。住民に優しい感じがする。

——たしかに住みやすいイメージがありますね。治安も良さそうだし。

瀧　治安が悪いっていうイメージはないな。ただ、やんちゃしてる子は多そうだけど。それこそバンドとか芝居系とか。

——そういえば、僕の友達にも杉並区でバンドマンしてるヤツがいます。

瀧　でも、ヤンキーという感じじゃないんだろうね。多分、中野区と杉並区はやり合うんだろうなあ。なんか勝手なイメージだけど、中野区は杉並区に優越感を持ってそうじゃん。俺らの方が中央に近い、みたいな（笑）。

# 東京のど真ん中で馬糞の匂い!?

—— 小学校の運動場がコンクリートってよく聞きますもんね。

瀧　ここは東京都立農芸高等学校基礎農場だって。ほう。ちゃんとキレイにやってるよ。間隔が均等でさ。実際に農家デビューしたら、ここまでやってられないんだろうけど。東京の農業高校に通う子ってさ、卒業したらどうなるんだろう?

—— 兼業農家ですかね。それとも学者になるとか。

瀧　ほんとだ。地方の人が「東京にも畑があるんだ!?」って驚く瞬間だ。だってコンクリートジャングルっていうイメージでしょ、きっと。

—— あ、畑がありますよ。

瀧　でも、畑がないからね。どうするんだろうな……。(畑の前の掲示板を眺めながら)お、農芸祭だって。製造品販売をしてる。味噌、いちごジャム、ケチャップ。なるほど、加工や研究の方面に行くんだ。家が農家だから仕方なく農業高校へ行く、という感じじゃないんだろうな。

—— それにしても敷地が広いですね。

瀧　本当に広い。あれ、馬がいるよ。名前は「しーちゃん」と「ブーミングメモリー」。「現在、のんびりスローライフしています。今までありがとうございました。部員一同」だって。おや? 家畜臭いな。これ糞じゃないの?

—— 馬糞ですね。臭いきついですもん。

瀧　まさか23区の真ん中でこの臭いをかぐとはなあ(笑)。ある意味、新鮮だよね。もしかして畜産コースがあるのかな？　農業高校の中にあっても、おかしくないもんな。このビニールハウスも、飼い葉的なものを入れておくのかも。

——ようやく敷地が終わりました。

瀧　広さが3ブロックくらいあった。いやあ、デカかったなあ。

——なんか家の感じがこの辺りから変わってきた気がしませんか？

瀧　うん、いい家が多くなった。学校の近くはグレードが上がるんだな。5階建て以上は建てちゃダメとか決まりがあるからね。だから景観がいいんだよ。さっきまでファミリーカーが多かったのに、左ハンドル率も高くなってきたしさ。

——あれ、ここ門？　すげ〜広い家。森が茂ってるし、人が住んでないのかなあ？

瀧　いや、敷地の奥に家があるし、灯りもついてるから、きっと人が住んでるよ。で、アナザーワールドへの入り口を発見したところで、ちょうど23時。記念撮

# 井草八幡で願掛けの男性に遭遇

瀧　今日のルートはさ、ここまで畑と家ばかりだな。あれ？　あそこ何？

——井草八幡ですよ。でも、真っ暗で何も見えないですね。

——昔、肝試しとかやりました？

瀧　やったよ。やったけどさ、これは肝試しとはまた違った感じの厳かな感じがあるよね。この雰囲気すごくない？

瀧　(鳥居をくぐって境内に入る)何だか怖いなあ。まだ青梅街道が近くにあるから、微妙に明るさがあるけど……。杉並区って、闇のトンネルが多くない？

影しよう。

……うわー。あそこに何かいる！

あれ社務所かな。

——人？

瀧　チャリンコがある。(カメラのフラッシュで人影を確認)まったく身動きしなかったけど、男の人が立ってる。チャリがあるから、幽霊ではないと思うけど……。

——足もありましたよ。

瀧　こうなると「何をやってるんですか？」って話聞いてみたくない？　というわけで、聞いてきて！

——え？　僕が？　分かりました。……聞いてきます。

(身長は170台後半、スーツ姿で眼鏡をかけている30歳前後のサラリーマン風の男性が、両手を合わせて一心不乱に拝んでいる)

——す、すみません。ちょっとよろしいですか？　実は今、東京23区の夜の街をピエール瀧さんと散歩するという単行本の取材をしてまして……。

男性　え？

——よかったらお話を聞かせてもらえませんか？

男性 （驚いて、状態を後ろにそらしながら）いや、ちょっと……。（と言って、また拝みに入る。身動きひとつしない）

——あ……すみませんでした。

瀧 （瀧の元へ戻る）

瀧 どうだった？

——断られました。

瀧 まあ、そうだろうな。あんな感じで願を掛けてるんだから、邪魔すんなって話だよ（笑）。たとえばさ、お百度参りの99日目で人に会ったらアウトだというルールだったとしたらさ、「オマエ、何やってくれんだよ！」ということだからね。

——すごく警戒されました……。

瀧 でも、会社帰りのサラリーマンが夜中に自転車でここに来て、願を掛けているわけでしょ。お祈りをしたかったら、朝というチョイスもあるわけじゃん。そ れをさ、夜中の23時過ぎだよ。何をお願いしてたんだろうなぁ。病気が治りますように、とかそういう感じなのかな？ もしかしたら、あの人毎日来てるかもしれないよ。だって、こんな暗闇の中で拝むということに抵抗を感じないくらい、懸命に祈ってるわけでしょ。

——まるで何かを復活させるかのような雰囲気を感じました。

瀧 家のミイラを蘇らせるとか、それくらいの勢いなんじゃないの。

——まったく身動きしてなかったですもん。話しかけた後、またすぐに元の姿勢に戻ってし。

瀧 いやあ、すごいな。なんか持ってかれるよね。でもこれでお願いが「AKB48に会えますように」だったら面白いんだけどな（笑）。

——それくらいのことであってほしい気もしますけどね（笑）。

瀧 夜の散歩ってさ、結局見えるところが限られているから、実像が分からないんだよね。でもそれがいいんだよ。やっぱり「夜の散歩は暗闇のトンネルに入る

# 杉並区

## 井草八幡から善福寺公園へ

——この道を真っ直ぐ行くと、善福寺公園に出るみたいですよ。

瀧　善福寺公園か……。実は初めてじゃないんだよね。

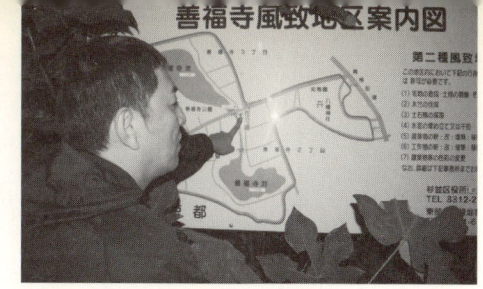

——え？　来たことあるんですか。

瀧　うん。テレビ番組のスタッフと一緒にバーベキューをしたんだよ。そのときの印象だと、「ゆるいな、ここ」という感じだった。昼間から飲み始めて、結局翌朝までいたもんなあ。でも、お巡りさんも来なかったし。

——意外に自由な感じなんですね。

瀧　うん。でもさ、善福寺公園といい井草八幡といい、緑の多いところだな、杉並は。環八はよく車で走ることがあるけど、今までまったく気づかなかったよ。神社があるのさえ、知らなかったよ。

——じゃあ、今日の散歩で強烈に印象に残りましたね。

瀧　今のところ杉並区の印象ってさ、「畑と神々しいところ」というふたつ。何かそういう安定感がある。土地に神様がいます的な。そんなに浮かれてもいないし、廃れてもいないし。

——なんだか守られてる感じがありますよね。あ、自販機を発見。

瀧　温かい物を買おう。当たりくじ付きの付自販機だ。「7777」「5573」って、55の時点でもうダメじゃん。「7777」が出れば、ジュースもう一本。(ピピピピピ〜)最後もったいつけなくていいよ。

——（善福寺公園を出て再び住宅街へ）

——この道を直進すると、女子大通りですね。（ガサガサ……と物音が聞こえる）。あれ？　瀧さん、ガサガサ……と物音が聞こえる）。

——それ何ですか？

瀧　そこのゴミ捨て場に捨ててあった。金庫。開けてみようか？

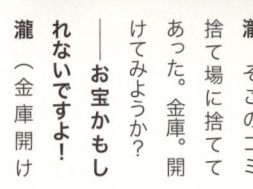

——お宝かもしれないですよ！

瀧　（金庫開ける）えーと、ゴルフのティーと100円硬貨だね。うわ、しかも何枚も入ってる！

——こういうのって何気に、持ち主のライフスタイルが分かりますよね。

瀧　ゴルフをする人ってさ、プレーしてる最中にティーとか小銭をポケットに一緒に入れたりするんだよ。ラウンドが終わった後、無造作にそこら辺の入れ物に入れたまま……というパターンじゃないかな。

——それにしても誰もいないなあ。

瀧　こんな時間に歩いてる俺らが変なんだって。でも、杉並区ってさ、若干、物の怪がする気がするんだよな。さっきの善福寺公園もそうなんだけどさ。なんだろ、独特の物の怪ムードを感じる。

——あ、これが善福寺南のバス停か。ケーブルから釣り下がっている紐を引っ張ると、車体をUターンさせるためにクルって回るというターンテーブルですね。

瀧　是非、引っ張ってみよう。

——回らないですね、って当たり前か。

（そのとき、ターンテー

杉並区

ブルの近くにある自動販売機で缶ジュースを買う男性を発見

瀧 お兄さん、お兄さん！

男性 ……。

瀧 そこのスケボーを持ってるお兄さん！ この辺の人？

男性 隣の武蔵野市です。地元は三鷹市で、この辺りには4、5年前から住んでますけど。

瀧 この辺りってどんな感じなの？

男性 住みやすいし、住んでる人の層もいいです。近所の人もすごく親切で、隣から差し入れがあったりしますから。

瀧 へぇ〜、人情味のある話だねぇ。ところで、お兄さんの名前は？

男性 高橋楽（らく）です。

瀧 楽さんは何をしてる人？

高橋 看板屋です。

瀧 ほほう。どんな看板を作ってるの？

高橋 全般です。デザイン系から駅の中の看板とか、

瀧 杉並区の特徴って何かな？

高橋 井草八幡とか善福寺公園とか。

瀧 やっぱり。俺らも今、行ってきたところ。井草八幡すげーよな。夜に行ったことある？

高橋 あそこ、やばいですよね。

瀧 あと、ほかには何かある？

高橋 東京女子大とか。

瀧 女子大ね。（看板が目に入る）あれ？ すぐそこって武蔵野市なの？

高橋 ええ、俺が住んでるところですね。武蔵野市吉祥寺東になります。

瀧 じゃあ、ここが杉並区の端っこなんだね。で、楽さんはひとり暮らし？

高橋 いえ、嫁

高橋　向こうの自販機でジュースを買おうと思ったら欲しい物がなかったので、ここに来たんですよ。最初は誰だか分からないし、シカトしようかと思ってたんですけどね（笑）。

瀧　そりゃそうだ。怪しいもんな（笑）。気をつけて帰ってね。

高橋　はい。じゃあ、少しスケボーで流してから帰ります！（スケボーに乗って颯爽と消えていく

瀧　じゃあ、もう寝てるんだ。こんなところで何してるの？

高橋　いや、嫁に頼まれてビデオを返却しに行って、また新しいのを借りてきたところです。「THE OC」というアメリカのドラマ。

瀧　中身を見せてもらってもいい？ゴーオンジャーは子供用だね。それとラブロマンス……って、自分のはないんだね。ビデオを借りに行かされてるだけ？

高橋　ええ。カードも嫁のだし、俺はスケボーに乗ってるだけで楽しいので（笑）

瀧　ここでジュースを買ったばかりに、運が悪かったね。

と子供がふたりいます。

### 西荻窪駅へ向かって散歩中

——さて、東京女子大を経由して、ゴールの西荻窪駅を目指しましょうか。

瀧　こら辺てさ、杉並区と武蔵野市の境だから、いろいろ入り組んでるよな。マンホールのマークも違うし。

杉並区

——いきなり道幅も狭くなってきましたね。

瀧 さっき農芸高校周辺の家を見てさ、学校が近いと良い感じの家が多いとか言ってたじゃない？ でも、この辺はちょっと違うね。

——お、ここが東京女子大か。戦前に建築家アントニン・レーモンドによって設計された7棟の建物は、歴史的建造物群として文化庁登録有形文化財にも登録されてるみたいですよ。

瀧 へぇ〜。由緒あるんだ。でも、この道を女子大生が歩くと考えると、ちょっと心配になるような暗さじゃない？ ひったくりしやすそうだし、狭いもんね。

——住所が西荻窪に変わりました

よ。相変わらず道幅も狭い。

瀧 でも、狭いからいいっていうのもあるよ。この路地の一軒一軒の中に家族が住んでて、ひとつひとつに喜怒哀楽があると想像するとき、心がフカフカしない？

——(横断幕を発見)あれ？「300メートルのバス通りが巨大キャンパス」だって。何だろう？

瀧 (看板を見て)この道で自由に落書きするんだってさ。良い企画。なんか駅っぽくなってきたな。

——駅の方角から人がたくさん歩いてきましたね。あ、またゴミ置き場。

瀧 どれどれ(ゴミ置き場をチェックする瀧)。お、句集が捨ててあるね。もう句はやらない宣言だ(笑)。

——西荻窪の商店街に到着しました。

瀧　急に街頭が増えて明るくなったなあ。（周囲を見渡しながら）ところで、ここはアンティークの街なの？

——西荻窪は、女性に人気の街なんですよ。レトロな感じのカフェや雑貨屋が多く、女性のひとり暮らしも多いみたいです。

瀧　へぇ～、そうなんだ。何だこれ？　24時間受付のクリーニングの自販機だって。自分の家の電話番号を入れると、カシャってここから出来上がりが出てくるのか。これで200円は安い。

——サラリーマンは助かるでしょうね。それにしても全体的に店が閉まるのが早くないですか？

瀧　もう深夜1時過ぎだしな。でも、まあ確かに飲み屋の1、2軒くらいはやっててもいいけど。

——道を歩いてる人は、圧倒的に女子が多いですね。

瀧　最終電車で帰宅途中なのかな。今の時代、終電まで飲み歩くのは女子なんだな。

——さぁ、今日のゴール地点の西荻窪駅に到着です。

瀧　意外に都会だねぇ。少なくとも上井草駅と比べたらスゲー都会。だってロータリーがあるもん。さて、せっかく荻窪まで来たんだから、ラーメンでも食べて帰ろうか。歩いたら腹減ったよ。

## 土の香りがする、人が住んでるタウン！

142

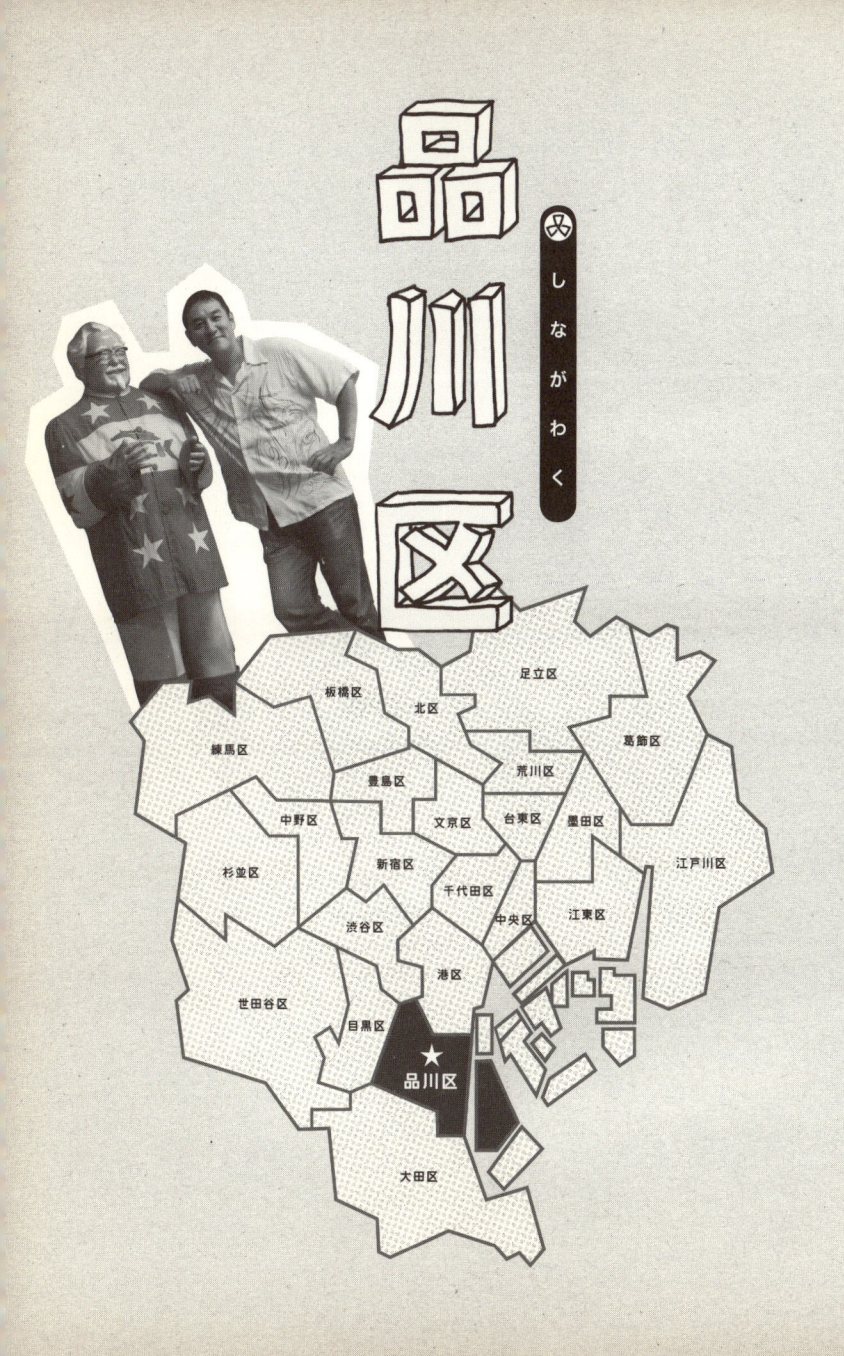

# 品川区

㊗ しながわく

- 板橋区
- 北区
- 足立区
- 練馬区
- 豊島区
- 荒川区
- 葛飾区
- 中野区
- 文京区
- 台東区
- 墨田区
- 杉並区
- 新宿区
- 江戸川区
- 渋谷区
- 千代田区
- 中央区
- 江東区
- 世田谷区
- 港区
- 目黒区
- ★ 品川区
- 大田区

## 大井競馬場前駅スタート

——今日は品川区です。区名の由来は諸説がありますが、定説はないみたいですね。

今回は、大井競馬場で開催されている「東京シティ競馬」に行きましょう。

瀧 いいけどさ、俺、競馬まったくやらないんだよね。

——どうしてですか?

瀧 単純に分からないのと、女子供が来る場所という感じが若干していて。

——そうですか? そういうイメージはないですけど。

瀧 競艇やオートレース、競輪と比べると、ちょっと品があるじゃん。

——元々は貴族のスポーツですからね。じゃあ、競馬は初めてですか?

瀧 いや、2回目。でも、東京に住んで25年経つけど、まだ2回目だからね。競馬やるの?

——中央競馬だけですけど。最近はネットで馬券を購入できますから。

瀧 ネットで買えるとか、それすら知らないもん。

——せっかくだから買おう。じゃあ、「日刊競馬」で。

（入場券を購入し、場内に入ると競馬新聞の売り場を発見）

——あと2レースしかないですけど、競馬新聞買います?

瀧 さん、何だか馬券当たりそうですよね?

瀧 そんなにうまくいくわけないじゃん。浅草のときのおみくじみたいにうまくいくと思ってるでしょ? そんなに都合よくいくわけがないじゃん。

品川区

――まあ、そうですけど……。

瀧 （パドックで馬を眺めながら）う～ん、馬の見方が全然分からないな……。23区にかけて、2と3は買おうかな。あのさ、パドックでは何を見るの？

――馬体とか歩様、発汗、イレ込んでるかどうかとか。

瀧 何それ？ イレ込んでるのとか、どうやったら分かんの？

――僕もはっきりとしたことは分からないですけど、興奮しすぎてやたらと首を上下運動させたり、ちゃかちゃか歩いてたり、発汗がすごかったりしてる馬のことじゃないですかね？

瀧 イレ込むとどうなるの？

――気合いが入りすぎて全速力で駆け上がって行ってしまったり、最後にバテてしまったり、瀧の言うことを聞かずに全速力で駆け上がって行ってしまったり、最後にバテてしまったり、ジョッキーの言うことを聞かずに……。

瀧 そう言われてみると、2と3はちょっと弱そうだ

なぁ……。ラブビジョンって、なんか大人のオモチャみたいな名前。

――わははは（笑）。でも、夜の競馬場で見ると、馬ってキレイですよね。

瀧 そうだね。普段、品川や三田のオフィスに務めてる人たちとかが来てるんだろうなあ。会社帰りの趣味としては、なかなか良いよね。

――そろそろ発走時間が迫ってきました。何を買うのか決めないと。

瀧 買い方には何があるんだっけ？

――9式別があって、単勝、複勝、枠複、普通馬複、ワイド、枠単、馬単、三連複、三連単です。

瀧 このマークシートに記入するわけね。じゃあ、普通馬複（1、2着馬を当てる）で2―3、値段は1000円。記念だからみんなで買おうよ。当たった人がオゴるってことで（笑）。

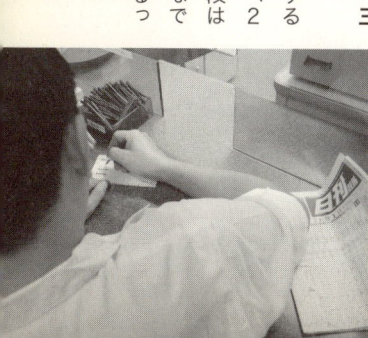

## 馬券の結果は……

瀧 それにしても、キレイな競馬場だな。あっちの方には子供もいたもんな。

—— 競馬場によっては芝生があって、親子でピクニックをしながら観てる家族もいますから。

(ファンファーレが鳴り、レースがスタート)

瀧 お、始まった! 逃げてる、逃げてる。

—— (レースも最終コーナーに差し掛かり……) このまま決まれば僕、勝ちです。1ー8の馬単を買ってますから。

瀧 なんで、そんなに落ち着いていられるの? 内心はドキドキです!

(ゴール後) わ? マジで1ー8?

瀧 すげーじゃん。

—— (写真判定の結果) ああ、鼻差でダメだ! 最後ギリギリ粘ったと思ったのに、かわされてた……。

瀧 ダハハ。そんなモンだって。でも、夕涼みにはいいな、ここ。デートのカップルもちらほらいるじゃん。女性も意外に多いし、会社帰りに来てる人もいる。こんな雰囲気だったらいいと思わない? 次のレース

—— たしかに、ちょっと優雅な趣味ですよね。次のレース

品川区

**も買います?**

瀧 その前に、もつ煮込みでも食べよう。

——いいですね。あ、予想屋。

瀧 ああ、100円を渡すと、「これ当たるよ」って予想を書いた紙を握らせてくれるやつね。

——そうそう。あ、もつ煮込み屋がありましたよ。買いましょう。

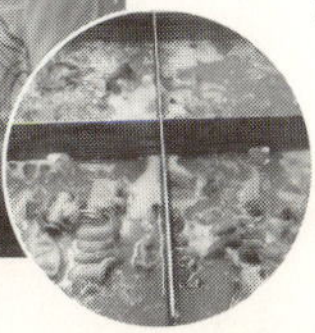

瀧 (もつ煮込みを食べて) わ、うまい! 公営ギャンブル場にある食べ物ってさ、全部ソウルフードだよね。

——うん、たしかにうまい。

瀧 (もつ煮込みを食べながら競馬新聞を見て) このウェルカムパーティって馬は人気あんな。そうだ、名前で決めよう。ウェルカムパーティと、じゃあブイゾーンで (笑)。普通馬複で8—13を買おう。

——じゃあ、買いに行きましょう。3連単はどうですか?

瀧 一番人気と最下位人気の馬券を買うのは面白いかも……。うん、そうしよう。もうちょっと、早くから来れば良かったなあ。(馬券を購入)

——次は1200mですね。どこで観ます?

瀧 今回はスタンドにしよう。ビールを飲みながらレースを観るっていいもんだなあ。これさ、人生を懸けた大勝負をしてる人がひとりくらいはいるかもね (笑)。

——これだけ人がいれば、本当にいるかもしれないですね。

瀧 そうでしょ。

（ファンファーレの演奏が始まる）

瀧　なんかスタンドで観るのもいいな。目線が高いし、風通しもいいから。

——スタートしましたよ。

瀧　え？　もうゴール前？　短いんだ。おお、速い！

——（ゴール！）2ー4ですね。

瀧　4とか、かすりもしてないよ。しかもスタンド全体からガッカリ感を感じる。

——たぶん、みんなもはずしたんでしょうね。

瀧　「来い！　来い！」って叫んでるヤツいなかったもんね。ちなみに「日刊競馬」がどんな予想をしてたかというと……ダダン！　2ー4！

——なんだ、結構人気の馬が勝ったんですね。

瀧　レースが終わるのって夜の9時頃？

——はい、だいたい9時過ぎですね。

瀧　夕方から夜9時までってことは、プロ野球と同じような感覚なんだ。でも、夢はあるよな。普段は100円が100万円になるなんて微塵も思わないけど、ここで3連単を当てれば、現実のものになるかもしれないわけだから。まあ、ほぼないけど（笑）。でもさ、朝から来て1レース100円で全レース買っても、1200円＋入場料100円。家からおにぎりと水筒を持参すれば、1300円で1日楽しめるってことだよね。実際にそういう人もいるんだろうなあ。

——（開催終了のアナウンスが流れる）

瀧　あっという間だったね。でもさ、品川に住んでたらと

りあえず来ちゃうよね。夕方に子供がちょっとぐずったら、じゃあ、夕涼みがてら競馬場に行ってくるか、という感じで。

——入場料さえ払えば、別に馬券を買わなくてもいいわけですしね。

瀧　女の子の競馬ファンの中にはジョッキー好きもいるんだろうなあ。馬を見ないで、ジョッキーだけで馬券買っちゃうみたいな。

——以前、武豊さんにインタビューをしたことがありますけど、オーラがすごかったですよ。

瀧　なんか、歌舞伎役者に似た感じの落ち着きと、背負ってる物のデカさを分かってる感があるよね。

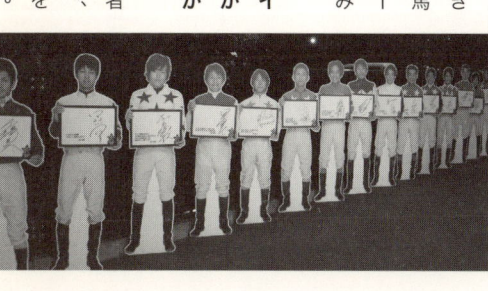

## 溝渕広之丞の名前がない!?

——さて、これからどうしましょうか？　この辺りに新幹線の車庫があるみたいなんですけど。

瀧　でも、まだ新幹線が走ってる時間帯だから、車庫には停まってないんじゃないの？

——そうか……。

瀧　たしか、この辺りにひなびた酒場があるんじゃなかったっけ？

——大井町ですかね？　そっち行ってみましょうか。

瀧　そのうち、新幹線の最終の時間になるでしょ。ちなみに車の品川ナンバーの由来は何でなの？

——ちょっと分からないですね。

瀧　(スマートフォンでネット検索すると……)関東運輸局、東京運輸支局が品川区にあるからだって。品川区、千代田区、中央区、港区、目黒区、大田区、江東区、世田谷区、渋谷区。え？　大島、三宅島、八丈島、小笠原諸島もだって。

——島も品川ナンバーなんですか？

瀧　そうみたいだよ。

——へぇ〜。

瀧　品川区って物騒な印象がなくない？

——たしかに、そういう印象はないです。

瀧　ちょっと世田谷区と仲間な感じがする。あと杉並区も含めて、平穏無事に暮らしてるイメージ。もちろん、俺の勝手な憶測だけど（笑）。

——**お、商店街に入りましたね。**

瀧　あれ？（周りを見渡して）立会川……。たしか、坂本龍馬ゆかりの場所で、銅像があった気がする。ちょっと、そこのお母さんに聞いてみよう。すいません。この辺りに坂本龍馬像があると思うんですけど、どこですかね？

**お母さん**　その先を左折すると、立会川駅の方へ行かれますよ。そのすぐ近くですよ。

瀧　ありがとうございます。

——**あ、瀧さん、「浜川砲台跡」という看板がありますよ。**

瀧　「龍馬伝」の放送の最後5分くらいで「今回のお話の舞台は？」みたいな映像が流れるんだけど、そのときにテレビでここ紹介してたんだよ。

——**あ、何かある？**

瀧　黒船の絵が描いてある。あ、龍馬もいるね。立て看板によると、「浜川砲台と品川下屋敷を結ぶ連絡路は、現在の立会川商店街の道路であり、その距離約200メートルである。若き日の坂本龍馬は警備陣に加わっており、この道を歩いていた」だって。龍馬がここを歩いてたということは、俺も歩いてたわけだ。溝渕広之丞も一緒だったわけだから（笑）。撮影してから約1年半くらい経ってるわけだけど、ようやく来られたよ。

——**物語の初期でしたもんね。**

瀧　うん。じゃあ、立会川駅の方へ行ってみようか。

# 品川区

——ここを曲がるんですよね。

瀧 (十字路を左折すると) おお、なんか味わい深い商店街だねぇ～。

——龍馬の垂れ幕がありました。「龍馬の町へようこそ」って。

瀧 俺も少しは歓迎してくれって話だよ。誰が龍馬をここに連れてきたんだよって話でしょ (笑)。

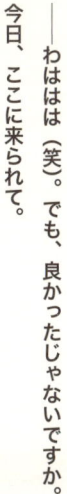

——わははは (笑)。でも、良かったじゃないですか。今日、ここに来られて。

瀧 お、立派な坂本龍馬像があるじゃん。でも、昨年建てました的な新しさだけど。しかし、俺の名前がどこにもない! 広之丞歓迎ムードがまったくないじゃん (笑)。

——そんな場所で100円自販機を発見。

瀧 お、種類が珍しいかも。今回は80円の「紅茶姫」にしよう。

——メーカーは?

瀧 激安ジュースの雄、サンガリア。あ、紅茶飴と同じ味だ。飲んでみる?

——ホントですね。

瀧 さて、立会川商店街を抜けて、大通りに出ましたよ。

瀧 お、壁画がある。品川区立鮫浜小学校2年生作だって。いいねぇ～。

——その交差点を左に曲がると大井町駅方面なんですけど、駅前に電車の操車場があるらしいです。

瀧 新幹線とは別に?

——はい。そこもチラッと見られるといいんですけど。なんか、ちょっと町の作りがさっきまでとは違うなあ。

瀧　なんだろ、ゆとりがある感じがするな。高層マンションって最近はいろいろなところにあるけど、この辺りにこんな建物あったっけ？

——昔はなかったですね。最近、できたんじゃないですか？　すぐそこも建設中だから。

瀧　ああ、ほんとだ。でも、地方出張が多い会社員にとっては、この辺りはほんとに良い場所だろうな。羽田空港にも近いし、品川駅からは新幹線にも乗れるし。

——大井町の駅前商店街に着きましたよ。

瀧　わ、超まぶしい。節電モードどこ吹く風だ（笑）。

——ほんと、明るいなあ。どこかで右折しましょう。

瀧　駅前まで行ってからにしようか。まあ、手前で曲がりたくなる角だったら別に曲がってもいいけどね。なんか、そういう場所ってときどきない？

——なんか引っ張られる感じというか。

瀧　そう。味わい深い感じの路地。あ、そろそろ大井町駅だ。

——ああ、これじゃないですか？　フェンス越しに線路がいっぱい見えますよ。

瀧　車両基地？　なるほど、この感じか。

——この辺りは飲み屋がいっぱいありますね。どこか入ってみます？

# 品川区

瀧　せっかくだから襲撃しよう。(飲み屋街を歩き回り)「彩彩」はどうだろ？

——いいですね。(ドアを開けて)こんばんは。まだ営業してますか？

お店の人　はい。どうぞ。

瀧　じゃあ、ちょっとお邪魔します。カウンターだけのお店。落ち着く感じでいいな。(ビールと焼き鳥、水たこ刺しを注文)

瀧　乾杯〜！　うまいねぇ〜。

——テレビもあるし、なんだかのんびりできますね。

瀧　品川区の小さな酒場で、テレビを見ながら野球の話をするのもオツじゃない。焼き鳥も水たこ刺しもうまいなあ！

## 飲み屋を出て、新幹線の車両基地へ移動

瀧　(車両基地の前で)鉄ちゃんってここまで来るの？すげー根性あるな。要は、

新幹線のお家が見たいわけでしょ。だって、ただ単に新幹線が見たいだけだったら、品川駅でもいいわけじゃん。続々とやってくるわけだし。

——そうですね。

瀧　品川駅に行けば、彼らにとってのアイドルがバンバンきてくれるわけだけど、ここまで来る人たちはアイドルの家も突き止めたいということだろうな。

——それで、「おお、寝てる、寝てる」みたいな感じなのかも。

瀧　夜中しか新幹線はこの場所にいないわけでしょ。それなのにどうして金網をつけて見えなくしちゃったのかなぁ……。

——ゴミの問題とか安全性の問題とかがあったんですかね?

瀧　多分そんなだろうなぁ。(新幹線が車庫に戻ってくる姿を見て)お、新幹線がみんな巣に帰っていく。

——金網の隙間から新幹線が見える。ライトアップさ

れててキレイですね。あ、カモノハシが帰ってきた。

瀧　「今日も安全お疲れちゃ〜ん」みたいなことを言って、お神酒とかかけないのかなぁ。

——やっててもおかしくない感じもしますけどね。お、車両の清掃が始まりましたよ。

瀧　手洗いで気持ち良さそうだなぁ。アナウンスで「4番線、電車が入ります」だって。駅と同じだな。

——あ、点検してる!　最初に点検してから清掃するんですね。これだけいろいろな種類が並んでたら、な

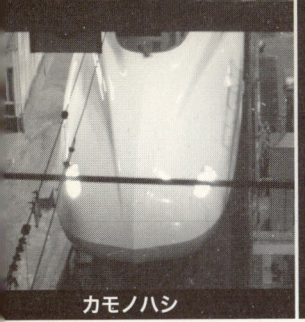

| カモノハシ |  ウォーズマン |  西洋甲冑 |

瀧　んか興味が沸いてくるなあ。もうちょっと昔だったら、0系と100系も並んでたのになあ。

——これ、カッコいいですね。

瀧　ああ、西洋甲冑みたいなヤツね。モビルスーツっぽいよね。

——たしかに(笑)

瀧　これはウォーズマンっぽい。あとはカモノハシ。この3つの車両が多いね。(スマートフォンでネット検索しながら)カモノハシとウォーズマンが700系で、西洋甲冑は300系だね。ここにはないけど、500系は「こだま」か。新幹線って、0、100、300、500、700なんだな。

——へぇ〜、知らなかった。勉強になります。

瀧　「こだま」って普段、乗る用事ないでしょ?

——そうですね。

瀧　でも、名古屋より手前に住んでる人だと乗る用事があるんだよ。今「ひかり」に乗ると静岡まで50分くらいで着いちゃうから、全然寝られないわけ。だから、あえて「こだま」に乗るっていうパターンもあるのよ。喫煙車両もあるから、なかなかいいんだよね。

——なるほど。じゃあ、そろそろ移動しましょうか。

瀧　うん。(敷地の周りを歩きながら)こっち側に来ると、植え込みで中が見られない。やっぱりさっきの場所がいいんだな。

——あ、でもちょっとだけ見えますね。

瀧　足元だけ。

——チラリズムだ。

瀧　この辺りって柳の木が多い

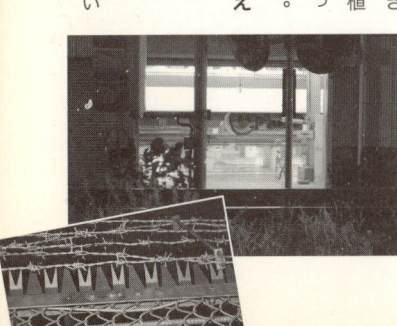

――寡黙な方々でしたね。

瀧　でも、ああいう人たちが日本の新幹線の安全を守ってくれてるわけだからね。

――なるほど。あ、ここで敷地は終わりみたいですよ。

瀧　ほんとだ。じゃあ、今日の散歩はここまでにしよう。坂本龍馬といい、新幹線といい、今日は意外にアガるポイントが多かったな。品川区は国レベルの物が多いんだね。

な。新幹線と柳って、なんか良い組み合せだなあ。

（入口付近でタクシーに乗ろうとしてる従業員たちを発見）

瀧　こんばんは。お仕事終わりですか？

従業員　はい。

瀧　さっき、あそこの場所から、皆さんが働いてる姿を見させてもらってました。整備の方ですか？

従業員　はい、そうです。

瀧　何の整備なの？　って話したらダメなのか……。え〜と、５００系ってこっちにはあんまり来ないんですか？

従業員　来ないですね。あれは山陽新幹線ですから。

瀧　ああ、そうなんだ。知らなかった。皆さん、タクシーの乗り合いで帰るんですか？

従業員　ええ。これから飲みに行くんですけどね。

瀧　それはいいですねぇ。じゃあ、お疲れさまでした。

（タクシーを見送る）

瀧　安易に業務内容をしゃべらないところがいいなあ。

ドメスティックヒーロー大集合の地！

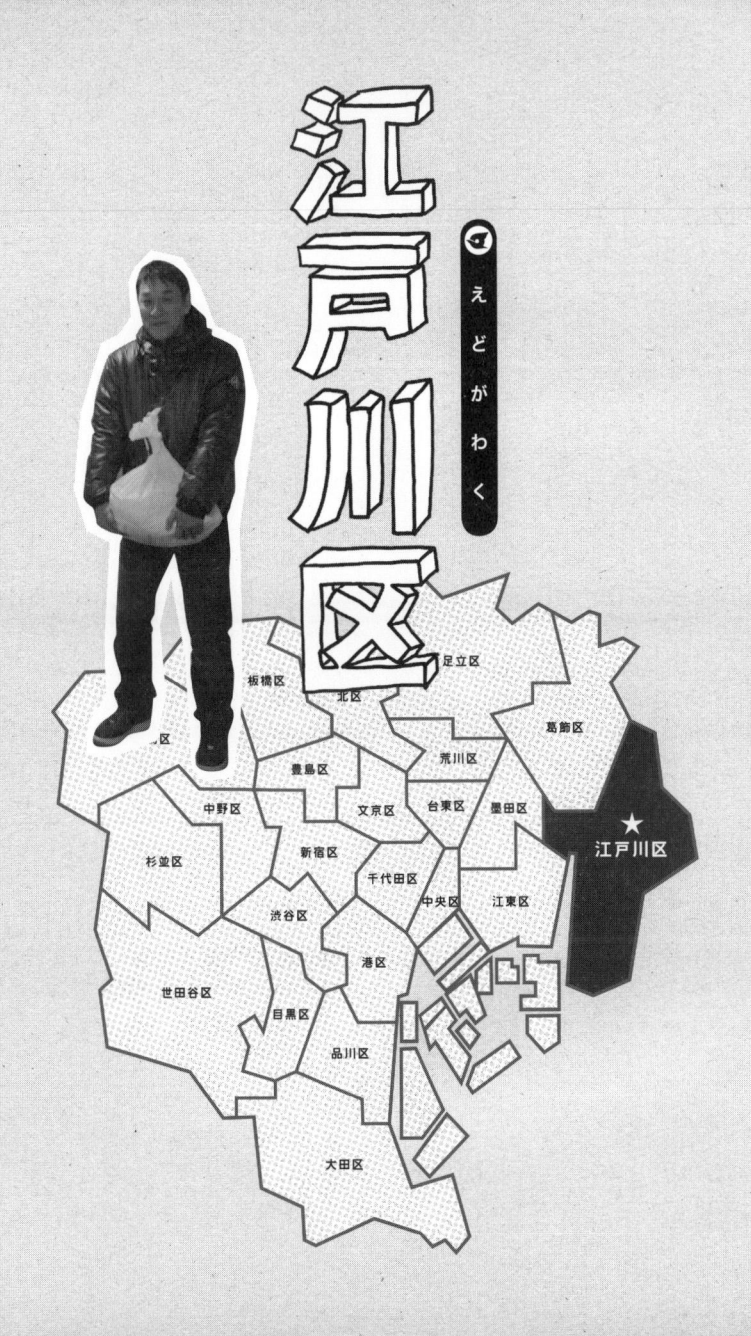

# 江戸川区

えどがわく

## 東西線西葛西駅スタート

——さて、今日は江戸川区です。区の東側を南北に流れてる江戸川にちなんで名付けられた区名ですね。まず、瀧さんのイメージは？

瀧　なんとなくマンガの浦安鉄筋家族的なイメージかな。それと葛西インターを降りたところに「ロッテ葛西ゴルフ」っていう練習場があってさ。そこは24時間営業でたまに行ってたけど、少なくとも住もうと思ったことは一度もない。あとはインド人が多いというイメージがあるかな。

——ああ、ありますよね。さっきから駅周辺でかなり姿を見かけてるし。

瀧　ITのエンジニアとかさ、そういう方面はインド人が得意だって聞くじゃん。だからそれ関係の会社が江戸川区にいっぱいあるのかなって。まあ、これはもう住民に聞くしかないよね。

——インドは行ったことあるんですか？

瀧　ニューデリーとバナラシに行ったことがあるよ。それにしても駅からちょっと離れると、急に景色が一変するんだな。ゴルフの練習場に通ってた頃は、真夜中に車で来てたからさ。

——ちなみに、江戸川区の平均年齢は23区でも一番若いらしいですよ。

瀧　へえ、そうなんだ。いわゆる住宅地だもんね。でも、同じ東京の端っこだと言っても、江戸川区が世田谷区と同じ役割を持ってるとは思えないけどなあ。そんなことを言うと怒られるかな？

——どうでしょう？(笑)。この辺りにインド人の方がやってる食材店「Swagat Indian Bazaar（スワガット インディアン バザール）」があるんですけど、行ってみませんか？

瀧　いいね！　話が聞けるといいけど。

# インド人が経営する食材店に到着

——こんばんは。すいません、ちょっとお話を聞いてもいいですか？

**インド人の店長** いいですよ。

ビネーシュ 私、ビネーシュと申します。

瀧 ピエール瀧です。日本に来て何年ですか？

ビネーシュ 4年です。その前はニューデリーに住んでて、HISで働いてたんですよ。お客さまが空港に到着された後、現地でお世話をしてました。

瀧 そうなんですか。ところで最近、西葛西にインド人の方がたくさん住んでると聞くんですけど、本当ですか？

ビネーシュ はい。最近は少し減りましたけど、まだまだたくさんいます。

瀧 やっぱりIT系の人が多いんですか？

ビネーシュ そう。ソフトウェアのエンジニアが多いですね。1、2年のプロジェクトが終わったらインドに帰って……という感じなので、入れ替わりが多いんだけど。

瀧 なるほど。それは分かるんですけど、どうして葛西なんですか？

ビネーシュ やっぱり一緒にいた方が住みやすいよね。言葉も分からないし。

瀧 いわゆるリトルインディア的なことですかね？

ビネーシュ そうそう。みんな固まってた方が便利だし、前は清新町に住んでる人が多かったけど、今は小島や葛西、西葛西だね。

瀧 清新町？

ビネーシュ はい。そこはインド人団地と呼ばれてます。あと小島にはインターナショナルスクールがあるので、学校の近くがいいと言って住む人も多いですね。

瀧　多分、その団地に空いてる部屋が多かったんでしょうね。それを会社が借り上げて、社員寮としてがったということなんでしょうに？じゃあ、日本に来られてもそれほど苦労をなさらずに？

ビネーシュ　いや、大変は大変でした。でも、私は少し日本語が分かるから。

瀧　僕、10年前にニューデリーに行ったことがあるんですよ。シーク派の人がよくタクシーの運転してますよね。インドの人は「乗れ、乗れ」とか「買え、買え」とか、圧力がもうすごかった（笑）。

ビネーシュ　外人を見るとね。おっきいお金がもらえるから。みんな、知らない土地で勝手が分からないし、店に連れて行くと手数料がもらえる。

瀧　日本人はお金持ってるイメージが強いだろうからなぁ。

ビネーシュ　実は、今からちょうどインド人団地に配達に行くんですけど、良かったら一緒に行きますか？

瀧　え！　いいの？　じゃあ、ビネーシュさんが用意できるまで、店の中を見てもいいですか？

ビネーシュ　いいですよ。ちょっと待っててください。

## 店内で商品を物色中

瀧　カップヌードルとか油とか安いなぁ。これなんだ？　ローズウォーターって？

ビネーシュ　化粧水。あと、お米を炊くときにもちょっと入れたりする。

瀧　紅茶にも入れたり？

ビネーシュ　……それは聞いたことないけど。

瀧　でも、飲めるってことでしょ。せっかくだから買って飲んでみようか？（ローズウォーターを口にする瀧）ブワー！　これはきつい！　よかった、ゴクゴク飲まなくて。あ、イン　ユア　デイリー　スキンケアって書いてある。

——**わははは**（笑）。やっぱり化粧水なんですね。

江戸川区

当店人気No.1
ソアン パプディ
優しい甘さと、口の中でフワッと溶ける不思議な食感がたまらなく美味しいです。

PURE DESI GHEE
SOAN PAPDI
(ソアンパプディ)
¥300

瀧　これはソアン・パプディ。人気ナンバー1だって。これ食べてみよう。あ、うまい！綿菓子だ。砂糖ゾーンはシンプルなんだけど、このスパイスの部分にはスライスしたアーモンドみたいなのが入ってる。

——ほんとだ、おいしい！ ああ、カルダモンが入ってるんだ。ピスタチオとアーモンドとひよこ豆だって。

奥さん　(ソアン・パプディを食べている瀧に向かって) そ れ、アメージングテイストでしょ！ 病み付きになるのよね。なかなかきれい

(店内に家族3人の買い物客が現れる)

瀧　にケースから中身を取り出せないけど(笑)、すっごくおいしいの。

奥さん　ねー。でも、どうやって作るのか分かんない。繊維質がどうやったらあんなふうになるのかしら……。

瀧　ご家族連れの方ですよね。今、単行本を作るために取材してるんですけど、良かったら一緒に写真に写ってもらっていいですか？ 僕、ピエール瀧っていう者なんですけど。

お父さん　あれ？ どっかで拝見したことのある顔だなあ。

瀧　大河ドラマの「龍馬伝」に出てたんです。溝渕広之丞っていう人の役で。もう古い話ですけどね。

お父さん　ああ！

瀧　和気あいあいとしてて、いい家族ですね。この辺にお住まいですか？

お父さん　西葛西に住んでます。

瀧　江戸川区ってどんなところですか？

奥さん　(息子に向かって) ゆう！ あんた、ちょ

どの前、レポートを書いたでしょ。

**息子** え〜と、住みやすいですよ。いろいろな物が揃っていて。

**瀧** みんな、どこで遊んでるの?

**息子** 遊び場所がこの辺りではないんですよ。でも、僕は学校がこの辺りではないので……。小さい頃はよく公園に行きましたけどね。

**瀧** ふ〜ん。この店にはよく来るんですか?

**お父さん** 安くて良い物がいっぱいあるからね。今日はドライココナッツを買いに来たんですよ。バーボンが好きなもんだから、これはすごく合う。そろそろ補充しなきゃって(笑)。

**瀧** たしかに安くて珍しい品物が多いですよね。

**お父さん** 彼(ビネーシュ)がすごくフレンドリーでね。最初は何も買わないのに、チャイを出してくれたんですよ。

**瀧** へぇ〜。

**お父さん** 10年前までは中国人がばーっと増えて、その後はインド人がばーっと増えたよ

ね。やっぱりリーダーがいたから。その頃の江戸川区は、大手町に近いのに地代が安かったんですよ。東西線はあるけど、それ以外の路線がないから、直線距離なら近いのにいざ行くとなると遠い場所が多くてね。(千葉県)浦安の方はアパートが安いでしょ。結婚して夫婦ふたりのときは浦安に住んでるけど、子供ができると川を渡って江戸川区に来る人が多い。でも、「江戸川区は千葉だよね」って言われる(苦笑)。

**瀧** まあ、距離的にはね。

**お父さん** でもね、住んでる人に言わせると、「ちょっと待てよ。江東区や足立区とか、千葉との境もっていう意味では他にもあるでしょ」って思うんですけどね。でも、やっぱり交通の便は悪いから、まだまだ地代は安い。10年前は地下鉄なのに葛西に来たとたんに地上へ上がるから、強風で電車が落ちたりすることもあっ

江戸川区

た。でも、今はだいぶ良くなったし、住みやすくなりましたよ。
**瀧** そうなんですか。悪い子ちゃんはいないんですか?
**お父さん** いや、そんなことないですよ。だってほら、ジャニーズ系のグループの子って結構、江戸川区から出てるでしょ。亀梨和也君とか後藤真希さんとかね。
**瀧** なるほど。なんとなく分かった。ソリッドでクールなのが江戸川のワルなんだね(笑)。ところで君は何歳?
**息子** 17歳です。
**瀧** え? そうなの? しっかりしてんね。俺、大学生かと思ってたよ。将来、何になりたい?
**息子** まだ決めてないです。
**瀧** 国際的なところを狙っとく?
**息子** う〜ん、そうですね……。将来はちょっと不安です。
**瀧** 大丈夫だよ。ビネーシュさん見てみ。4年前にインドから出てきて、この店をやってるんだから。
**お父さん** じゃあ、そろそろ帰ろうか。
**瀧** ありがとうございます。さよなら〜。
(家族が買い物を済ませ、帰宅していく)
**ビネーシュ** さっきお客さんから電話があってね、聞いてみたら遊びに来てもいいって。

瀧　それはありがたい。じゃあ、お邪魔しちゃおうか。

## 食材店を出て、団地を目指す

——(自転車に商品を積んだビネーシュさんに向かって)配達もしてくれるんですね。

ビネーシュ　はい、頼まれれば、持って行きます。

瀧　垂れ幕があるね。開校30周年だってさ。

ビネーシュ　ここを曲がります。

瀧　お、すげえな、この団地。あれ？　ここってもう小島町なんですか？

ビネーシュ　うん、そうです。

——あ、西葛西中学校がありますよ。

ビネーシュ　この中にお客さんが住んでるんですか？

ビネーシュ　いっぱい住んでいます。

瀧　へぇ〜、この団地がそうなんだ。

ビネーシュ　私、最初に1年間だけ働いて、その後に友達がお酒ばっか飲んで働かなくなったから、嫌になって店を辞めました。6カ月、給料がなかったから。そうしたら店がどんどん赤字になって、その友達がインドに帰っちゃった。それで私がその店を買って、また始めたんです。

瀧　なるほど。ビネーシュさんで店がもってたんだな。

ビネーシュ　さ、着きましたよ。

瀧　ほんとに、俺らも一緒に行っちゃっていいの？

ビネーシュ　お客さんに聞いたらOKだって。

——団地に来たのなんて久しぶりですよ。

瀧　そうだね。どんなお宅なんだろ？

## インド人のお宅を訪問すると……

ビネーシュ　こんばんは。(ドアが開き、奥さんが登場)私のお客さまのソニアさんです。

瀧　こんばんは。夜遅くにすいません。今、単行本の取材をしてまして。もしお宅を拝見できたらうれしいな、と思って来ちゃいました。ありがとうございます。

ソニア　はい、どうぞ。

江戸川区

ビネーシュ 私は別の家へ配達に行ってきます。あとで合流しましょう（と言って、配達に出かけて行く）。
瀧 それじゃあ、お邪魔しま〜す。あ、赤ちゃん、かわいいな。何カ月ですか？
ソニヤ 3カ月です。
瀧 泣かなくて偉いね。そこのお姉ちゃんのお名前は？
女の子 アディーティーです。
瀧 アディーティーちゃん、こんばんは。かわいいね。今、何歳？
アディーティー 7歳。小学2年生です。
瀧 日本語上手だね、すごいよ。あ、旦那さん、こんな夜遅くにすいません。ソニヤ え〜と、彼は日本語はできない。英語は話せるけど。
旦那さん What you're name?
瀧 ガウタム。
旦那さん ガウタム。What's your job?

ガウタム コンピューターエンジニア
瀧 やっぱりITなんだ！日本に住んで何年ですか？
ソニヤ 今年で7年。主人は4年ですね。
瀧 勝手にお部屋がインドっぽいと想像してたんですが、あんま日本と変わらない雰囲気ですね。
夫妻 ふふふふふ（笑）。
瀧 アディーティーちゃんは学校、楽しい？
アディーティー はい！
瀧 日本語は？
アディーティー 全然、大丈夫です。
瀧 漢字は？
アディーティー まだ習ってない。
瀧 平仮名は読めるの？
アディーティー うん。
瀧 すごいね。算数は好き？

アディーティー 好き!

瀧 やっぱり(笑)。(夫妻に向かって)ずっと日本で暮らす予定ですか?

ソニヤ まだ分からない。私、最初にひとりで慶応大学に留学してたんです。

瀧 へぇ〜。すごい。ちゃんとしてる。

——**日本語もペラペラだし。**

瀧 さすが、インド人は頭がいいね。お! アディーティーちゃん、携帯もってんじゃん。英語でバンバン使ってるよ。

ガウタム 英語、インディ語、マラディン語、日本語、スパニッシュもできる。

瀧 すごいね、アディーティーちゃん!

——**ほんと、すごい!**

瀧 (壁に飾ってある額縁を見て)あ、奥さん、慶応の博士号を取ってる。しかも製作メディア専攻じゃないですか!

——**結婚した後に、留学したんですか?**

ソニヤ そう。

瀧 ということは、旦那さんは後から仕事で日本に?

ソニヤ そうです。私と娘が先に日本に来ました。

瀧 インドの人は何でそんなにみんな、頭がいいんですか?

ソニヤ えー、いや全然。

瀧 なんとなく、頭が良いイメージを持ってますよ。

アディーティー 違う、違うです。

瀧 違うの? そんなことないでしょ? (笑)。で、アディーティーちゃんはいつも何時頃に寝るの?

ソニヤ 明日はお休みだからね。

アディーティー そう。だから今日は24時。

瀧 結構、遅くまで起きてるねぇ。

ソニヤ (テレビを指し)今日はCSで娘が大好きなインドの映画をやってるから。

瀧 へぇ〜。日本のアニメって何が好き? プリキュ

江戸川区

**アディーティー** う〜ん……。
**瀧**「わたしのきもち」(NHK教育テレビ)の「かおじゃんけん(歌に合わせて顔でじゃんけんする)」って知ってる? グーチーパーってやつ。
**アディーティー** (満面の笑みを浮かべて)知ってる! もう1回やって!
**瀧** グーチーパー。
**アディーティー** ふふふ(笑)。
**瀧** 面白いでしょ。
**瀧&アディーティー** (一緒に)グーチーパー(笑)。
**ゴードン** アディーティーはベネッセのCMに出てる。あとパナソニック、NTTドコモ。
**瀧** CMタレントさん? すごい、ライバルだね。俺は先輩ですよ(笑)。
**アディーティー** ダンスもできるよ。
**瀧** やってみて、見たい見たい。

(ダンスを披露するアディーティー)

**瀧** おお! すごく上手じゃん。それは誰が教えてくれるの?
**アディーティー** これはカタック(インドの宮廷民謡)です。
**瀧** インドの子はみんな踊れるの?
**ソニヤ** はい、踊れます。
**アディーティー** 日本舞踊もやってる。
**瀧** え? インドの学校で教えてくれるの? すごいね

え。日本の学校でもそこまでやってくれないよ。

**アディーティー** ちょっとこっちに来てください（ガラスケースの前に移動）。

**瀧** あ、すごいじゃん、トロフィーがある。しかも1位じゃん。さっきの踊りも本格的だったもんな。

**ソニヤ** 雑誌の「sesame」にも出たんですよ（雑誌を取り出す）。

**瀧** へえ、見せて。一番目立ってるねえ。なになに？ 大きくなったら警察官になりたいって書いてる。

**アディーティー** 今はドクター。

**瀧** 変えたの？ 大人っぽいね。（誌面を見ながら）え？ 嫌いなものは悪夢だって。言うことが違うよな

あ。（ソファの上に寝ている赤ちゃんを見ながら）しかし、この子はほんとに泣かないね。3カ月とは思えない。男の子？ 女の子？

**アディーティー** 弟。（声を変えて）「僕、アーナンドだよ」

**ソニヤ** アーナンドの意味はハッピーなんです。

**瀧** いいお姉ちゃんだなあ。ところで西葛西は住みやすいですか？

**ソニヤ** はい。インド人の友達もいっぱいいるし、食材も手に入るし。

**瀧** 何が困ります？

**ソニヤ** 日本語。

**瀧** ああ、漢字ね。特に漢字が困りますね。俺らもヒンディー語を書かれてもまったく分かんないもん。

**奥さん** でも、インドではみんな英語を話せます。

**瀧** そうなんだよね。日本人はまったく英語をしゃべれないもんなあ。ところで、インドではどこで暮らしていたんですか？ ニューデリー？

**ガウタム** 違う。そこから何時間も行ったところ。イ

ンドールです。

瀧　俺、インドに行ったことあるんですけど、バナラシは良かったね。それに、ニューデリーはノイジーだけど、面白かったね。それに、インドの美人は一番だと思うな。

——瀧さん、23時になりましたよ。

瀧　じゃあ、みんなで記念写真を撮って、そろそろ失礼しようか。

——写真、撮りますね。ハイ、ポーズ♪

## ビネーシュさんと合流、清新町のマンションへ

瀧　アディーティーちゃんはモデルはやってるわ、頭はいいわ、かわいかったな。どんどんテンションが変わってくる感じとか。

——ほんとに、かわいかったですね。

瀧　うん。この辺りってさ、「This is 団地」という感じだよね。最近、団地が空いてるっていう話をよく聞くけど、外国人に貸してあげればいいんだな。日本の物件は、外国人に貸すのってほぼダメな感じじゃん。貸して何かあったらって、デメリットばかり

を考えちゃうから。でも、インドのあんなファミリーだったら、ヘタな日本人に貸すよりいいと思わない？ コミュニティーがあるから、逃げ隠れもできないだろうし。

——それにしても貴重な体験でしたね。インド人家族と話す機会なんてそうはありませんから。

瀧　興味深かったな。なんかさ、この辺りの人たちは現実的に暮らしてる感じがしたよ。でもさ、インド料理店はあんまり見かけないな。

——実は、いっぱいあるらしいですよ。普通、外国人だとお店を開くのが大変みたいですが、この辺りにはインド人でもお店を開いたり、家を借りたりしやすいように手配してくれる司法書士さんがいるらしいので。

瀧　へぇ〜、その人って日本人？

——はい。最初は専門にやるつもりはなかったらしいけど、ひとりやったら紹介、紹介で今ではクライアントがほとんどインド人になってしまったそうです。ところで夜中はインド人をあまり見かけませんね。

瀧　俺、バラナシとニューデリーしか行ってないけど、

たしかに夜はあんまり見かけなかったなあ。インド人てさ、あんまり夜遊びする印象がないよね。

——たしかに。あ、ビネーシュさんだ！

（自転車に配達用の荷物を積んだビネーシュさんが近付いてくる）

瀧　夜遅くまでゴメンね。ビネーシュさんはこの時間からまだ配達をするの？　大変ですね。

ビネーシュ　大丈夫、大丈夫。私、これからが元気よ。さあ、これから清新町へ向かいましょう。

瀧　あ、でっかい団地が見えてきた。これ全部、昔に日本のニューファミリー用に作った街でしょ。

——キレイですよね。でも、こんなに広いと配達するのも大変じゃないですか？

江戸川区

ビネーシュ　これくらい大丈夫。別の街へ配達するときに、橋を渡るのは大変だけどね。南砂、東陽町、豊洲とか。

瀧　え？　そっちまで配達に行くの？

ビネーシュ　行く行く。自転車で。

瀧　へぇ〜、それじゃあ、みんな頼むわけだ。

（団地に到着。エレベーターを開けて待っているビネーシュさんに向かって）

瀧　え？　上まで行っていいの？

ビネーシュ　いいよ、問題ない。

瀧　あ、ヘルプするよ。（荷物をひとつ持ちながら）いや、これは重いよ。お米だね。

（10階に到着。部屋に向かって歩くビネーシュさん）

ビネーシュ　（部屋のドアを開けて）どうぞ、どうぞ。

瀧　え？　どうぞって？　ビネーシュさん、何、勝手に入ってるの？　いいの？

ビネーシュ　いいよ、私の家だから。

瀧　え？　ここビネーシュさんの家？

ビネーシュ　そうだよ。言わなかった？

瀧　知らなかった。じゃあ、ちょっとお邪魔しま〜す。

ビネーシュ　どうぞ、いらっしゃい。

瀧　あの荷物は明日、届けるヤツ？

ビネーシュ　そう。明日の朝一番で届けに行く。

瀧　そっか。ところで、家族はインドにいるの？

ビネーシュ　うん、奥さんと子供が4人。1年前に子供が生まれたけど、まだ顔を見てない。仕事が忙しくて、帰れないね。

瀧　でも、2年も帰ってなかったら、寂しいでしょ。

ビネーシュ　そりゃ、寂しいよ。でも、仕事があるから帰れない。

（その後もしばらく雑談。そして……）

瀧　もう遅いから、そろそろ失礼しますよ。今日はありがとね。

ビネーシュ　いえいえ、気をつけて帰ってね。

## 本日の散歩取材を終えて……

瀧　いやあ、いい人だったな。

——瀧さん、聞き役に徹してましたね。

瀧　うん。ビネーシュさん、喋りたいんだって感じたから、存分に喋らせてあげようと思ってさ。やっぱり何にもない部屋に布団が一枚というのはね……。ビネーシュさんて、いくつなのかな？

——30代後半じゃないですか。

瀧　俺は40歳くらいかなと思ってたけどな。白髪もあったし。さっきビネーシュさんと話をしてて思ったのは、この辺りは常に変わり続けてるなって。そのと

きどきで顔が違うんだな。

——たしかに。かつては中国人が多かった時代もあったみたいだし、今はインド人ですからね。

瀧　うん。それにしても、いい人たちばかりだった。外国人は優しいなあ。いったい、あの人たちにとって、どういう可能性としてこの街が映ってるんだろうな。

> 家族で住む街。
> もしくは
> 家族のために住む街。

172

# 目黒区

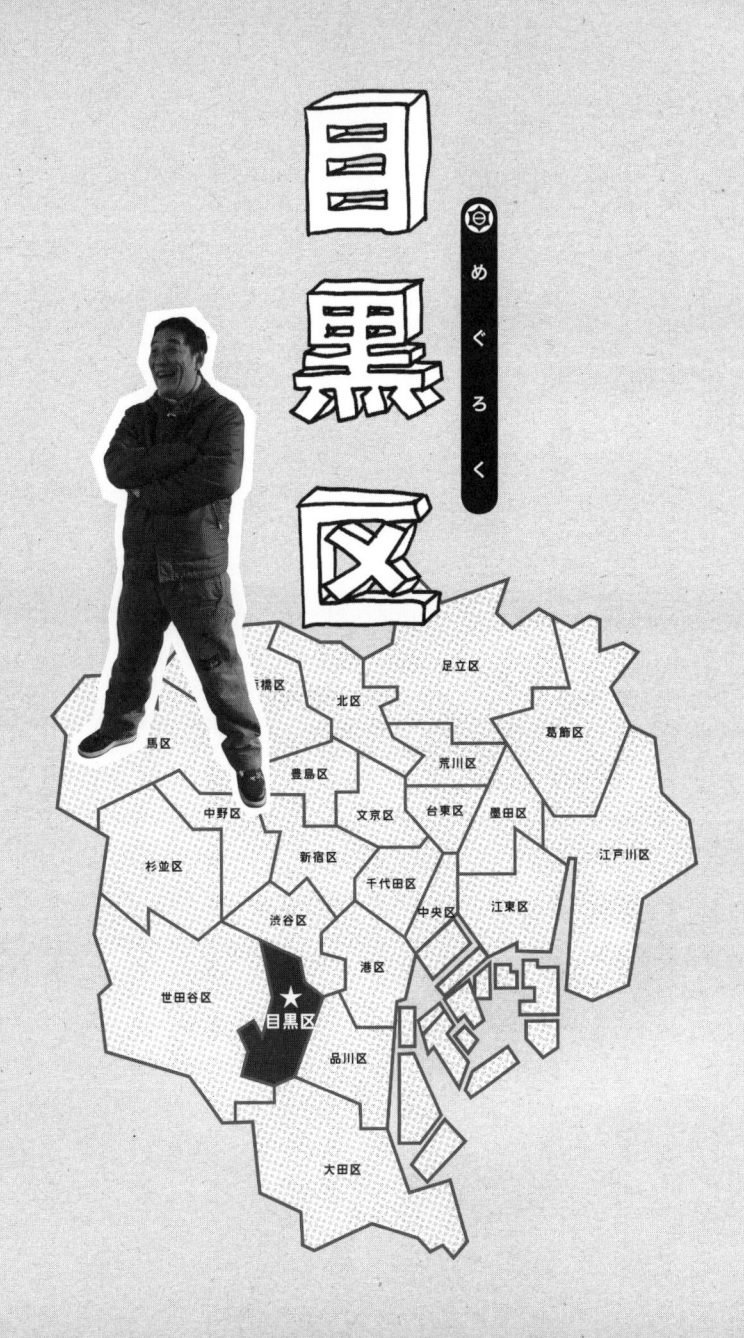

めぐろく

世田谷区 / 目黒区 ★ / 品川区 / 大田区 / 港区 / 渋谷区 / 中央区 / 江東区 / 千代田区 / 新宿区 / 江戸川区 / 杉並区 / 中野区 / 文京区 / 台東区 / 墨田区 / 豊島区 / 荒川区 / 葛飾区 / 練馬区 / 板橋区 / 北区 / 足立区

## JR山手線目黒駅スタート

——今日は目黒区です。区名の由来にはいくつか説があり、定かではないんですよね。

瀧 そんなことよりもとにかく、今日は寒いよな。散歩って感じじゃない。もう修行レベルだよ。

——寒いとテンションが上がりませんよね……と言ってても始まらないので、まず目黒区の印象は？

瀧 権之助坂と雅叙園、中目黒と自由が丘かな。昔のお殿様が山を切り崩して作ったという噂を聞いたことがあるけどね。

——そうなんですか。あ、この先は雅叙園ですよ。ジブリ映画の「千と千尋の神隠し」で、千尋が働く湯屋のモデルになった建物でもあるんですよね。

瀧 へぇ～、そうなんだ。雅叙園の中に、畳の部屋なんだけど洋風の応接セットが置いてある部屋があるんだよ。そこで雑誌の取材で写真を撮ったことがあるなあ。それにしてもさみーな(凹)。

——瀧さんはいつも薄着ですもんね。

瀧 今日はさすがに厚着してきたよ。なんかもう路地を曲がる気にもさせないもんな、この寒さ。あれ何？

——ラブホテルじゃないですか。

瀧 目黒川沿いにラブホテルなんかあったっけ？ 全然知らなかった。あ、目黒エンペラーか。知ってる。有名じゃん、ここ。

——宿泊は5800円か。川沿いにラブホテルって、なんか五反田っぽい。

瀧 博多っぽくもあるけどね(笑)。

——この近くに大鳥神社があるので、行ってみません？ ちょっと遅めの初詣ということで。参拝に行ったことはあります？

瀧 いつも車で目の前は通るけど、中に入ったことは

目黒区

——じゃあ、行きましょうか。

瀧 ……。

（商店街を通り抜けて大鳥神社に到着）

瀧 古いなあ、大鳥神社。お、結構カッコいいじゃん。

——おみくじ、やります？

瀧 ……じゃあ、やろうか。今さ、気分的に50％なわけが分かったよ。初詣ってさ、言われてやるものじゃなくて、自発的にやるものじゃだからだ。

——（おみくじを引く瀧）

——あ、中吉。

瀧 ラッキーアドバイスだってさ。「あなたは自己中心的になっています」取材で「寒い、寒い」とブーブー文句を言ってるんじゃないよ、ってことだ

な。あとは損得を考えないこと、旅行は事前に計画性を持っていくこと。わははは（笑）。まさに今日のことだ。何の計画も立てててない。神様はお見通しだなあ。

——絵馬も見ておきます？

瀧 見とく？ 神社に来ると、これしかないんだもんな……。

——じゃあ、止めます？

瀧 ……まあ、見とくか。（絵馬を見ながら）「20代最後にインディーズでCDデビューして、結果が得られますように」だって。なかなかの苦労人だな。

——う〜ん。

瀧 あきらめるな。大丈夫、君はイケるよ！ って言ってあげたいね。わははは（笑）。この人もいいよ。「俺は成功します。ありがとうございます」って。成功するから見ててもらっていいっすか？ って感じ。

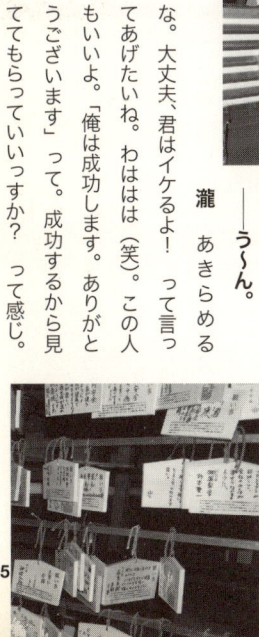

——でも、夢を叶えるために来てるんだから、具体的に書かないと。

瀧 まあね。そうそう、こういうのがいいんだよ。「電車の運転手になれますように」。具体的でいいじゃん。

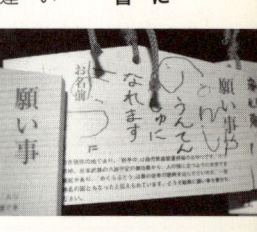

——夢がありますよね。

瀧 うん。さ、これからどうするか？ ちょっと怒られちゃうかもしれないけどさ、中目黒駅の前にでっかいマンションが建ったじゃん。あそこの1階のポストがズラリと並んでるところへ行って写真を撮ったら面白そうじゃない？ やっぱ怒られるかな？

——でも、面白そうだし、行ってみましょうか。

## 坂の上には良い家が多い？

——（住宅街を移動しながら）瀧さんはこの辺りが自宅ってどうですか？

瀧 全然いいよ。住んでも波風が立たないっていう意味でね。下町だと周囲の人たちといろいろある感じじゃ

ない？ 郷に入れば郷に従え的なことがさ。そういう意味では、この辺りはしれ〜っと住んで、のほほんとしてても何も言われなさそうじゃん。興味を持たれないというか。町内行事に顔を出さなかったりしても、何も言われずに済みそうだよね。けど、波風立たないぶりが街並みにも現れてるのかな。面白みのある家が少ない気がする。

（目の前に、急激な登り坂が出現）

瀧 なに、この急坂！

——17が坂ですね。目黒区って坂が多いイメージがありますよね。

瀧 はあー、はあー（息が切れる瀧）。結構な急坂だな。でも、やっぱり坂の上には良い家が建ってるんだな。今までとは様子が変わった。

——さすがに、この辺りはみんな外

目黒区

瀧 車ですね。でも、わざわざ一番急な坂道を選んで登っちゃいましたね。

——そうだよ。こんなとこ金持ちでクルマを持ってる人しか通んねーんじゃねえの。

瀧 それにしてもでっかい屋敷だな。

（大きい屋敷の前を通りかかると、吠えまくる犬に遭遇）

瀧 うわぁ、犬か！ 吠えながらまだついてくる。

——いや、これ真ん中に壁があるので、別々の家ですよ。さっきまで追いかけてきた犬は白だけど、途中から茶色でしたもん。

瀧 え、そうなの？ ワンワン吠えながら犬が入れ替わるマジック？

——見事な連携プレーですね（笑）。

瀧 あれ？ 急に何？ この雑木林。塀があって、おしゃれな門扉に大きな鳥居。

——そして、中には洋館。ポストもありますよ。

「ワン、ワン、ワン！」

瀧 鳥居は何の意味があんだろ？

——神社なんじゃないですか？

瀧 わざわざ洋風の門を作って？ 違うでしょ。でも、近所ではここ有名なんだろうな。

——ここは馬喰坂上ですね。この坂から東京タワーが見えますよ。

瀧 あ、ほんとだ。きれいだ。じゃあ、こっちへ行ってみるか。

（路地を曲がる）

——おお！ これは年代物のマンション。

瀧 どえらい絵が描いてあるな。すごいよ、このデザイン。

——（スマートフォンで検索する）どうやら"日本のガウディ"と呼ばれている梵寿綱（ぼんじゅこう）さんがデザインした共同住宅みたいですね。

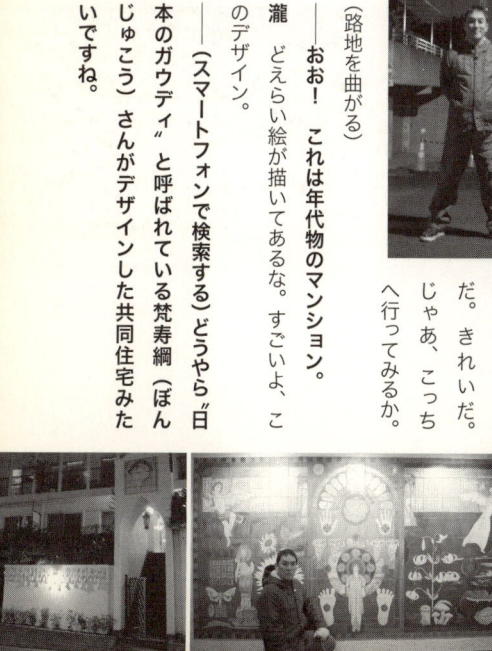

——瀧　へぇ〜

——お、こっちには建築計画の看板がありますよ。テラスハウス中目黒、91平米で7200万円。

瀧　中目黒にしては結構、安い気がするけどな……。

——え？　用途は長屋だって。わははは（笑）。

——ほんとだ！　長屋って書いてある。

瀧　いくらテラスハウスって言っても、いやいや法律上は長屋ですからってことか（笑）。

——コーポラティブハウスみたいな？

瀧　購入する人が組合を作って何回も会合を開いて、みんなで一心同体になって作っていくっていうやつね。自然とリーダーが決まっていく、みたいな。

——難しいですよね。

瀧　全然、関係ない人たちと一緒に作ってくってのはね。みんなが自分みたいな人だったらいいけど。

——お、ちょうど五叉路に着いたところで、23時になりました。

瀧　交番もあるね。じゃあ、今日はここで記念撮影しようか。

——でも、ここは信号機が何個あるんですかね。1、2、3……18個！

瀧　すげーな。ここまで大量に信号機がついている五叉路はそうないよ。

——たしかに。じゃあ、いきますよ。ハイ、ポーズ♪

## タワーマンションへの潜入を試みるも……

瀧　この交差点は祐天寺の裏か。そういえば、キャバ嬢とか風俗嬢で「祐天寺に住んでます」という娘が結構いたなあ。（遠くのマンションを指して）あの丸い建物さ、さっき言ってた中目黒のマンション？

——そうですよ。

瀧　あのマンションができてさ、周りの雰囲気が極端に変わったんだよね。特に山手通りを走っているとさ、道のど真ん中にアレが建ってる感じがするんだよ。でもそのわりに、周りにあまり歓迎されてる感じがしないというかさ……。こんなこと言うと、住んでる人に怒られるかもしれないけど。

——ひとつだけ異様に大きいですからね。存在感がハンパない。お、これが祐天寺か。

瀧　デカいじゃん！　本堂には祐天上坐像が安置され

ていると。せっかくだから拝んでおこう。（お賽銭を入れて拝む瀧）でも、元旦に来たら楽しそうじゃない？　何か雰囲気良さそうだし。

——立派な造りですよね。

瀧　阿弥陀堂。綱吉の息女、たけ姫の寄進だって。ここは火災に遭ってないんだね。だから、ちゃんと残ってるんだ。しつらえがいい。

——ほんと、渋いなあ。

瀧　さて、祐天寺を出ると……駒沢通りか。じゃあ、ここを抜けて駅方面に行こうか。

——この辺のごちゃごちゃした感じは、祐天寺のイメージですけどね。

瀧　道路を挟んで全然イメージが変わったな。急にいつもの下町みたいな感じになった。

——お、衛星アンテナ。

瀧　頑張ってつけたね。たしか方角は南西でしょ。ここしかないって感じだったんだろうな（笑）。

——中目黒の商店街に着きましたよ。あれ？　何だか以前と雰囲気が変わりましたね。

瀧　昔はこの辺りにずらりと立ち飲み屋やもつ鍋屋があったけど、高架下の店は全部立ち退きさせられたんだよ。空いてるんだから、やらせてあげればいいのに。

——味わい深い感じだったのにな……。

瀧　往年の昭和感が全部消えちゃったもん。かなり残念。さて、中目黒駅に着いたけど、しれっとタワーマンションに行ってみる？

瀧　行ってみるか。

〈タワーマンションに近付くと……〉

瀧　うわ、ビル風がすごいですね。

瀧　ここなんか、ビル風とは無縁の場所だったのに。タワーマンションができるってこととはこういうことなんだな。さむー。

——さあ、中目黒アトラスタワーに到着。どこに住宅用の入り口があるんだろ？

瀧　このエレベーターじゃない気がするけど、一応行けるとこまで行ってみよう。

〈あてもなくエレベーターで5階に到着〉

——どうやら5階までは行けますけど、それ以上は無理みたいですね。

瀧　病院の入院棟だから、ここまでは入れたんだろうな。きっと住居棟は別の入り口があるんだよ。どこに

目黒区

——お、目黒川ですね。

瀧　目黒区なんだから、目黒川沿いを歩いてれば、とりあえずいいでしょ。この辺りには100円自動販売機がないな。ということは都会なんだよ、たぶん。

——しゃれた店が多いですよね。

瀧　こじゃれてるよね。それに春は最高だもん。桜がキレイだし、人でいっぱいになるから。あ、福砂屋東京工場だって。今度カステラでも買いに来ようかな。工場直売なんでしょ。ゴネれば、焼きたてを売ってくれそうじゃない？（笑）でも、不思議と甘い匂いがしないね。

——カステラ好きなんですか？

瀧　うん。あ、福砂屋のマーク。面白いねえ。コウモリなんだ。

——ここ何だろ？　ドアが開けっ放しになってる。寮かな？

瀧　何の寮？

——土足厳禁って工場の張り紙があるから、福砂屋の寮なんじゃな

——あるんだろ？

（マンションの周りをぐるりと徘徊し、入口を発見）

——あ、やっぱり部外者は入れない。

瀧　余裕で入れません、という感じだな。なるほど。ま、でもそりゃそうか（笑）。

瀧　あれ、きっと住人でしょ。下の店で買ってきたんだな。上でワインを飲んで、食べ物がなくなったから下のレストランで買ってくる、みたいな。お皿は後で返せばいい的なパターンでしょ。

——パン屋もあるし、便利でいいですね。

瀧　でも、距離が近すぎる（笑）。

——たしかに、初めてのおつかいはやりがいがないよね。

瀧　あと「縦ってなんだよ」っていう（笑）。

## 目黒川沿いの散策開始

瀧　じゃあ、商店街じゃないエリアを歩こうか。

いエリアを歩こうか。

瀧　なるほど。でも、逃げ場がない感じだな、この距離は。

——たしかに(笑)。目の前ですからね。

瀧　まあ、たまにレコーディングでね。で、ここが田辺エージェンシーの本社。

——よく来るんですか？

瀧　そして、ここがあずみマンション。忍者のあずみが住んでるマンションね。

——へぇ～、不思議な建物ですね。

瀧　ちなみに、ここが青葉台スタジオだよ。

——たしかに(笑)。

いんですか。

瀧　なるほど。でも、逃げ場がない感じだな、この距離は。

——はいはい(笑)。

## 目黒川沿いから山手通りへ

瀧　お、焼き肉チャンピオンですよ。恵比寿の超有名焼き肉店。

——ここにもできたんだな。ほら、肉。すごいね、この感じ。

——わ、高っ。

瀧　でも、全部生で食べられるんじゃないの？　っていうくらいウマいよ。そして、ここは……なになに。マキコレクションのワイン。「本物の自然派ワインをお届けします」だってさ。こんなふうに実際に歩かないと、気付かない店って結構あるよね。

——たしかに。車で走ってると、意外と細かいところには目がいきませんよね。

瀧　うん。この先にさ、大橋ジャンクションがあるんだけどさ、その建造物がハンパないんだよ。そこを見つつ、目黒区のはじっこまで行って今日のゴールにしようか。

——了解です。

(路地に入り、再び目黒川沿いを歩く)

——今まで意識してなかったけど、目黒川って結構、長いんですね。

瀧　目黒川の最後ってどこなんだろ？(看板の地図を見ながら)それにしても目黒川って橋だらけだなぁ。今は何橋？　東山橋か。それで、ここが目黒駅。

182

目黒区

——え？ 目黒駅からはずれて歩いてきたつもりだったけど、実際は目黒川でつながってたんですね。

瀧　俺ら今日、3回も4回も目黒川にかかってる橋を渡ってたんだよ。この辺りの小学生は橋の名前を全部覚えたりするのかな。ゲーム感覚で（笑）。

——（巨大建造物が視界に入る）わ！ これ何ですか？

瀧　これがさっき言ってたジャンクション。今まで歩いてきた目黒区の感じからすると、急になんだよ、っていうくらいのデカさなんだよね。

——マジでびっくり。車では中を通ってますけど、外から見るとこんなにデカいって知らな

かった！

瀧　そうでしょ。現代的なのかどうかは分かんないけどさ、車道が剥き出しになってないんだよね。騒音の関係になってるかもしれないけど、この中を車が通ってるんだよ。でもさ、剥き出しになってなくてもせめて壁を青く塗るとかあるでしょ。なんか殺伐感があるよね。あ、外にグルりと階段があるんだ。

——下は駐輪場になってるんですね。

瀧　どんな様子か少しだけ見て来ようか。

（地下駐輪場へ降りる）

瀧　わ、見てよ。なんか見たことがない空間だわ。土地

——わははは（笑）。土地

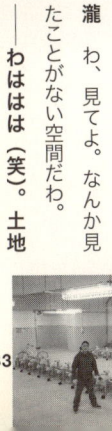

の有効活用はしてないですね。無駄に広すぎ。

瀧 あれ？ 夜中の1時までだって。もうすぐ閉まるじゃん。出よう、出よう。

（地上へ戻り、再び歩き出す）

——（看板を見ながら）どうやら目黒川は東京湾に流れつくみたいですね。

瀧 お、ほんとだ。東品川から大崎を抜けて東京湾。運河として利用されてたんだな。知らなかったよ。

——僕もです。お、この先が世田谷区の池尻大橋ってことは、ここが目黒区の端っこですね。

瀧 ゴール到着だ。

——はい。じゃあ、最後に目黒区を歩いた感想を。

瀧 やっぱ都会だよね。祐天寺や大鳥神社は下町ぽかったけど、コンクリート化が急速に進行中だったな。台東区のコンクリとはまた違う感じじゃん。こっちの方が質が良い感じがしたな。

巨大コンクリにょきにょき増殖中！

# 文京区

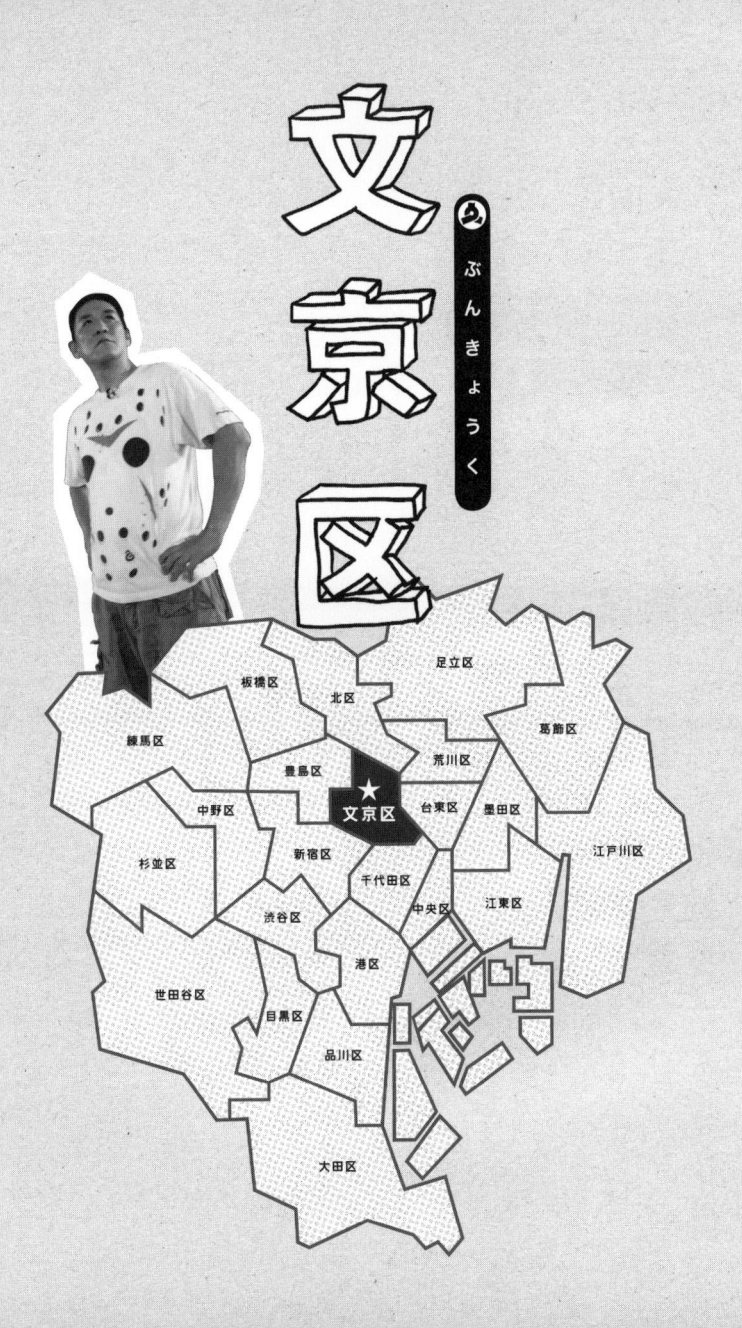

ぶんきょうく

## 本郷三丁目駅スタート

―― 今日は文京区です。昭和22年に旧小石川区と旧本郷区が合併して誕生したのですが、両区の特徴を端的に表していて文字も書きやすく、"文教の府"というイメージにぴったりだということで、「文京」の名が採用されたそうです。

瀧　なるほど。文京区は"教育の街"と言われてるんだよね。

―― はい。だから今日はまず、東京大学に行きたいと思ってます。東京大学医学部附属病院(東大病院)に勤務している高澤さんに案内役をお願いしてるので、まずは東大病院へ向かいましょう。

瀧　了解。まあでも、文京区の代表と言えばやっぱり東大だよね。日本の頭脳が集結してるわけだから。

―― 東大に行ったことはあるんですか？

瀧　一度もないよ。だって東大に用ないでしょ、俺みたいなモンは。

―― いやいや、たとえばイベントとか。

瀧　東大生が「電気グルーヴ」に用があるわけないでしょ。東大生が聴くのは「ミスチル(Mr.Children)」とかじゃないの？ あと間違っても「マキシマムザホルモン」とかは聴いてないでしょ。彼らには悪いけどさ（笑）。完全に偏見だけどね。

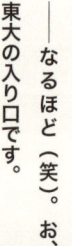

―― なるほど（笑）。お、東大の入り口です。

瀧　校内の案内図を発見。安田講堂だ。1960年代後半に学生がバリケードを張って、立てこもったところだよね。

―― 機動隊が介入して封鎖解除を行なった事件ですよ

文京区

ね。あれ？　敷地内にローソンがありますよ。

瀧　ほんとだ。東大ローソンらしい限定品とかあったりするかもよ？　調査しよう。
（東大内ローソンに入店し、店内を徘徊）

瀧　う〜ん、漫画も普通だ。

——アルコール購入の時間帯が制限されてるくらいですかね。

瀧　ほんとだ。張り紙がある。「朝10時から夜9時、大学の指導により」だってさ。

——部室とかで飲むのは禁止されてるのかも。

瀧　たぶん、そうなんでしょうね。

——ごく普通だった。東大らしいってものは何もなかったよ。

瀧　そうですね。

——それにしても、敷地内ですれ違う子たちはみんな真面目そうに見えるなあ。お、東大病院に着いた。あの人じゃないかな？
（案内役の高澤さんと合流）

## 歴史的建造物の赤門と安田講堂

瀧　こんばんは、ピエール瀧です。よろしくお願いします。

高澤　こんばんは。

瀧　はい、じゃあ、行きましょうか。高澤さんは何科のお医者さんなんですか？

高澤　病理学ですね。

瀧　組織を採取して、がん細胞とかを調べるやつですね。高澤さんも東大卒ですか？

高澤　はい。

瀧　東大卒で東大病院勤務。スゲー！

高澤　もう30年くらい、同じところに通ってますよ。

瀧　長いっすねぇ〜。

高澤　ここが、戦後にアメリカの財団の多額の寄付により建てられたという医学部の図書館ですね。

瀧　ほぉ〜、国際的。あの僕、

東大病院は国内の病院の最高峰だと勝手に思い込んでいるんですが、どうでしょう。

**高澤** それは思い込みです。器が大きいだけですよ（笑）。もちろん、最高の人もいるけど、すべてにおいてではないです。

**瀧** そうなんですか。ちなみに東大で一番入るのが難しい学部は何学部ですか？

**高澤** 医学部じゃないですかね。

**瀧** やっぱり！

**高澤** まだ赤門（国の重要文化財）が開いてる時間帯なので、行ってみましょうか。

**瀧** 赤門！　聞いたことあります！

**高澤** 最近はセキュリティが厳しくなってしまったんですよ。昔はすぐ横に24時間開いてる通用門があったんですけど、今はなくなってしまって。いたるところに監視カメラが置かれてるんです。

**瀧** 歴史的価値の高いものでしょうからね。

**高澤** はい、到着しましたよ。

**瀧** これが赤門！　さすがに赤い（笑）。（警備員に向かい）写真撮ってもいいですか？

**警備員** いいですよ、ここは昔、加賀藩の持ち物だったんです。江戸幕府からお嫁さんをもらったときに建てられた記念の門なんですよ。

**瀧** （赤門の前で記念撮影）ありがとうございました。（移動しながら）あのおじさん、言いたくてしょうがないんだろうなあ。また、東大に憧れたヤツらが来たよ。いろいろ教えてやらなきゃって感じで（笑）。

**高澤** 実は今、東大は立て替えラッシュなんですよ。もう古い建物は限られていて、安田講堂とその周りのいくつかだけなんです。

**瀧** 当然、安田講堂は残しますよね。歴史的建造物ですから。ちなみに、赤門と正門は違うんですか？

**高澤** 違います。正門には菊の御紋が入ってます。

**瀧** へぇ〜、そうなのか。ところで、高澤さんは東大

文京区

高澤　医学部に現役で入ったんですか？
瀧　いえ、僕は最初、物理を専攻してたんです。
高澤　東大の？
瀧　ええ。それから医学部に移ったんです。
高澤　頭良すぎですよ（笑）。毎日、勉強してました？
瀧　中学校のときは1日7〜8時間くらいかな。でも、大学に入ってからの方がもっと勉強しました。
高澤　大学へ入るのは大変だけど、いざ入学してしまえば少しは楽になるのかな？　って勝手に思ってたんですけど。

——夏目漱石の小説に出てくる場所ですよね。

高澤　いや、僕の周りはみんな勉強してましたよ。ここが三四郎池です。
瀧　そうです。
高澤　よくアメリカの映画とかに、名門大学の秘密サークルとかが出てくるじゃないですか。学生の紹介じゃないと入れないようなフリーメイソンっぽいもので、儀式もやるぞ的なやつ。そういうのは東大にはないんですか？

高澤　ないですよ。まあ、法学部なら法学部だけの同窓会はありますけど。
瀧　なんだ、ないのか〜。アメリカの名門大学みたいに、「俺たちが国を動かしていくぜ」って密かに結集してるのかと思ってたんですけど。
高澤　東大って、そういう同窓意識が希薄なんですよ。
瀧　へぇ〜、意外ですね。

——お！　これはもしかして……。

高澤　安田講堂です。

瀧　これですか！　じゃあ、軽くバリケードでも作って、警備員につまみ出されてみます？

高澤　いやいや（笑）。僕らも健康診断をここでやるくらいで、講堂としては使われていなかったんです。ここ10年くらいで使われるようにはなったんですけど。

瀧　それまでは？

高澤　ロックアウト。その後も保健センターくらいの使われ方です。

瀧　ますます怪しいでしょ。やっぱり地下とかに秘密結社があるんじゃないですか（笑）。

高澤　……。ここが正面ですね。

瀧　わ！　迫力ありますね。

——なんか日本じゃない感じ。

瀧　ほんとだね。（安田講堂の入り口に近付く）

瀧　モスクとかそういう感じの重厚感があるな。やっぱりなんかあるんだって。秘密の扉を探そう（笑）。

高澤　……。安田財閥の創始者が寄付してくれたから、安田講堂と言うんですよ。ただ、

文京区

周りに建物が建ってしまったので、景観はちょっと良くないんですけどね。
(記念撮影後、正門に向かって歩き始める)
瀧　このいい感じの建物は何ですか?
高澤　法学部の校舎です。
瀧　ここもすごいな。この一角はほんとに雰囲気がいいですね。なんだか説得力がある。
高澤　メインストリートですからね。あれが正門です。
瀧　お、これが正門か。僕はずっと赤門が正門だと思ってましたよ。
高澤　じゃあ、東大を出て外を歩きましょうか。
瀧　いいですね。

**突然、豪雨に襲われる**

高澤　ここが落第横丁です。
瀧　鉄板レストラン「ピグ」だって。——その横がすごいですよ。
高澤　そば処「瀧の家」だ。「ただいま～」って入ってみようか (笑)。そして、パーマ「赤門美容院」。完全に乗っかってるな。そもそも、ここはなんで落第横丁と言われているんですか?
瀧　ちょっと分からないですね。
高澤　すいません。
瀧　ここに通いつめてると落第しちゃうぞってことなんでしょうか。

高澤　そうかもしれない。前はもっと古い店が多かったんですが、新しくなってしまって。

瀧　でも他地区の店より、飲んでいる人たちの会話が難しいんじゃないですか?

高澤　いやいや、最近の若い子たちはあんまり入らないですよ。

——あ、予備校がある。

瀧　早稲田大学や明治大学の近くにもあったよね。右に行くと自分の行きたい大学があるのに、俺は左に行かないといけない。でも、いつか右に行ってやる!という悔しさをバネに勉強してるんだろうな。

高澤　この辺りは少ないですけど、本郷三丁目駅の前はたしかに多いですよ。

瀧　ところで、東大に多いですね。東大に入って何か良かったことはありますか?

高澤　東大の中での職のポストが多いことですかね。逆に損したことや辛かったことは?

瀧　ないですね。周りもみんな優秀だから、いいですよ。あ、ここはドラマ「ふぞろいの林檎たち」で、

仲手川(中井貴一)の実家の酒屋として使われてたところです。

瀧　わあ、そうなんだ。ミーハーだけど、写真を撮っておこう。でも、東大で悪かったことが一度もないってすごいなあ。じゃあ、東大で困ったことは?

高澤　怖い先生が多いですね。一度にらまれたら、震え上がるくらい。

瀧　それは先生方にも、日本の最高機関の先生であるという自負があるからじゃないですか。

高澤　そうなのかもしれませんね。

——この辺りは旅館が多いですね。

高澤　そうなんです。修学旅行生が泊まるような宿も多い。

文京区

瀧　へぇ〜。灘高校（全国屈指の進学校）の生徒が泊まったりしてるかもね。それに坂も多い。

高澤　そう。坂の多い街なんです。

瀧　今、東大を目指している若者たちに、何かアドバイスすることはありますか？

高澤　東大へ行くのが目標ではなくて、やりたいことを実現するための手段のひとつであるべきなんです。もし、東大に行くためだけに勉強をするんだったら、やめた方がいいですよ。

瀧　まずやりたいことが明確にあって、そのために東大に入るくらいじゃないと、ダメってことか。

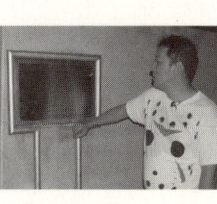

高澤　そう。やっぱり勉強が好きじゃないと、来る意味がない。

瀧　探求心がないとダメだし、東大に入ってからが本番なんですね。俺には無理だな。

──わははは（笑）。

高澤　ここは有名な質屋ですよ。「一葉ゆかり」って書いてある。

瀧　小説家の樋口一葉がよく預けに来たという。

高澤　一葉は何に使ったんだろう、その金。ちなみに、高澤さんはずっと文京区にお住まいですか？

高澤　ここ20年くらいはそうですね。

瀧　文京区は一言で表すと、どんな街ですか？僕は勝手にお勉強の街だと

瀧　思ってたんですけど。

高澤　当たってますよ。この辺りの人たちはすごく教育熱心ですから。

瀧　やっぱりそうなんですか。

高澤　すごいですよ。最初はびっくりしましたもん。

瀧　「子供はのびのび外で遊びなさい」じゃなくて、「恥ずかしくない子に育ちなさい」的な。

高澤　そうそう。え〜と、この後はどちらへ行くんですか？

——目白にある男子学生寮の「和敬塾」に行く予定です。千川通りと春日通りのどちらで行った方がいいですかね？

高澤　春日通りの方がいいかな。せっかくだから、近くまでお供します。

——ありがとうございます。

高澤　あ、観覧車。もしかして「後楽園ゆうえんち」？

瀧　そう。現在は『東京ドームシティアトラクションズ』です。

瀧　この辺りから急にガチャっとした普通の街になっちゃいますね。

高澤　そう。古い建物がなくなっちゃったんですよ。

瀧　これって東京ドームホテルですか？

高澤　いや、区役所ですよ。

瀧　え？　あの丸いところは？

高澤　展望台です。

瀧　へぇ〜、ホテルかと思った。あ、旧町名案内。富坂町だって。坂名は鳶が多くいたので、鳶坂が転じて富坂になった。鳶職の人がずらっとこの辺りにいたんですね。江戸時代はどんな感じだったんだろう？

高澤　武家屋敷が多かったみたいですよ。（しばらく坂道を歩き続ける）この辺りは文京区で有名な桜並木がある播磨坂です。

瀧　ああ、キレイですね。緑が多くて、良いところだなあ。お、80円自販機を発見！　じゃあ、今回は……

文京区

と雨宿りしましょうか。
（しばらく雨宿りをするも、雨足がどんどん強まる）

——これはもう高澤さんにお付き合いをさせるわけにはいかないです。僕たちだけでも和敬塾にたどり着きますから。

高澤　なら、地図で場所を教えておきます。（和敬塾の行き方をレクチャーしてもらう）

瀧　今日は、ほんとにありがとうございました。もし、僕の体に何かあったら、そのときはよろしくお願いします（笑）。

高澤　はい。お疲れさまでした。
（高澤さんと別れて、大雨の中、和敬塾へと向かう）

つぶみにしよう。これ、なかなかおいしいよ。ベスト3に入るかも。

——先を急ぎましょう。

瀧　はぁー、はぁー（息を切らしながら）それにしても、ほんとに坂が多いなあ。やっぱり坂の上には金持ちが住むようになってるんだな。ろから高いところへ上がっていく。金だけは、なぜか。

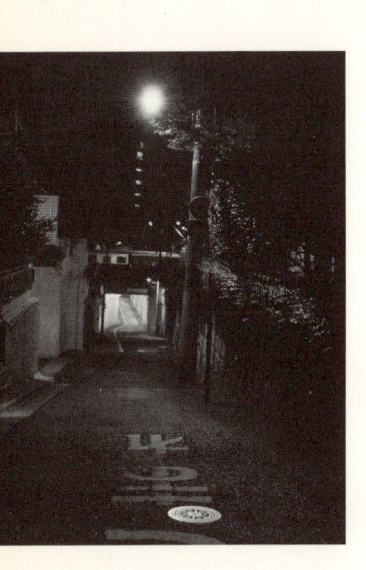

——うわ！　雨だ

瀧　しかもかなり降ってきた！

——すぐ先に高架になってる場所があるので、ちょっ

## 将来有望な学生2名に直撃取材

——ここが「和敬塾」ですね。男子大学生のための学生寮で、冷凍機メーカー、前川製作所の創立者でもある前川喜作が、日常の共同生活を通じて社会人としての知性と徳性を備えた人材を育成するため、昭和30年に設立したそうです。7000坪の敷地の中で、全6棟、約600人が共同生活してるらしいですよ。

**瀧** 結構、広いんだなあ。

——今回は"教育の街"つながりということで、「和敬塾」に在籍中の将来有望なふたりの学生さんに、いろいろと話を伺おうと思っています。今から呼んできますね。

（休憩場で、ふたりの学生さん＋その友達と合流）

**瀧** 初めまして、ふたりの名前は？

**学生** 狭間です。

**学生** 田中です。

**瀧** ふたりは友達同士？

**狭間** 食堂では毎日、顔を合わせてるよね。

**田中** そうですね。

**瀧** 狭間くんは大学生？

**狭間** いえ、僕はロースクールに通ってます。弁護士や裁判官、検察官になるために行く専門学校ですね。

**瀧** 大学を卒業してから入り直して今、3年目です。

——ということは、今いくつ？

**狭間** 27歳です。

**瀧** ちゃんとしてるなぁ。で、田中くんは？

**田中** 僕は早稲田大学の理工学部の4年生です。

**瀧** 進路はもう決まってるの？

**田中** はい。国家公務員です。

**瀧** 日本を良くしたいから。

**瀧** おい、みんな聞いたか！

**ジャージくん**（田中くんの友達で取材に同席中）

瀧　あ、はい……。

田中　今の日本で何が不満なの？

瀧　敗戦後の日本の在り方や、今の日本を覆う閉塞感などです。僕は大学から東京に出てきたんですけど、地元の友達の中で東京に行かせてもらってるヤツって少ないんですよね。そんななか、自分にいった何ができるだろうと思って、いろいろなシンポジウムや講演会に出席したり、先輩と話をしているうちに、「自分が国を背負っていく必要があるんじゃないか」と思い始めて。

田中　具体的にはどう変えたいの？

瀧　具体例を挙げるときりがないんですけど、地に足つけて長期的、大局的に日本の国益を考え、リアリズムを持って日本を変えていけるのはやっぱり国家公務員だなと。

田中　政治家じゃないんだ。

瀧　役割分担の違いではあると思いますけど。

瀧　狭間君も弁護士になりたいっていうことは、人の役に立ちたいってことだよね？

狭間　僕の場合は人の役に立ちたいというよりも、まずは自分の生活ですね。結果として、人の役に立てたらいいなと。それくらいじゃないと、ポキっと心が折れちゃう気がして。

瀧　弁護士って、もしかして国際弁護士？

狭間　はい。実は、アメリカ・ニューヨーク州での弁護士資格はもう持ってるんです。日本は国家試験を受けて、合格発表待ちなんですけど。

瀧　じゃあ、アメリカでは仕事できるの？

狭間　形式上はできますけど、実際に仕事はないですね。ポッと出の日本人に任せる人なんていないですよ。

瀧　でも、資格を持ってるんだ。スゲー、勝ち組だよ。

田中　そうですよね。

瀧　俺だったら自慢するけどな。（田中くんの友達に向かって）そこのジャージくんは何をやってるの？

ジャージくん　大阪で学生をやってます。

瀧　で、東京に就職しようかなと。

ジャージ君　そうですね。まあ、おふたりほど高い志はないので、テキトーに遊びつつ、たまに就職活動もやりながら。

瀧　田中くん、一番性根を叩き直さなきゃいけないのはアイツでしょ。

一同　わははは（大爆笑）。

### 24時間360度オープンでいたい

田中　そ、そうですね……。

瀧　まずは部屋に戻って正座から、って感じだよね。まあ、いいけど（笑）。学生らしくてさ。

田中　今日、ここまで話してきて、ふたりはお互いのことをどう思ってるの？

田中　僕より6つも年上だし、いろいろ経験されたうえでの決断だと思うので、頑張ってほしいです。

狭間　実は……僕も中央官庁に行こうと思ってた時期があって、中央官庁のインターンとして働いていたんです。1年くらいオランダで働きましたけど、そのときに中央官庁の人にもいろいろ会う機会がありました。

瀧　キミはどれだけ頭がいいの？　もういい加減にしてよ。

狭間　いやいや、ほかにすごい人はいっぱいいますから、僕はアンテナを張るのが上手なだけで。

瀧　で、どう思ったの？

狭間　中央官庁はそれぞれ大きな組織だし、個人の力ではどうしようもないことが多いと思うんです。でも、そのなかで田中くんには今の気持ちをずっと忘れずに持っていてほしいですね。

瀧　大きい組織にはそれなりの組織の理論なり、パワーバランスがある。そこで何かを成し遂げるには偉くなる必要があるけど、そのためにはどこかで我を捨てないといけない場面もあるだろうし、ときには矛盾が出てくるだろうからね。ま、その辺りは田中くんも分かってるとは思うけど。

文京区

**田中** 国の役に立ちたいと頑張ってる官僚は、大勢いるんですよ。僕はそういう人を目指していきたいし、官僚には縁の下の力持ちでいいっていうタイプが多いと思うんです。

**瀧** 田中くんは心の内にデカい思いがあって、そこに行けるかどうか自分を試してみたいんだと思うな。逆に狭間くんは、すでに自分のポテンシャルが分かってる気がするんだよね。田中くんはまだ自分という乗り物がアクセルを踏んだときにどれだけのスピードを出せるのかを分かっていない分、アクセルをフルで踏める環境に入りたいんだと思うけど、狭間くんはすでに自分の車幅感覚を分かっていて、自分をうまく乗りこなせる心地のいいコースということで、弁護士を選んだ感じがする。

**狭間** そのイメージは間違ってないですね。もしかしたら僕は、田中くんより臆病なのかもしれない。だから埋もれてしまう環境に行くよりかは、弁護士であまり他の人がやっていない方向に行こうかと。

**瀧** 何をやるつもりなの?

**狭間** 最近、話題になってるんですけど、家族にまつわる国際的な問題を扱っていこうかと思ってるんです。たとえば国際結婚をして離婚した夫婦のどちらに親権があるのか、マレーシアの大富豪に日本人の3番目の妻がいた場合に相続の問題がどうなるのかとか。

**瀧** 頭いいなあ。人生の向こう50年を見据えた考え方をしてる。エンジンが悲鳴を上げずに、適度に見晴らしもよく、ガソリンスタンドもところどころにある。しかも途中に秘密のスポットが現れたりするようなコースのイメージが自分の中で出来上がっていて、すでにそのスタート地点に立っているわけだよね。

**狭間** ああ、すごい。分かるんですねぇ〜。

**瀧** その腹づもりをギンギンに感じる。でも、田中くんは逆なんだよね。

199

## 屋形船 深川「冨士見」前スタート

——今日は江東区です。今回はちょっと趣向を変えて屋形船に乗るということで、深川「冨士見」さんの前からスタートですね。

瀧 ここまでタクシーに乗って来たんだけどさ、運転手さんに聞いたら「冨士見」さんは日本で一番大きい屋形船を持っていて有名なんだって。

——へぇ～。屋形船は初めてだから楽しみです。

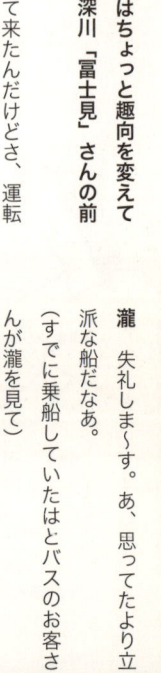

## 送迎車で屋形船の乗船場へ

瀧 失礼しま～す。あ、思ってたより立派な船だなあ。

(すでに乗船していたはとバスのお客さんが瀧を見て)

客 あれ？　見たことある顔だな？

瀧 ピエール瀧と申します。今日はお騒がせします。

客 ああ、NHKの連続テレビ小説「おひさま」で先生役をやってた人だ。

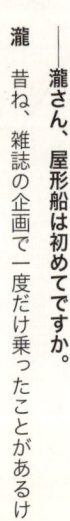

瀧 あのときはほんと、日本中から嫌われました(笑)。

(テーブル席へ移動)

——瀧さん、屋形船は初めてですか。

瀧 昔ね、雑誌の企画で一度だけ乗ったことがあるけど、こんなに立派じゃなかったな。

——畳に座るイメージだったんですけど、この船はテーブルと椅子があってきっちりしてますよね。「冨士見」さんは、ひとり1万500円で15名から貸切で

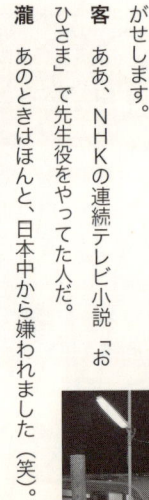

江東区

**瀧** きるらしいですよ。

**瀧** へぇ〜。だったら、結婚式の二次会とかここでやればいいじゃん。だって大広間を貸切るようなものでしょ。子供がちょろちょろ走り回ったり寝っころがったって、ここなら許される感じじゃない？

——（乗船場に出発）

（屋形船が出発）

**瀧** （屋形船を見て）あ、向こうの屋形船は座敷ですね。

**瀧** こうやって近くで屋形船を見ると、バカデカいんだな。

——正直、この4分の1くらいのイメージでした。

**瀧** でかいし、安定してる。だって、テーブルの上のビールが微動だにしないもん。

**はとバスのガイド** では、これから2時間

よろしくお願いします。じゃあ、乾杯！

**瀧** 俺らも便乗して、乾杯！でも、はとバスのお客さんもこれは楽しいだろうね。それにしても、少し前（中央区編）は岸壁からこっちを見てたのに。

——そうですよね。ちなみに瀧さん、はとバスには乗ったことがあるんですか？

**瀧** ある、ある。『しゃぶしゃぶ食べ放題とおかまバー』ってコースで。

——**あははは（笑）**。

**瀧** たしか品川でしゃぶしゃぶ屋に寄って、その後新宿に乗りつけて歌舞伎町のおかまバーでショーを見るっていうツアー。ポップで下品って感じだったよ。

——**なんだか、楽しそう**。

**お店の人** 天ぷらです。お塩もありますので、どうぞ。

（お店の人が揚げたての天ぷらを運んでくる）

**瀧** これはいいねぇ。この本の取材とは思えない豪華さだ。

——いや、これは冨士見さんにご協力いただいて……。

瀧　全員、冨士見さんに感謝！　それにしてもいい景色だな。すごいね、東京は(笑)。

——ほんと、綺麗ですよね。

瀧　さっきから貸切のことばかりが頭の中をめぐってんだけど。15人から貸切だっていうからさ、誰を呼ぼうかなって。

——ほんとにまた来る気だ(笑)。

瀧　まあね。でも、これだけ設備が揃ってたら、ここで暮らせるよな。風呂だけ銭湯に行けばいいじゃん。トイレもあるしさ。でも、いったいこの船はいくらするんだろ？　やっぱ1億円くらいするかな？

——それくらいはしてもおかしくない感じですよね。

瀧　以前、川縁にあったタワーマンションの近くに行ったときに、「いい環境だよね」って話してたじゃん。でもここから眺めたら、船の方がより環境いいなって思うな。

——(窓の外を見ながら)あれ？　中央区編の取材で、あの辺りを歩きましたよね。あの水門で写真を撮りましたよ。江東区との境だったのか。

はとバスのガイド　ここが佃島、これが佃大橋になります。

——こうやってみると、いろいろ歩きましたね。

瀧　そうだね。川沿いも結構歩いてるからな。今日、屋形船に乗ってるあの人たちは、会社の仲間と来てるのかな？　俺さ、会社勤めして

──そういうことか。

**はとバスのガイド** 先ほど出てきたご飯ですが、そのまま召し上がっていただいても結構なんですが、後ほどあさりのお吸い物が出てくるんです。それをご飯にかけていただくと、元祖深川めしがお楽しみいただけます。

瀧 偶然、ガイドさんがいてくれて助かった。ご飯はとっておこう。

──危ない、危ない。全部、食べるところだった。

──あ、月がキレイ。

瀧 ほんとだ。じゃあお礼に、「ガイドさ〜ん、月がキレイだよ」

**はとバスのガイド** 良いことを教えていただきました。反対側に月が出ていますよ。キレイですね。さあ、これからレインボーブリッジの下を通ります。

（お吸い物が運ばれてくる。早速ご飯にかけると……）

瀧 ん〜！ うまいね、深川めし。さ

ないから、会社ぐるみで遊びに行ったことないんだけど、なんかああいうのいいよね。

──ちょっとした社員旅行気分ですよね。以前、勤めていた会社で、ナイトクルーズに行ったことがありますよ。

瀧 ああ、洋風の船の方ね。立食であとは勝手にやってくださいっていうやつ。

──そうそう。でも、こっちの方がいいですね。

瀧 あ、ここも前に通ったな。そこが築地の市場でしょ。駐車場の上から全体像を見せてもらったなあ。

──海から見るのもいいですね。（前方からピンクの照明に彩られた屋形船が向かってくる）お、あの屋形船はすごい。

瀧 ほんとだ。ノリが違う。なんかダンスミュージックとかがかかってそう。

──あれ？ 波が荒くなってきましたね。

瀧 湾の方に出てきたんだよ。

大砲の台場を設置しました。

——屋形船を外国人にもっと紹介すればいいのに。喜びますよ、これ。

**瀧** いや、実はすでにいっぱい来てるんじゃないの？（目の前に停泊してる屋形船が多数現れる）わ、すごいよ、屋形船の数！ 大密集地！

——ほんと、すごい！

**瀧** 屋形船銀座。この船の数だけ浮かれてる人がいるわけだよ（笑）。

——こんなに多くの人が屋形船を楽しんでるとは思わなかった。

**瀧** 今がちょうどピークの時間帯なんじゃないの？ この時間にレインボーブリッジの上から眺めてみたい

らさらやりながら、月を眺めるのも風流。

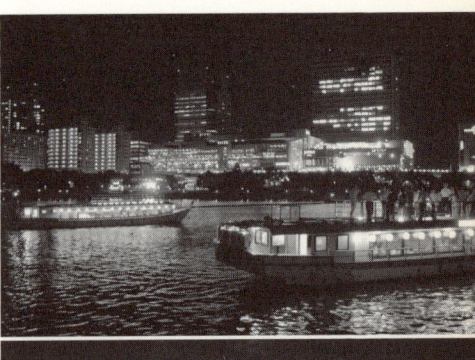

**はとバスのガイド** もうすぐ台場が見えてきます。ペリーの黒船艦隊が日本に訪れ、大砲に驚いた政府は、

気もするよね。「おー、集まってる、集まってる」って。（周りの屋形船を見て）あれ？ 船の屋根の上に登ってる人たちがいるけど、この船も上がれるの？

——**そうみたいですよ。**

**瀧** それは良いアトラクションだなあ。ディナーも腹いっぱい食べられるし。

**はとバスのガイド** ここで停泊します。2階に上がれますが、飲み物はいっさい持っていかないでください。

エサもかもめには上げないでくださいね。それでは20分間、お楽しみください。

## 2階に上がり、お台場の夜景を満喫

瀧　（景色を見渡して）これは良いね。

はとバスのお客さん　ピエール瀧さんだ。「おひさま」で怖い先生をやってた。

瀧　今日は竹刀持ってないから安心してください（笑）。

はとバスのお客さん　落語の映画もやってましたよね。

瀧　あ、「落語物語」ですね。出てました。

はとバスのお客さん　私、銀座でインドアゴルフをやってるんですよ。今度ぜひ、遊びに来てください（名刺をもらう瀧）

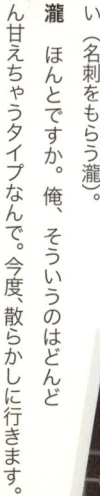

瀧　ほんとですか。俺、そういうのはどんどん甘えちゃうタイプなんで。今度、散らかしに行きます。

はとバスのお客さん　ぜひ。今日、帰ったらファブリーズします。

瀧　やっちゃってください（笑）。

（はとバスのお客さんと別れる）

瀧　お台場ってこっち（海）から見ると相当ファンキーなスポットだな。これは楽しい。でも、たしかに節電（東日本大震災の影響）でこの辺りを停電にしてしまうと、屋形船側からすれば、えらい打撃だよね。

――真っ暗で何も見えないから、夜に屋形船に乗る人がいなくなっちゃうかも。

瀧　（近くの屋形船を見て）あの船も「冨士見」さんのだ。

瀧　——あそこにも！　いっぱい船を持ってるんですね。ほんとに気持ちいいなぁ。暑くも寒くもないし。でもさ、知ってるようで知らないものっていっぱいあるんだな。屋形船だって、遠くから見るときは「はいはい、屋形船ね」って思ってたけど、実際に乗ってみると全然違うもん。
——たしかに、そうですよね。あ、船頭さんだ。
瀧　かっこいいなぁ〜。
（船頭さんに近づく）すいません、長年、やってきたんだろうな。
船頭さん　まあね。親方が凝る人なので。
瀧　この船、結構お金がかかってますよね？
船頭さん　家が買えるくらいはしますよね。
瀧　家、億とかね（笑）。そりゃ、居心地がいい方がお客さんもうれしいでしょ。
瀧　そりゃそうですね。やっぱ東京で家を一軒買うんだったら、船っていう選択肢もあるかもなぁ。

## 1階に戻り、屋形船の歴史を聞く

瀧　船の値段の俺の見立て、合ってたでしょ。でも、これだけビールをがぶがぶ飲んで、天ぷらを食べて、この金額だったら安いよね。
（お店の人が挨拶にくる）
お店の人　楽しんでいただけてますか？
瀧　はい、満喫してます。
お店の人　石嶋です。
瀧　今まではレインボーブリッジ辺りから眺めて、「屋形船が出てるなぁ。天ぷら食ってんだろうな」で終わってたけど、それだけじゃないですね。本当に楽しい。
石嶋　はい。今日ははとバスのガイドさんがいますけど、私どもでもガイドできますので、説明を聞きながらゆっくりと。

瀧　子供を連れてきたいなあ。今度は名指しで連絡しちゃうかもしれません。

石嶋　どうぞ、どうぞ。今日のは1名からご利用いただける「乗合屋形船」ですが、15名からの「貸切屋形船」もあります。

瀧　この船を結婚式の二次会で使う人もいますか?

石嶋　いらっしゃいますよ。披露宴でもいますね。最近は「スマ婚」とか「楽婚」とかで、ちょっと予算を抑えて手作りで特別な感じということで、屋形船を選んで下さる方も多いです。

瀧　やっぱり。

石嶋　ウチは100人くらい乗れる屋形船もあるので、そちらだと大人数が乗れますし。

瀧　100人も乗れる船があるんですか!

石嶋　最大120人。堀こたつでゆったりと座れる感じです

ね。この辺りには富岡八幡があるので、そこで式を挙げてからここで、という方もいます。

瀧　石嶋さんは実家がこの職業をやってたんですか?

石嶋　はい。ここで育ちました。今にいたるまでは、いろいろ寄り道をして。

瀧　そうでしょ。だいたいみんなあがくんだけど、結局落ち着くところに落ち着くんだよね(笑)。

石嶋　はい(笑)。

瀧　今の屋形船のシステムができたのって、いつくらいなんですか?

石嶋　25、26年前だと思います。私が覚えてる限り、ウチが屋形船を始めたのは10歳のときなんですよ。最初は釣り船を改造して使ってたんですけど、バブルの恩恵もあったんでしょうね。だんだん、船が大きくなっていって。

瀧　2階にいた船頭さんに聞きましたよ。「1本はいくね」みたいな。

石嶋　いや、ははは(笑)。

瀧　文化としてはいつくらいから?

石嶋　江戸時代からですね。最初は地味だったんですけど、どんどん豪華になっていって、幕府から取り締まりを受けてしまい、一度は廃れたんですよ。

瀧　てめえら、派手に何やってんだよ、っていうことだろうね。

石嶋　そうです。上から見たら、「何、豪華にやってんだ」ということだったんでしょうね。それからしばらく廃れていたんですよ。工場が建ち、川の水も汚くなっていったこともあったので。その後、だんだん水もキレイになってきて、また25、26年前から少しずつ船が増えてきました。

瀧　じゃあ、このスタイルになったのは意外に最近なんですね。

石嶋　まあ、細々とやってたところはあるみたいですけどね。でも、一時の隅田川はほんとに臭かったらしいですから、「まあ、行ってもなあ……」って感じで旦那衆の遊びとしては残らなかったんでしょう。

瀧　お台場ができたことも大きかったんじゃないですか。ある意味、ルートのゴールができたというか。

石嶋　でも、レインボーブリッジができたのは私が17、18歳のときだから、18年くらい前ですね。そこからビルがボコボコ建ち始めた。

瀧　船から見ると、あのボコボコ建ってるビルも良いもんですよね。

石嶋　ええ、夜景ができますから。

瀧　外人さんも喜ぶでしょ。

石嶋　はい。外国人の方も来て下さった人たちは喜んで帰られますね。畳とか、日本的なものを感じるんでしょう。

瀧　100点満点だと思いますよ。レインボーブリッジから見る印象とは大違いですから。

石嶋　そうですよね。

瀧　これから何かあるごとに利用しようかな？っていう気になるもん。春はやっぱりお客さんがすごいんか。

石嶋　桜並木があるから、大勢来られますね。1日に3回転くらいするときもありますから。ただ、2週間だけですけど。

瀧　この本で紹介して、「みんなここに来て浮かれなよ」って言いたいね。

石嶋　ありがとうございます。すみません、汗臭くて。ファブリーズがあれば良かったんですけど(笑)。

瀧　いえいえ、ありがとうございました。

——（厨房へと戻っていく）

**屋形船って、意外と最近からなんですね。**

瀧　でも、分かる気がする。川が汚いときにやってもな、というのもあるしね。都市化していくと環境が悪くなるという印象が強いけど、逆に水が綺麗になったり、良くなってる部分もあるんだなって。発展

でしょうね。

だけを目指すのではなく、だんだん景観とマッチさせながら、という風潮になってきてるんだろうね。

——なるほど。

瀧　でもさ、石嶋さんを見てて思ったんだけど、江戸エリア生まれの江戸育ちの人って、みんなさっぱりしてるよね。

——たしかに。

瀧　俺らみたいに手探り状態で上京してきて、「さあ、どうしよう?」というのとは違うんだよ、やっぱり。江戸エリアに昔からいる人たちは、迷いはあるのかもしれないけど、曇りがない感じがするんだよね。

**はとバスのガイド**　あと10分くらいで停船場に着きますので、お手洗いに行かれる方はどうぞ。（屋形船が停船場に到着）

**豊洲駅へ向けて散歩開始**

瀧　（屋形船から降りて）ありがとうございました。楽しかったです。じゃあ、豊洲へ向かって歩こうか。

——はい。あらためてですけど、瀧さんの江東区に対

——するイメージは?

瀧　ないんだよ、ほんとに。「ageHa（Studio Coast）」くらいしか。

——クラブやイベントスペースという感じですか。

瀧　イメージとしては江戸川区とあまり変わらないかな。あとは木場の材木屋と船舶関係。昔、船舶関係の免許を取ろうと思ってきたのが、たしか江東区だったと思う。

——え! 瀧さんって船舶の免許も持ってるんですか?

瀧　学科だけ受けて、あと実地試験を受ければ取れたんだけど。時間がなくて行けなかった。

——それはもったいない。

瀧　あと、自動車免許の試験場もなかったっけ?

——東陽町にありますね。

瀧　だけど屋形船に乗って、江東区のイメージがガラリと変わった。ちなみに区の由来は?

——隅田川の東に位置するという地理的な意味から、辰巳区、東区、永代区などの候補の中から選ばれたもので、江東区の「江」は深川、「東」は城東の意味を含んでいるらしいです。最近、江東区はタワーマンションが次々と建てられていて、人口の伸び率がすごいんですよ。

瀧　へぇ〜。でも、さっき船の上からすごく良く見えてたタワーマンションが、こうやって地上から見ると味気なく感じるのが不思議だな。

——なんでだろ?

瀧　なんだろうね。単なる思い込みなのかなあ。

——それにしても、ほんとにタワーマンションが多い。

瀧　そりゃ、人口が増えるわけだよ。(マンションを眺めながら)ほぼ灯りがついているし、全部埋まってそう

江東区

——（地図を見ながら）この辺りは豊洲一丁目です。

瀧　たしかでっかいショッピングモールがあるよね。

——ららぽーと豊洲ですか？

瀧　そうそう。試写会で行ったことがあるけど、巨大だなって思った。ん？（看板を見ながら）「豊洲の地は、昭和初期から造船工場が操業しておりました」だって。だから碇とか材木屋とかタンクとか産業が骨太だなあ。ここでぶっといヤツを作って、大田区の町工場のおっちゃんたちが作った細かい部品を組み込んでいくパターン。だからきっと区の産業の基礎がしっかりしてんだよ。

——それにしても、夜になると人が少ないですね。

瀧　なんか江東区って、夜に来ると怖いっていう感じしない？　海は黒いし、でかい建造物ばかりあるし。

——（標識を見て）これ以上行くと、中央区に入っちゃいますね。

瀧　じゃあ、こっちへ行くか。

——この辺りは人工的な街ですよね。

瀧　そうだね。人の手が入ってない物がないというか。でも、この辺りの基礎って、江戸時代に作られたわけでしょ。その時代の土地計画というか、先見性がすごいよね。それまで人が住んでいなかったわけじゃん。開国する前の話なんだからさ。その必要性を考えてた人ってすごいよ。

（ゆりかもめ新豊洲駅が視界に入る）

瀧　せっかくだから、ゆりかもめに乗ろう。それで豊洲駅に行ってゴールにしようか。ゆりかもめが豊洲駅から出発し

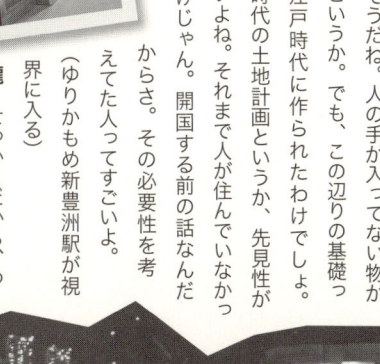

――た場合の終点はどこになるの？

――新橋ですね。

瀧　そうなんだ。(新豊洲駅の前を見渡して)月島のときはまだ人が暮らしてる風情とか人の匂いがあったけど、この辺りはそういうのがまったくないね。あ、そういえば俺、ゆりかもめに初めて乗る。

――そうなんですか。

瀧　わ、ホームってこんなんなんだ。へぇ～。

(切符を購入してホームへ)

――せっかくだから一番前の車両に乗りましょうか。

瀧　どうだろ？　みんな乗りたいだろうからね。争奪戦でしょ。お、空いてた！

――ラッキーでしたね。

瀧　結構うれしいかも。意外にテンションが上がる。

――一番前の車両で良かったですね。あ、終点の豊洲駅に着きましたよ。

瀧　じゃあ、今日はここまでかな。屋形船はほんとに楽しかったし、ぜひ一度みんなにも乗ってほしい。

(豊洲駅の改札口を出る)

ウォーターフロント開発と骨太産業。
そして河は流れる。

# 中野区

なかのく

稲田　はい。ボケしたい人、こっちに並んでください、みたいな。

じゅんご　アイドルおたくだって聞いたんだけど。

稲田　アイドル系の物は家にはあんまり置けないので、大塚に借りてる倉庫に入れてます。

瀧　隠してるわけね。どうして芸人になったの？

稲田　就職が決まってたんですけど、三谷幸喜さんの「有頂天ホテル」という映画を観に行ったときにめちゃくちゃ面白くて、人を笑わせるお笑いがしたいと思ったんです。でも、もう23歳だし今さら養成所に行きづらくて、インターネットに「お笑いしたい人いますか？」って書き込んだんですよ。そしたら「今度飲み会しませんか？」と返事があったので行ってみると、40〜50人いて。

じゅんご　居酒屋に？

稲田　司会の人が席替えとかして最初はグループ交際みたいな感じで始まり、次第に10人になって、5人になって、何となくアイツとアイツが合うんじゃないかみたいな空気になって、今の相方と組みました。

瀧　最近のシステムってすごいな。相方はどこに住んでるの？

稲田　……たぶん千葉の方。

じゅんご　知らないの？

稲田　松戸とか柏とか、その辺りって聞いてますけど、明確には知らないです。

じゅんご　新しいタイプですね。

瀧　そうだわ、ほんとに。昔は気の合う仲間と一緒に上京して、中野でボロアパートを借りてチャンスをつかむっていうパターンだったけど。彼女は何やってる人？

# 中野区

**稲田** ジュエリーの販売をやってます。

**じゅんご** どこで知り合ったの?

**稲田** 学生時代に紹介されたんです。相方とか周りに「アイツ、オマエのことが好きらしいぞ」って言われていきました。

**じゅんご** 全部紹介だね。それでどうにかなるって感じは、俺らの感覚からすると新しいな。

**瀧** 彼女はさ、キミの芸人活動に対してなんて言ってるの?

**稲田** 「応援してる」って言ってくれてますけど、毎日「いつ辞めんの?」とも聞かれます。

**瀧** まあ、そうかもな(笑)。

**稲田** 僕、浅井企画からもらってる給料が年間1万円いかないんですよ。マックスが6万円。

**瀧** 年間1万円いかない! それはさ、給料をもらってるとは言わないんじゃないの?

**じゅんご** 浅井企画はわりと親身な分配方法なんですけどね……。でも、彼はバイトしてるから。

**稲田** 牛丼太郎でバイトしてます。

**瀧** 稲田くんってさ、要はヒモ?

**稲田** そういうつもりはないですけど……。家賃を払えてる頃もあったんですよ。でもここ半年、払えなくなっちゃって。

**じゅんご** 何にお金を使ってるの?

**稲田** アイドル。土日にアイドルを観に行って、その電車賃や握手券つきのCDを買ったりしてるので。

**じゅんご** 誰が好きなの?

**稲田** 今はキャナァーリ倶楽部。

**瀧** アイドルは相当詳しいの? 南海キャンディーズの山ちゃん(山里亮太)と勝負したら、3勝4敗で向こうに日本一を持ってかれるくらいな感じ?

**稲田** (急にムキになって)AKB48以外だったら、僕**が全勝**ですね。

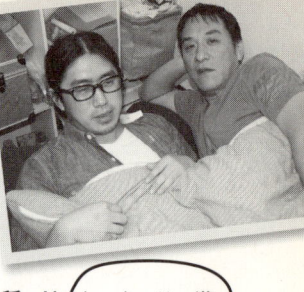

## タカ&トシより面白い!?

**瀧** ふたり目はどんな人物?

**じゅんご** ひとり暮らしの芸人で、「流れ星」の瀧上です。彼は意外と芸歴が長くて11、12年。ネットで相方を捜すタイプではなくて、俺らみたいな古いタイプの人間です。ちょっと歩きます。

**瀧** 今どこにいるか、全然分かんないなあ。中野のこの辺りはすごいね。十字路とかT路地とかいろいろあってさ、分かれ道の左右を見渡してもヒントがゼロじゃん。今までいろいろな区を歩いてきたけど、中野区の道のカオスっぷりはすごいな。

**じゅんご** あ、ここですね。

**瀧上**(チャイムを鳴らす瀧)

**瀧上** うわぁ~、ビックリした。ちょっと待ってくださいよ~。瀧さんも行くって。

**じゅんご** 言ったじゃない。

**瀧上** いや、聞いてない、聞いてない。(慌てたフリをする瀧上)

**瀧** おじゃまします~。(勝手に家に上がる瀧)この本棚って、中野に住んでる子らしいわ~。大槻ケンヂや中嶋らもさんの本もある。瀧上くんがお笑い芸人になろうと思ったきっかけは?

**瀧上** もともと大阪の美容

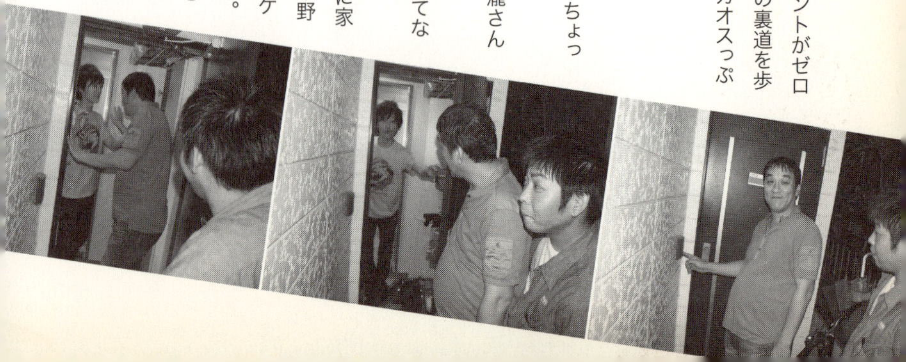

じゃあ稲田くんが人間のクズだってことが分かったところで、おつかれさん。

あっそ(笑)。

**稲田** ありがとうございました。

**じゅんご** ありがとな。

中野区

学校に行ってまして、今の相方が東京で浪人生をやってたんですよ。ある日、東京から大阪まで相方が僕を「一緒にお笑いをやろう」って口説きにやってきまして。高校の文化祭で5人組でコントをやって人気者になったことがあるので、ウケる喜びはあったんですけど、「オマエしかない」って言われて決めました。でも後々聞いたら、僕以外の全員を誘ったけど断られたらしく、そういう意味で「オマエしかいない」っていうことで……。

瀧　それでコンビを組んでもう12年と。

瀧上　僕は「フォークダンスDE成子坂」っていう芸人さんにすごくお世話になってまして、ホリプロ時代の先輩でボケの桶田（敬太郎）さんの家に居候させてもらってたんです。その桶田さんがちょっと……。

瀧　イタい人？（笑）

瀧上　突拍子もない人で（笑）。急にガムテープで僕の体をぐるぐる巻きにしてきて、「よ〜い、スタート」って時間を計るんですよ。それで、僕がガムテープを取るじゃないですか。「次は負けへんぞ」って言って、今度はロープでグルグル巻きにされて、また時間を計るんです。何分か後に脱出するじゃないですか。「じゃあ、次が最後だ」って手錠をはめられるんですよ。これじゃ取れないよっていうボケじゃないですか。でも桶田さんがすごいのは、「じゃあ、俺仕事に行ってくるわ」って3日間くらい帰ってこないんです。だから僕、手錠をつけたまま3日間くらい家にいたんですよ。そ

ういう生活を1年くらいしてました。

瀧　だはは（笑）。ところでこれ、ガラダK7のジャンボマシンダーじゃん。

瀧上　復刻版です。超レアなんですよ。これは1万5000円くらいですね。

瀧　瀧上くんはこれを買える財力があるわけだ。何年目から食えるようになった感じなの？

瀧上　2年くらい前ですかね。NHKの英会話番組にレギュラー出演するようになってからです。

じゅんご　彼らは「爆笑オンエアバトル」（NHK）の記録を持ってるんですよ。1回も落ちたことがなくて、タカ＆トシの記録を抜いてるんです。

瀧　へぇー。ところで、この摩夜峰央の画集は何？

瀧上　一番のお宝です。サイン入りですから。今はファンが高じて、「パタリロ」を全巻集めてるんです。摩夜峰央先生のトークイベントのMCもやらせてもらってます。

瀧　ほほう。登りつめたねぇ（笑）。

中野区

## 元芸人の双子が経営するカレー屋へ

**じゅんご** 次に行きましょう。3軒目は3年前に芸人を辞めた双子がやってるカレー屋さんに行きます。

**瀧** 芸人時代は双子でコンビしてたんだ。

**じゅんご** コンビをしてた時期もありますし、しゃべり方にすごく特徴がある子たちなので、ツッコミが必要だろうということで地元からもうひとり呼んだんですけど、そいつもボケだったという。

**瀧** なるほど、収集がつかなくなったと。

**じゅんご** 結局、解散して辞めたんですけど、ツッコミだったヤツの実家がペンションで、料理ができるんですね。そいつのオリジナル料理のカレーを伝授してもらって、ふたりでカレー屋を始めたんです。

**瀧** 双子の芸人って珍しいよね。あ、でもザ・たっち

がいるか。

**じゅんご** たっちより先にやってたんですけど、彼らが出てきたときに「負けた……」って。アイツら、双子をすごく活用してるじゃないですか。でも、コイツらは全然活用してなくて。

**瀧** その手があったかと（笑）。双子にもっと甘えれば良かったということだ。

**じゅんご** お、着きましたよ。

（「とある街のカレー屋さん総本山」に到着）

**瀧** こんばんは〜。

**じゅんご** いらっしゃいませ。よろしくお願いします。

**双子** ゆーすけとけんすけ（以下双子）です。

**瀧** カレー食べられる？

**双子** はい。

**瀧** じゃあ、オススメを。

**双子** オススメは「結（むすび）」です。今、用意しますね。

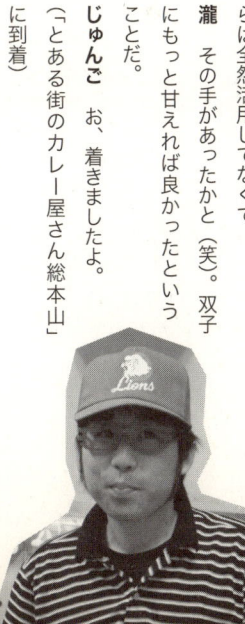

瀧　なんで芸人を辞めちゃったの？
双子　25歳だったので、もういいかなと。
瀧　じゃあ、芸人になろうと思ったきっかけは？
双子　一旗揚げようと思ったんです。山梨県道志村という田舎出身なので、やっぱり都会に出て行きたくて。
瀧　でも進路はほかにも候補があったでしょ？
双子　錦を飾るためには芸人さんかプロレスラーかな、と。どっちか可能性がある方にしようと思いまして。
瀧　ふたりの体格だとプロレスラーはちょっと厳しそうだもんね。
（カレーが運ばれてくる）
双子　合いがけなんだ。だから「結」なのか。
瀧　カレーが結ばれるという。
じゅんご　面白いですね。
双子　結構、画期的なアイデアなんじゃないかなと思ってます。少なくとも中野区にはないですね。ほかの区は分からないですけど。
瀧　なんかこのふたり、ペース持ってかれるね。ふたりがかりって強いな。じゃあ、いただきます。こっちが欧風ポーク。洋食に近い食べ心地。でこっちがインド風トマトチキンカレー。うん、両方ともうまいんだけど……、正直に言ってもいい？ ちょっと味うすくない？
双子　どっちのカレーですか？
瀧　どちらも一瞬うすいかな？　って いう瞬間があるんだけど、何か入れ忘れてない？

**双子** 現時点では最高のものです。もうちょっと濃い目ですね。

**瀧** このふたりは、きっと一緒なら何だっていいんだよ。芸人さんだった時代もそうだろうけど、ふたり一緒にいなかったときはないんじゃない？この店はいつから？

**双子** 4月末ですけど、8月末で閉店します。

**瀧** お、意外。

**双子** 免許の合宿に行ってました。

**瀧** それは用事があっただけで、根本的には一緒にいるわけでしょ。明日からふたり一緒にまぐろ漁船に乗れと言われても、あっさり乗りそうじゃない？

**双子** 何だか楽しそうです。船が揺れたりして。

**双子** 「総本山」も一代限りで終わりですね。

**瀧** 俺のカレーに対する先入観がそう言わせているのかもしれないけどね。この店は次もカレー屋をやるつもり？

**双子** 昼はカレー、夜はお酒を出そうかなって。

**じゅんご** つまり、この本の発売日にはこの店はないわけね。

**瀧** 建物を取り壊すことになってるんですよ。なので、この店と並行して新しい場所を探してます。

**双子** 5・6・7・8って片手で余るじゃん。なんで？

**瀧** 1ヵ月だけあります。

**双子** ……。

**瀧** もしかして、「総本山」で探せばいいわけでしょ。

**瀧** ……。

**双子** 実際にはあとひとり加わる予定なんです。

**瀧** さっき、じゅんごが言ってたもうひとりか。

**じゅんご** カレー屋の修行に行ってるんですよ。

**瀧** そいつが店長なの?

**双子** いや、違います(即答)。

**瀧** そいつを雇ってるんだけど、お客さんから見た図式では、きっとそいつが双子を雇ってるんだなって思うよな。ちなみに、昔のコンビ名は?

**双子** トリオで浮世絵師。漢字が良かったんです。

**瀧** じゃあ、元浮世絵師で検索すれば、この本が出る頃にもし新しいお店をやってたとしてもたどりつけるよね。

**双子** ……はい、たぶん。

**じゅんご** でも芸人をやってた頃より、社会に対して自分の位置や狙い方が明確になりましたね。こんなしゃべり方ですけど、稲田よりまともだし。

**瀧** まだ可能性がある。この雰囲気はみんな味わったことないだろうから。この雰囲気に飲まれてみたいってのがあるかもよ。カレーもおいしかったし、ちょっと味はうすいけど(笑)。じゃあ、そろそろ失礼しようか。

**双子** ありがとうございます。

**瀧** カレー、ごちそうさま。

## 一軒家を目指して移動中

**じゅんご** 彼らは世界ができ上がってますね。

**瀧** でも、あの口調と雰囲気ほどでたらめでもなくて、ちゃんと頭の中にカルチャーの図式ができ上がってるっぽいじゃん。分かる人には分かってほしい、という仕掛けがある。でも、それが微妙すぎるんだよね。いろいろおかしいんだけど、「あはは」っていうポイントがこない。面白くて不思議な感じはするんだけど、ピークを迎えずに帰るパターンじゃないかな。

**じゅんご** なるほど。次が最後の家です。瀧さんも知ってるスパローズの森田。彼が芸人や素人さんも含め、4人で一軒家を借りてシェアしてるんです。

**瀧** そのみんなで住むってのはたまに聞くなあ。東京で暮らすためにはワンルームを借りるより一軒家を借りる方がひとり当たりの空間も多いだろうしね。すごく現実的に考えているやつでしょ。

**じゅんご** そこは売れてない芸人なので、リアルに金銭面のことを考えてる比重がでかいと思いますけど。

あ、たぶんこの一軒家ですね。

## 4人の共同生活の実態とは？

**瀧** どうも、こんばんは。よろしくお願いします。

**じゅんご** おじゃまします。芸人は森田とひできのふたりです。

**瀧** （ひできに向かって）コンビ名は？

**ひでき** たかしひできと言います。

**瀧** 相方が160kgあるんです。コイツ

も100kg近く。で、こちらがひできのお兄ちゃんで、やすはるさんです。そして、彼が昔からの友人で水上です。加圧トレーニングのインストラクターをやってます。

**水上** 加圧の一番の売りは肌がキレイになることなんですが、「僕はアトピーで汚いですけど」って毎回初めてのお客さんに言ってるんです。

**瀧** 加圧をやってるんで、これで済んでます。やってなかったら、直視できませんよ僕、ってことを売りにしてる人ね（笑）。森田は何でこの家に来たの？

**森田** 僕は福岡から出てきてずっと女のヒモをやってたんですけど、そろそろ女と厳しくなってきた頃にひできが丁度家を借りるというので。

**瀧** アトピーは？

**森田** アトピーとひできは一緒に住んでたんです。それで、ひできのお兄ちゃんも福岡から出てくるという話になって。

**瀧** じゃあ、4人で住むかってことで借りたんだ。経済的な理由だね。ちなみに家賃は？

**森田** 12万円です。

**瀧** 4人で割ると、ひとりあたり3万円。

**森田** でも、兄ちゃんの部屋は2.5畳しか

中野区

瀧 ないので、1万円です。

森田 みんなで住んでて、一番の問題は何?

瀧 一番の問題は、僕が家賃を払ってないことですね。それをひできが立て替えてくれてることじゃないかな。

森田 払えよ、それくらい。芸人同士なんだから、そんなに稼ぎ変わらないだろ。

瀧 そうなんですけど、ひできはバイトの鬼なので。最近ジムに通い始めたんですけど、痩せるためかと思ったら、バイト先のラーメン屋の寸銅が重いからって筋肉をつけるためにジムに通ってるんですよ。

森田 別にアトピーがいるんだから、いいじゃんコイツと加圧すれば。

瀧 いや、コイツは信頼できない(笑)。

瀧 一緒に住んでて困ることは?

ひでき 僕は酒が弱いんですけど、あとの3人がめちゃくちゃビールを飲むんですよ。ビン・缶のゴミ収集の日にウチだけで容器がほぼ埋まってしまうので、これはいかんやろと思ってます。

瀧 アトピーは困ることはないの?

水上 肌がかゆいんです。

瀧 みんなで暮らしててのしろよ(笑)。話だよ。肌がかゆいのは自分でなんとか

水上 共同生活ではないの?

水上 僕は嫌になると、家に帰らないんですよ。漫画喫茶に行ったり、スタジオに泊まったりして、ここ距離を置くようにしてるんです。だから平常心を保っていられる。

森田 瀧さんがいるからって、こんなカミングアウト

**瀧** お兄ちゃんは何かない?

**やすひろ** 初めて言うんですけど、僕はあんまり芸人の皆さん方と関係を持ちたくない……。

**森田** いろいろな若手の芸人を呼んだりするんですけど、兄ちゃんからしたらキツいみたいで。

**瀧** 自分のペースで暮らしたいだろうからね。ここは芸人広場じゃねえんだぞ、っていうのがお兄ちゃんの悩みなんだね。

**やすひろ** はい。

**瀧** じゃあ、簡単にそれぞれの部屋を見させてもらおうかな。

(各部屋を物色中、2階のある部屋が瀧の目が止まる)

**瀧 じゅんご、ここすごい作りになってるぞ。**

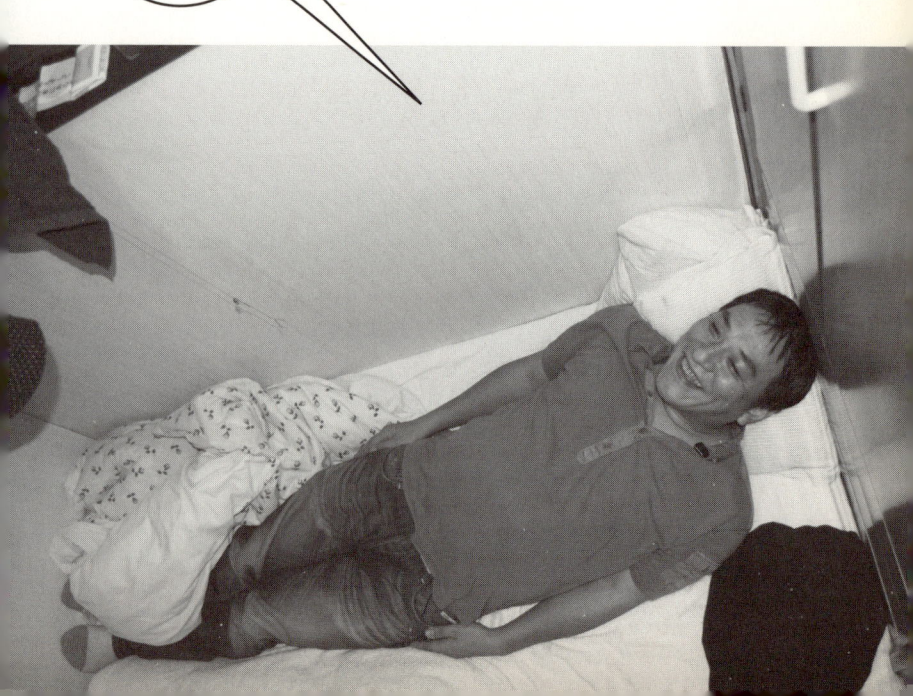

**じゅんご** これは、すごい!

**森田** お兄ちゃんの部屋は物置きだったんですよ。

**じゅんご** ちょうど、人がひとり寝れるくらい。角部屋の独房みたいですね。

**瀧** ここ延べ床面積より、収納の方が広くない? キてんな〜。

**やすひろ** 僕が最後にこの家に来たんです。

**瀧** じゃあ、納戸が空いてたからってこと?

**やすひろ** まあ、そうです。

**瀧** お兄ちゃんは何の仕事してるの?

**やすひろ** 僕はコンビニの棚卸しですね。いろいろなコンビニに行ってやってます!

**瀧** 棚卸しのプロって初めて聞いた! すげえポジションがあるんだな。あんなめんどくさいものないじゃん。そりゃ来てくれたら、楽だよなあ。(リビングに戻る)

**瀧** こうなってくると、家じゃなくて寮みたいになってくるな。そんなに顔を付き合わすこともないだろうし、でもヘコんで帰ってきたときには誰かいて話を聞いてくれたり、飲みに付き合ってくれたりする。精神的なストッパーにはなってるよね。

**森田** 都会の味気ないワンルームよりは。

**瀧** いいと思うよ。将来的には4人で会社を起こしたり、何かできるかもっていう落としどころもあるわけじゃん。ただまあ、正直この家にいる限り、全員ろくな人間にならないけどね(笑)。

## 中野区とインドの共通点

**瀧** ──**若手芸人さんの家を4軒回った感想は?**

**じゅんご** それは良かった。うれしいです!

**瀧** 素晴らしい流れだったよ。面白かった。

**瀧** 結論としては、この街は30歳までに出なきゃダメってことかな。

**じゅんご** たしかに、そうなんですよね……。インドに

**瀧** なんかインドに近い気がしたんだよね。インドに

行くと、みんなハマっちゃうパターンってあるでしょ。日本に帰る理由のないヤツが長期滞在すると、「ここで暮らしていけちゃうじゃん」って思えてしまうのがインドの魔力だと思うんだけどさ。1日300円くらいで暮らせるし、最低なこともあるんだけど、基本的にはおもしろおかしく暮らしていける。中野の感じはそれに近くて、なんか許される感じがするんだよね。

**じゅんご** 中野に約10年住んでますけど、すごく分かります。中野を出ると、変に気張っちゃいますから。でも中野に帰ると、部屋着でいられるっていう感じがある。30歳までに出なきゃいけない街っていうのは、芸人からすると思

いっきり突き刺さる言葉です。

——データ的に見ても、20代のひとり暮らしは多いらしいです。逆にふたり暮らしは少ない。

**じゅんご** 所帯を持つと中野を出て行くんですよ。

**瀧** すげえ、中野区ははっきりと答えが出た。じゅんご、ありがとな。

**じゅんご** そう言ってもらえて良かったです。ありがとうございました。

> 30歳までに出なきゃ行けない街。

# 世田谷区

せたがやく

★ 世田谷区

練馬区 板橋区 北区 足立区 葛飾区
豊島区 荒川区
中野区 文京区 台東区 墨田区
杉並区 新宿区 千代田区 江戸川区
渋谷区 中央区 江東区
港区
目黒区
品川区
大田区

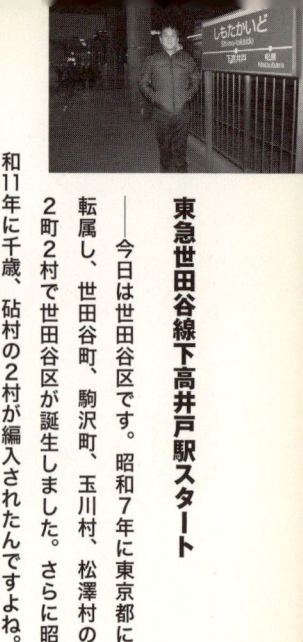

## 東急世田谷線下高井戸駅スタート

——今日は世田谷区です。昭和7年に東京都に転属し、世田谷町、駒沢町、玉川村、松澤村の2町2村で世田谷区が誕生しました。さらに昭和11年に千歳、砧村の2村が編入されたんですよね。今日は東急世田谷線の下高井戸駅から三軒茶屋駅まで、線路沿いを歩いてみましょう。

瀧　了解。この辺りに昔から住んでる人に言わせると、世田谷区ってほんとに雑木林ばかりで何もなかったらしいからね。だって、区の名前に田んぼの「田」と「谷」まで入ってるんだもん。

——人口は約88万人で、大田区についで2位らしいですよ。世田谷区で意外だったのが、犯罪件数が多いことです。平成22年に犯罪件数が急上昇し、23区で4番目に多い。

瀧　そうなの？　ただ、人口が多いのに比例して、犯罪が多いのも仕方がない気がするけどなあ。

——でも、治安が良いイメージがあるから、ちょっと驚きましたけどね。ちなみに、下高井戸に土地勘はあるんですか？

瀧　東京に出てきて20、21歳の頃に、この近くに住んでたよ。

——え？　そうなんですか？

瀧　ここから15分くらい歩いた松原駅ってところ。風呂なしアパートに住んでた。

——この辺りはどんな街ですか？

瀧　近くに日本大学があるし、学生が多いかな。京王線と世田谷線が交差してるから人が多いし、とにかく住宅街。ちょっと先に行くと赤堤という高級住宅街があって、それこそワンブロックにつき一軒みたいな。ちなみに、ここが「下高井戸シネマ」。渋い単館系。

——へぇ～。こんなところに映画館があるなんて、知

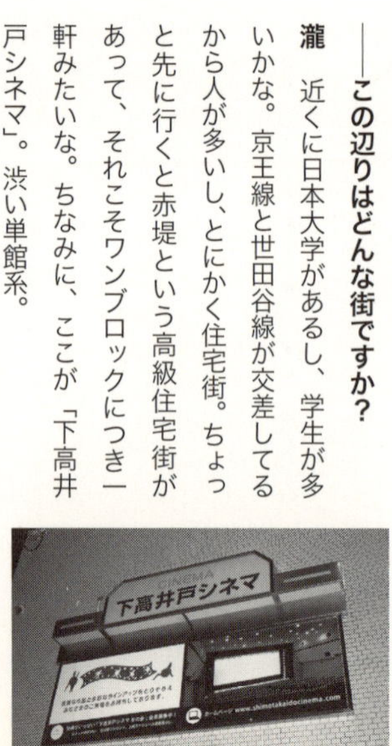

世田谷区

——雨が降ってきましたね。

瀧　久々の雨だな。お、行き止まりがあるよ。世田谷区ってさ、行き止まりが多いんだよね。よくタクシーの新人運転手が、「世田谷区は迷い込むと出られませんよ」って言うんだけど、ほんとそうだよ。「ここ、どこ？」っていう（笑）。車で北へ走ってるつもりが、いつのまにか西を向いて走ってることってない？

——あります、あります。

瀧　道を一度覚えちゃうと便利で良いんだけど、抜け道が不安なんだよね。でもさ、台東区をはじめとする江戸エリアでよく見た道路の脇に植木がズラリっていう風景はないね。

——たしかに、道に張り出してる感じはないですね。

瀧　そうでしょ。

——全体的にのどかな雰囲気ですよね。

瀧　うん。「この道は物騒だな」ってところはあんまりないもんね。だからひったくりが多いのかな？

——逆にのんびりしてるから？

瀧　そう。もしくは知能犯が多いのかも。パッと見普通でも実は……みたいなさ。

## 世田谷区はサザエさん!?

瀧　あの辺りが東急世田谷線の線路だよ。もともとは三軒茶屋駅～世田谷駅間が多摩川電気鉄道（通称玉電）の支線として開業したんだよね。で、多摩川電気鉄道が東京横浜電鉄（現・東京急行電鉄）に合併されて玉川線となった。都電荒川線と似た感じの佇まいで、2

両編成なんだよね。でも、昔はもっと味わい深かったんだろうな。

―― **全線均一料金なんですよね。**

瀧　うん、140円。

―― **最近、いつ乗りました？**

瀧　いつだっけな……。最近は年に数回しか乗らないからなあ。下高井戸の近くに住んでた頃から通ってるラーメン屋があるんだけど、その店に食べに行くときに世田谷線を使うんだよ。

―― **いいですね。**

瀧　あとは三軒茶屋に行くときにも使うけど、用事があるというよりは世田谷線に乗るために行く、みたいな。昔、車両の床がまだ木だった頃はすごく心地よくてさ。1、2両目の連結部分に立つと窓が木枠なんだけど、そこを開けるとさ〜っと風が入ってきて気持ち良かったよ。スピードもわりと遅めだしさ。

―― **世田谷線って、全駅乗っても20分弱くらいなんですよね。**

瀧　とにかくのんびりなんだよね。その感じが好きな

んだよなあ。（道路の反対側を指差して）あの電車が埋まってる建物に行ってみる？

瀧　たしかレストランだよ。

（建物の前に到着）

―― **ほんとだ。何ですか、あれ？**

瀧　すごいよね、これ。どうやってくっつけたんだろ？なんか、外国の汽車っぽい。いつも電車の中から見て

世田谷区

たから、下まで来たのは初めてだな。

——名物ポイントですね。

瀧　よく世田谷線に乗ってる親子連れから、「ほら、電車がささってるお家だよ!」って言われてるんだけどね（笑）。

——子供は喜びそう。

瀧　そうだね。この近くに昔、俺がよく中古のファミコンソフトを売りに通ってたゲームソフト屋があったんだけど、さすがにもうないわ。

——それは残念。

瀧　当時、そのソフト屋に店員のお姉さんがいて、たぶん俺が20、21歳くらいだったんだけど、どうにかならないかな……ってエロ目線で通ってたのを思い出したよ。

——で、どうにかなったんですか?

瀧　ならなかったよ。当然のことながら（笑）。

——この辺りの景色は昔と変わってます?

瀧　あんまり変わんない。厳密に言うと建物とかは変わってるかもしれないけど、イメージは同じだなあ。

——ちなみに、世田谷線は1925年に開業したらしいです。

瀧　87年前か。昔、友達が上町に住んでたんだけど、遊びに行くとさ、もうアパートのすぐ脇を電車がガタンガタンって通り過ぎてくわけだよ。「東京ってスゲーなあ」って思ったもん。

——お! 踏切だ。

瀧　なんかさ、踏切ってもの悲しくってよくない? そして世田谷線なりの、この控えめな踏切音。

——いいっすね。

瀧　世田谷区の印象はサザエさんかな。

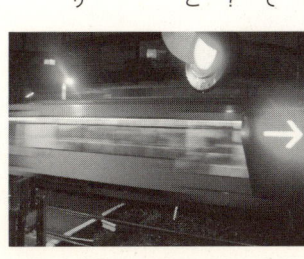

——桜新町ですね。

瀧　まあ、桜新町はサザエさんの街だけど、世田谷そのものの雰囲気や暮らしぶりがサザエさんっぽいというかさ。古いんだけど、ちゃんと塀や柵を直したりし

　　　　長いこと平穏無事に暮らしているイメージがある。

——なるほど。

瀧　次は豪徳寺。商店街を抜けていこうか。

——ああ、懐かしい感じ。

瀧　これぞ商店街っていう感じだよね。この本屋さんとか、ホッとする。お、100円自販機だ。買おう。

——琉球コーラがありますよ。

瀧　「So cool! So refreshing! 琉球コーラ」。わ！　これ薬の匂いがする！

——ドクターペッパー的な感じですか？

瀧　いや、そっちの方がいいかも。チェリーコークの砂糖抜き、みたいな。なんかイソジンみたいな味しない？

——うがい薬みたいな感じですね。メーカーはどこですか？

瀧　沖縄ボトラーズ株式会社。それにしても、雨が強くなってきたな。

——まったく止まないし。

瀧　お、世田谷八幡宮だ。

——たしか土俵があるんですよね。

瀧　じゃあ、ちょっと中に入ってみようか。どこだろ？

——鳥居も立派だし、（看板を見て）奉納相撲が有名

世田谷区

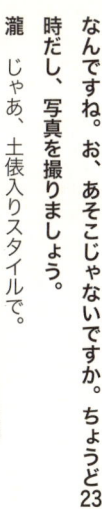

なんですね。お、あそこじゃないですか。ちょうど23時だし、写真を撮りましょう。

瀧　じゃあ、土俵入りスタイルで。

## 世田谷八幡宮を後にして宮の坂駅へ

瀧　この駅にはさ、昔の世田谷線の車両があるんだよ。

——お、ほんとだ。緑の車両。かわいいですね。

瀧　車内を見ると分かるけど、床が木なんだよ。カタンカタンって音がして、夏の日とかすげえ良い感じだったよな。

——これ、子供にはたまんないでしょうね。

瀧　そうでしょ。今は車両を行き来できるけど、昔は自分が乗った車両にしかいられなかったから。

——それは知らなかった。

瀧　この角度から写真を撮るといいんだよな。（記念撮影をする瀧）

——たしか豪徳寺ってこの近くですよね？

瀧　うん。徒歩5分くらいだよ。

——せっかくだから行ってみませんか？　でも、中に入れるのかな？

瀧　どうだろ？

——（豪徳寺の前で）あ、やっぱり無理かも……。

瀧　お寺は無理なのかな。あ、やっぱダメだね。招き猫ゾーンが面白いんだけど。

——「招き猫の発祥の地」という説があるくらいですもんね。

瀧　大小、いろいろな招き猫の置物を売ってて、願いが叶うと奉納する場所があるんだけどさ、もうみっしり並んでるんだよ。

——へぇ～、見てみたかったな。残念。

瀧　さて、世田谷通りだね。この辺りを曲がって松陰神社に行こうか。

——（踏切を待ちながら）次に来る電車が何色か気になったりしません？

瀧　子供とよくやるよ。「次、何色だ！」って。たしか黄色、赤、青、緑、紫……そんな感じだったと思うけど。

——（資料を見ながら）アルプスグリーン、モーニングブルー、クラッシクブルー、アップルグリーン、チェリーレッド、レリーフイエロー、ブルーイッシュラベンダー、サンシャイン、バーントオレンジ、ターコイズグリーンの10色らしいですね。

瀧　そんなにあったのか。それにしても寒い。しんしんと冷えてるなぁ……。なんか、温かい物が食べたいけど、この辺りにはラーメン屋とか全然ないんだよ。

——そういえば、今日は雪が降る可能性があるって天気予報で言ってましたよ。

瀧　そりゃ寒いわけだ。

——お、松陰神社。吉田松陰を祀ってるお寺ですよね。

瀧　どっかで雨宿りしたいところだけど……。

——はい。雨がますます強まってきましたね。

世田谷区

瀧　うん。あ、ここも中には入れないわ。かなり厳重にガードされてるな……。じゃあ、松陰神社前駅の方に行こうか。

——はい。

瀧　（自販機を見ながら）特濃コーンスープでも飲んであったまろうかな。お、この店はワイシャツを仕立ててくれるんだな。

——料金は1万3000円とか、1万9000円って書いてある。

瀧　生地からでこの値段は安くない？　今度、ワイシャツを作ってみようかなあ。知らなかったな、この店。

——今、松陰神社ということは、三軒茶屋まであと少しですね。

瀧　若林、西太子堂、三軒茶屋でしょ。もうすぐだよ。

——そういえば、この辺りって畑もあるんですよね。世田谷区は小松菜が有名だと聞いたことがあります。

瀧　あることはあるけど、農業として成立しているというよりは、地域の小学校に収めて終わり、みたいなパターンが多いんじゃないかな。

——なるほど。この踏切、渡りますか？

瀧　渡るしかないよね。こっち側には行ったことがないな。環七の若林の方に行くんじゃない？

（カーン、カーン、カーン。踏切待ち）

——緑かな？

瀧　黄色。（車両が来ると……）ああ、青だった。ハズレ。

——あはは（笑）。ん？　これは……。

瀧　（目の前に小さな公園を発見）これ、なくてもよくない？　余ったから公園にしちゃいました、みたいな感じ。こんなとこで子供は遊ばないっつーの。

——小さいっすねぇ〜。

瀧　ここらまでくると土地がどんどん雑多になっていく印象だな。整然感がなくなってくというか。

——あ、また公園がある。……ちょっとマシかな。

瀧　まあ、ギリだね。あそこは夏場に水がジャ〜っと出て、子供が足をつけて遊ぶんじゃないかな。

——看板には、「この広場は地域の皆さんのアイデアをもとに作られました」って書いてありますよ。

瀧　だからって正解じゃねえからな、ってね（笑）。さっきのに比べたら、マシだけど。

——でも、強引に作ってることに変わりはない。

瀧　この辺りは、プチ商店街になってる感じなのか。若林中央商店街だってさ。

——ここが若林駅ですね。あ、電車がくる！　そろそろ赤かな。

瀧　俺は、さっき通り過ぎて行った白と緑の車両がそろそろ帰ってくる頃だと思うんだよな。

——この辺りはいい場所ですよね。適度な勾配があって、電車の見え方も場所によって少しずつ違ってるし。

瀧　平日の昼下がりにぶらぶら歩いてるだけでなんか楽しいんだよ。お、赤だ。

——よし、正解（笑）。世田谷線って結構、遅くまで走ってるんですね。

瀧　それに、死ぬほど込んでるわけでもないから、ここは。して、環七に到着。電車も信号待ちする場所なんだよね。せっかくだから、ちょっと待って写真を撮ろうか。

——はい。あ、電車が来た！

瀧　結構、手前で停車する

世田谷区

んだなあ。（写真撮影後）よし、我々も出発。あと2駅ね。でも、豪徳寺とか松陰神社とか、全部見物してたらたっぷり散歩できるな。三軒茶屋か下北沢でお昼を食べてから終点まで歩く、なんてルートもいいよね。

——これで天気が良ければ……。

瀧　雨でもこんだけ楽しいんだから、天気が良ければ最高だと思うよ。でも、三軒茶屋が近づくにつれ、だんだんガチャガチャしてくるな。

——空間が狭くなってる感じがしません？

瀧　そうだね。えーっと、そこに踏切が見えたから、右へ曲がって踏切を渡るか。お、行けるじゃん。目的地はキャロットタワーだからね。

——三軒茶屋は迷わないですよね。線路沿いにキャロットタワーを目指して進んでいけば、何とかなる。

瀧　この西太子堂のあたりは、ごちゃっとしてる印象。

——家が密集してますよね。

瀧　おお！　この家は結構なトレインビューですよ。これはすごい。でも、建物がちょっと薄くない？　ベッド入れたら終わりなんじゃないの？　ここがガス湯沸かし器はガス湯沸かし器じゃないかな。

——しかも窓を開けたら、外はすぐ電車ですから。

瀧　そうでしょ。すごいよね。

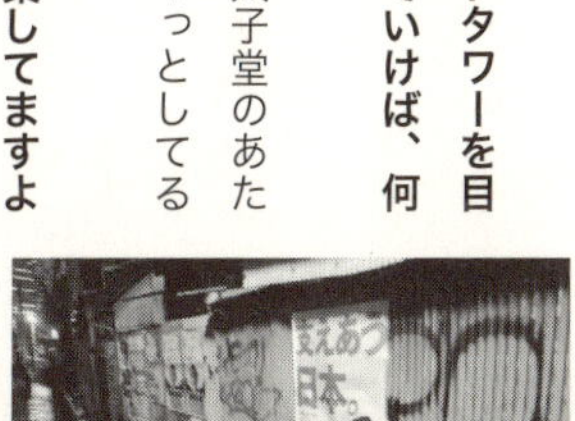

——ちょっと衝撃的。

瀧　この辺りは西太子堂の駅を使うというよりかは、三軒茶屋まで歩いてけるゾーン的な扱いになってるのかも。

——さっきからマンション名に「三軒茶屋」とつき始めたから、三軒茶屋駅前扱いなんでしょうね。

瀧　(アパートを眺めながら)ここは今、人が住んでないのか。窓の下を電車がカタンカタンと通って、悪くない部屋だったのに。

——だって、ここは踏切のスピーカーの思いっきり前ですもん。

瀧　そっか。うるさい、もう。

——あれ？　このフェンスで囲まれた空間は何ですかね？

瀧　差し押さえられた的なこと？　看板がある。「世田谷区民の良心を示して。ゴミ捨て厳禁」だって。この中に不届者がゴミを捨ててくんだろうな。にしても、どんなワケありなんだろ？

——とにかく敷地がデカい。

瀧　なんか匂うね。ゴミの臭い？　人通りが少ないし、ゴミを捨てやすそうだもんな。

——たしかに。これで西太子堂駅を越えましたね。

瀧　ゴールが見えてきた。三軒茶屋駅は激近だから。

——全然、歩ける距離ですよね。

瀧　すげー近いよ。ここは牧歌的な道でいいな。なんか、子供相手にいかが

わしい物とか売ってそうじゃない？（笑）。露天商が消えるインクとかさ。「はい、家からお金をもっといで〜」みたいな。

——あははは（笑）。この道を過ぎてしばらく行くと……。

瀧　三軒茶屋駅に到着。キャロットタワーができたから、この辺りの道はキレイだよね。三軒茶屋に来ると、都会だなぁ〜って思うなあ（笑）。せっかくだから、なんかあったかい物でも食べようか。お、「大勝軒」があるよ。入ろう。

## 生活基盤の街
——あらためて世田谷線沿いを歩いてみてどうでした？

瀧　「ニュートラルな生活基盤の町」って感じかな。二子玉や下北沢を始めとする買い物ゾーン、砧公園をはじめとする緑のゾーンもあるしね。しっかり地に足がついた生活空間という感じがするな。それにどこかドイツっぽい感じもする。

——ド、ドイツ？

瀧　うん。パブリック的な部分も残しつつ、都市部の生活者のことも考えて行政にモラルがあるというか。

——なるほど。

瀧　なんか中目黒辺りの店のスタイルを見てると、ちょっとがっついている感じがあるじゃん。世田谷の方が自然なんだよね。競合店の近くにわざと店舗を出す

みたいなノリもないしさ。
——中目黒は遊びに行く分には楽しいけど、住むにはちょっと気後れしちゃうかも。
瀧　そうなんだよ。ちょっとハイパーな部分を5〜10％残しておかないといけないんだけど、世田谷はそういうのがないんだよね。
——かといって、パジャマでコンビニには行かないちゃんとした感じもある。
瀧　そう。ゴム草履ではなくて、せめてクロックスを履く、みたいな。楽なんだけど、だらしないとは別というか。
——成城のような高級住宅街もありますしね。
瀧　まあ、成城は閑静な高級住宅街だからね。常識人が多いし、精神的にソフィスティケイトされてる。
——芸術家がほんとに多いところですよね。
瀧　だから、たぶん"ロハス"という単語を23区内で使っていいとしたら、世田谷区だけだと思うんだよ。その言葉が似合うのは（笑）。
——23区内だったら、そうでしょうね。中央線まで行っ

てしまうと、ロハスよりもうちょっと農業寄りな印象がある。
瀧　世田谷区には余計な物が少ない感じがするんだよね。そうなると、「必要な物」の線引きが必要になってくるわけだけど、この区はそれがしっかりしてるんだと思うな。

23区で唯一、ロハスを使っていい街。

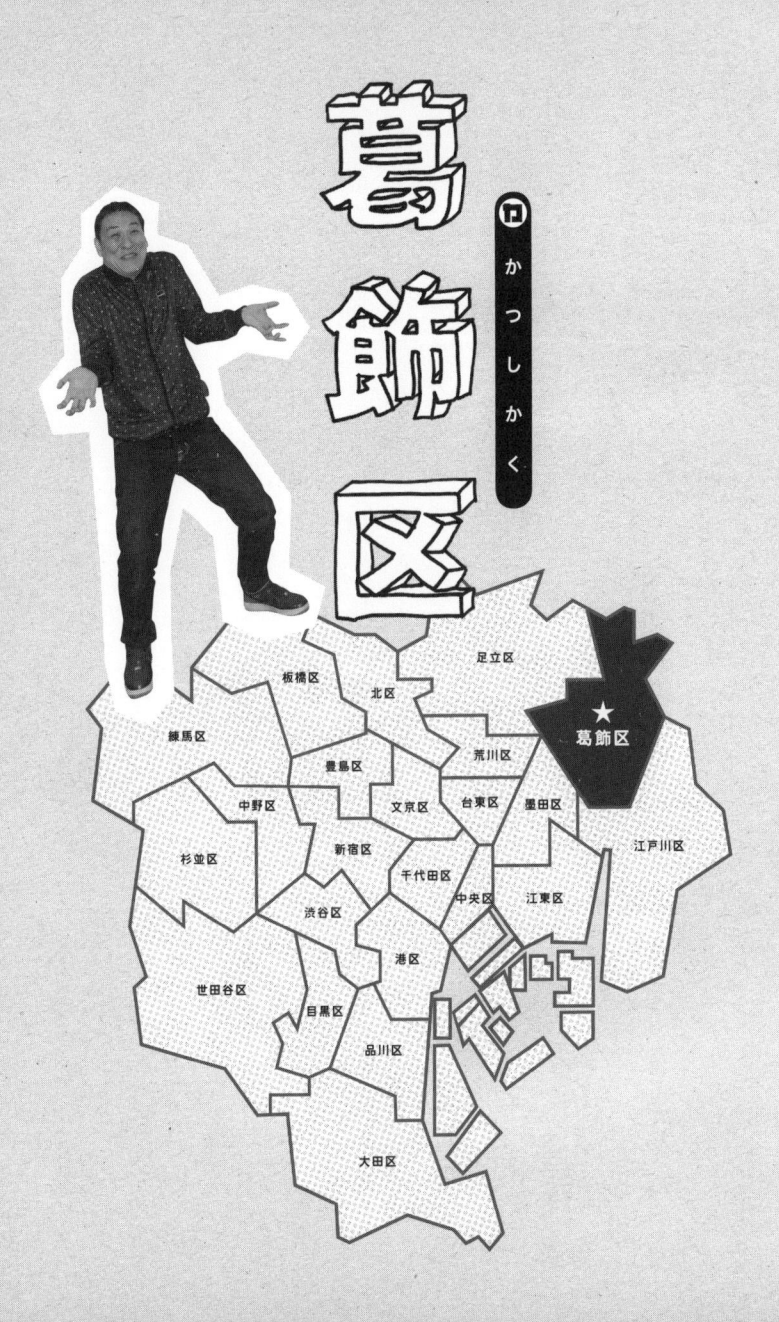

# 葛飾区

かつしかく

葛飾区

## 京成立石駅スタート

——今日は葛飾区です。もともとは下総国葛飾郡一帯の広大な地の総称ですね。葛飾の地名は、古くは万葉集などにも登場してるらしいですよ。

**瀧** へぇ〜。このあたりは生活感があって、落ち着くよね。

立石仲見世商店街か、すごく雰囲気がいい。

——商店街の中にもつ焼きのお店があるんですよ、すぐそこなので、行きましょう。

（「宇ち多」に到着）

**瀧** こんばんは。はじめまして、ピエール瀧です。

**内田** はじめまして、内田です。こっちが、ウチの親父です。

**内田父** どうも。

**瀧** お父さんですか、よろしくお願いします。

**内田** 立石は初めてですか?

**瀧** 初めてです。商店街を歩きながら、味わい深いなって。

**内田父** いや、自分たちにすると普通ですからね。

**瀧** そうですよね。いつもの場所ですもんね。ちなみに今、営業が終わられたばかりですか?

**内田** はい。リアルに今、終わったところですね。

**瀧** それは残念。モツ煮込み、食べたかった……。ところで、葛飾区はどんな区ですか? 僕の勝手なイメージでは、下町、寅さん、お寺があるという感じなんですけど。

**内田** 皆さん、そういうイメージですよね。

**瀧** 実際は?

**内田** 今はだいぶ減りましたけど、昔は町工場がありました。今、立

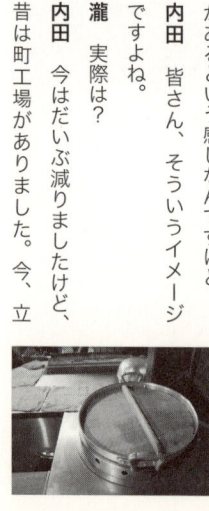

葛飾区

石は再開発中なんですよ。駅の反対側では再開発が始まると言われてますし、僕たちが住んでる側も賛成か反対か決めてくれって。京成線が高架になるらしいので、この辺りの風景も変わってくるでしょうね。

**内田** どう思いますか？

**瀧** 反対です。僕はここで生まれ育って、中学生までこの2階に住んでましたからね。ランドセルを背負って、「ただいま」ってここに帰ってくるのが日常だったんですよ。

**内田** 再開発を望んでる人たちにはいいけど、ずっとここに住んでる人にとっては、「どうして？」と。

**瀧** 防災面や建物の老朽化等で今のままでいけないことは分かっているんですけど……。でも、今のテクノロジーで現状のまま、何とかできないものかなって思うんですよ。

**瀧** この取材で大田区にも行ったんですけど、やっぱり昭和の感じがする味わい深い建物がいっぱいあったんですよ。大田区も羽田空港24時間化で再開発の予定があるらしいんですけど、逆に古い感じを残した方が特色になってくるんじゃないかな……と勝手に思ってるんですけどね。たまにしか行かないヤツが見るから、そう思うのかもしれないですけど。

**内田** でも、いま瀧さんがおっしゃったように、週末にわざわざ若い人たちがカメラを持って観光に来るような、ツアーもあるらしいですよ。

**瀧** 立石周辺は、昭和のテーマパークみたいな感じになってるわけですね。

**内田** 立石は飲み屋

が多いから、自分のニーズに合わせていろいろな飲み方ができる、大人のテーマパークだと自分では勝手に思っているんですが……。

**瀧** この店もこの時間に閉まるということは、生活パターンに根ざしてますよね。朝までやってる店もあるけど、この人たちはいつ寝てるんだという感じもあるじゃないですか。夜遅くまで飲めて便利だというメリットは確かにあるんですけど。

**内田父** 戦前、この辺りには軍需工場があったんですよ。そのおかげで、午後5時になると押し寄せるようにお客さんが来たもんです。仕込みが終わり次第、店を開けるというのが建前だったから。今では2時に開店、7時過ぎに閉店というのが浸透してるし、お客さんにもそれで納得してもらってます。

## 先代の味を守るか、変えるのか？

**瀧** お父さんは再開発に反対ですか？

**内田父** 最初から大反対。

**瀧** そうですか。

**内田父** 人前では言ったことはないですけど、ビルの片隅でこの商売をやれと言われても、無理に決まってるんですよ。自分は二代目ですけど、初代は港区や銀座でコックをやっていて、いわゆる渡り職人ですね。昭和19年頃に、軍需工場の食堂を任されてました。僕は当時、小学生で、那須塩原に学童疎開してたんですよ。そこから帰ってきたら、ここに家があった。

**瀧** 「あれ？ 俺の家ここだったっけ？」という話ですね（笑）。

**内田父** その頃は食べ物であれば、何でも売れる時代でした。最初は煮込みだけで始めたけど、味噌や塩の

ない時代だったから。岩塩ってあるでしょ。あれをすりつぶして使ってたくらい。本当に何もない時代だったんですよ。

**瀧** 最初は、モツを塩で煮て。

**内田父** そう。塩と小麦粉をこがして、色をつけて味噌風にしてね。少し前までは夜勤明けのタクシー運転手が来てくれたんですけど、最近は若い人が多いんですよ。わざわざ会社を休んで、葛飾区の方まで遊びに来るような人もいます。

**瀧** 分かるような気がします。若い人たちが来て、わー、わー楽しんでるんでしょうね、きっと。

**内田** 若い人たちにとっては見たこともない世界。ドラマの中でしか見たことがない世界。でもそれはそれで、お店の雰囲気が変わっていってしまうでしょ。

**内田** いや、それは変えないでいきたいんですけど

飲んで食べてわーわーやるのは他のお店でやってもらって、ウチはクオリティの高い物を出すから、食べるだけ食べて、飲むだけ飲んだらって。

**瀧** たとえば地方へ行くと、シャッター商店街みたいになってしまっている状況があるじゃないですか。この商店街みたいに、自分たちで何とかやっていこうぜ、というのが成立してるのが東京だと思うんですよね。下町と寅さん=情というイメージがあるけど、やっぱり東京なんだなというイメージがすごく強い。

**内田** やっぱり地方だと成立してないんですか？

**瀧** してないです。

**内田** それは寂

しいですね。

**瀧** たぶん、みんなそう思ってますよ。巨大店舗が郊外にできてしまって、みんなそこへ車で乗りつけて、全部そこで買って終わりという。

**内田父** ここだって再開発の話が持ち上がってるし、大きなビルを作ってそこに役所を入れたりするんだろうけど、反対側の北口はほとんど決まりだというんですよね。

**瀧** でも、ショッピングモールになるとみんな同じような店だし、日本全国どこに行っても味が変わらない。ここみたいに独特な感じがあれば、生き残る気がするんですけどね。気ですけど。

**内田** 生き残りたいな、と思いますけどね。今、自信を持って売ってるモツは、みんなから「おいしい」と言っていただいてます。ただ、親父から教わったとおりに作れば、このままで十分おいしいんだけど、もしかしたら「より」っていうのがあるのかなって。

**瀧** 自分が継いだときに、先代の味をキープしていくのか、変化を加えるのか、ものすごいプレッシャーで

しょ。

**内田** そうなんですよ。昔のことを知ってる先輩のお客さんばかりだから。

**内田父** ウチは味噌と水だけで炊き上げていく。こっちに焼き用の秘伝のタレがあるけど、醤油とざらめだけ。単純なんですよ。それ以外は使わないというのは、親父から教わったやり方でずっと続いてます。

**瀧** お父さんは変えなかったんですね。

**内田父** 変えなかった。親父が作り上げたものをずっと作ってる。焼酎の飲ませ方も昔のまま。それで通用してると思ってますから。

**瀧** 通用してるからこそ、今までお店が繁盛してるわけですもんね。

**内田** 何となく今、分かった気がします。俺も変えな

瀧　いい方がいいのかも。

瀧　早くない？　結論が(笑)。

内田　何となく今、この会議の中でそう思いました。全部、想像で話をして、「変える必要ないですよ」って言ってるけど、味が分かってない。俺も図々しくよく言ってるなって(笑)。

瀧　でも、ちょっとどうしようかな……とも思ってるんでしょ。

内田　そのときはまた皆さんに集まっていただいて会議を(笑)。

瀧　たしかに、変えたことによってお客さんが減ったら、超カッコ悪いですもんね。

内田　変えることはすごく勇気が必要ですけど、変えないこともそうですよね。昔はこのままでいいのかな？　って思ったんですよ。でも、今は祖父、親父がやってきたことを、いかに質を落とさずに続けていくのかが大切なんじゃないかなって。それが一番難しいんでしょうけど。

内田父　ワインを入れたり、いろいろやろうと思えば、どなたの口にも合うようにできるんですよ。だけど、ここは味噌だけの味だから。それでおいしいと言ってくれてるわけだしね。

内田　俺は今日、結論出ましたから。やっと、もやもやが晴れたような気がします。

瀧　お父さんはそういう話を聞くと、どうですか？

内田父　自分は何も考えてないです。昨日の続きが今日。今日の続きが明日。それだけです。

瀧　金言だ。それをみんな、なかなかできないでしょ。

←実物はこんな感じ

内田父　だけど、人生そうするしかない。「倒れるまで働き続けるぞ」って周りには言ってあるから。それが自分の人生訓だと思ってます。

瀧　いやあ、さすがですね。老舗球団の監督みたい。初代がいて、二代目がいて、三代目がいて。巨人には巨人の戦い方があるように、変えちゃいけないんだと思う。急にロッテみたいな戦い方をしたら、ダメなんだろうな。

内田　そのときはいいかもしれないけど、長い目で見たらダメなんでしょうね。

瀧　変えないということを聞けて、うれしかったです。ありがとうございました。今度、食べに来ますね。

## 立石様は意外な場所に……

内田　これからどこに行くんですか？

——立石の由来になったという立石様を見に行こうと思ってるんですけど。

内田　僕も行ったことがないんですけど、場所は分かるので案内します。

瀧　いいの？　ありがとう。しかし商店街のこの感じは落ち着く。俺は新宿ゴールデン街よりこっちの方がいいな。

内田　立石だと不動産屋に、「お酒好きですか？　気をつけた方がいいですよ。肝臓やられますから」ってマジで言われるらしいです。

瀧　ははは（笑）、そうなんだ。街のこと分かってるなあ。

内田　セカンドハウスにこの辺りはどうですか。

瀧　1Kくらいの部屋を借りて、飲んで酔っぱらったらそこで寝てもいいように？

内田　最高ですね。みんな、集まっちゃいますよ。飲み部屋なんて、持ってる人はいませんから。

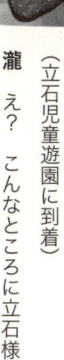

葛飾区

（立石児童遊園に到着）

内田　お賽銭が入ってますよ。

瀧　ほんとだ。鳥居と祠で違う年代に作られてるね。1800年代に石と祠が作られて、大正時代に鳥居ができて、昭和16年にもうひとつの鳥居が建った。

内田　そうなんですよ。

瀧　でも、鳥居と祠があるね。へぇ〜、古墳時代に千葉県の鋸山付近から古墳の石室を造る石材として運搬してきたもので、奈良時代以降になって墨田から小岩に抜ける古代東海道の道標として転用されたものとも考えられてるんだって。江戸時代には地上60cm以上も露出していて、住民の信仰対象になってたんだな。でも、現在はわずか数cmしか露出していない。

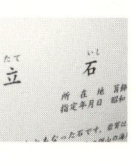

内田　これ、掘ったことがあるんですね。

瀧　そうだろうね。だって、真横がシーソーだもん。これは中に入ると、祟られるパターンかも。

内田　え？こんなところに立石様があるの？普通の公園じゃん。

——面白いですね。

瀧　謎めいているな。

内田　ちなみに、この後はどうするんですか？

——これから小菅に行って、東京拘置所を見に行こうと思ってるんですよ。

内田　だったら青砥駅からお花茶屋まで電車に乗って行った方がいいんじゃないですか。この辺りは何もないし。

瀧　じゃあ、そうしようか。たまにはワープしよう。

（青砥駅前を散策中）

瀧　全然、駅の雰囲気が違うね。

内田　再開発したら、立石の駅もこうなっちゃうんでしょうね。ロータリーができて、別世界になっちゃうんだろうな。

瀧　お父さんが言っていた反対という気持ちも分かる気がする。本当に良くなるかはどうかは、やってみないと分からないもんね。

内田　なおかつ、やってみてダメだったら直せないという。

（青砥駅に到着）

内田　じゃあ、僕は戻ります。

瀧　ありがとうございました。今度、お店にちらかしに行きますから。

内田　待ってます！

## 青砥駅からお花茶屋駅までワープ

（駅の改札口で、青年に声をかけられる）

青年　あ！　瀧さん。僕ちょうど今、電気グルーヴの曲を聞いてたんですよ。

瀧　ほんと？　偶然にしちゃ良くできてるね。びっくりだな。この辺りの人？

青年　東堀切に住んでます。

瀧　名前は？

疋田　疋田（ひきた）です。

瀧　何歳？

疋田　23歳。社会人1年目です。

瀧　職業は？

疋田　公務員です。

瀧　そうだよなあ（笑）。でも、びっくりしました。何の曲を聴いてたの？

疋田　今は「聖☆おじさん」。

瀧　目の前に聖おじさんが現れて、ビックリだ（笑）。あのさ、お花茶屋の由来って知ってる？

疋田　公式的には違うらしいんですけど、まだお花茶屋と名前がつく以前に、徳川家の将軍がこの地を訪れて、お茶屋に行ったらしいんです。そこのお花さんという女性がすごくキレイだったから……という由来を聞いたことがあります。

瀧　そのかわいこちゃんの名前が由来になったというわけか。これから東京拘置所まで歩こうと思ってるんだけどさ、行ったことある？

疋田　ありますよ。すぐ近くで野球をやってたんで。オウム真理教の麻原彰晃がいるところですよね。

瀧　そう。尊師。

疋田　それで有名なんですよ。

瀧　いい情報だ（笑）。あとさ、堀切の方から東京拘置所へ向かうつもりなんだけど、道中においしいラーメン屋って知ってる？

疋田　（地図を見ながら）この辺りにラーメン街道があるんです。そこに「高野」というラーメン屋があるんだけど、普通においしいです。

瀧　じゃあ、そこに決定。ありがとね。社会人になったばかりで大変だと思うけど、頑張ってね。あれ？若い子らが近づいて来た。

（若者グループが近寄って来る）

男　ピエールさん、写真いいですか？

瀧　いいよ。

男　やった！

（若者グループと記念撮影）

瀧　疋田くんとも撮らないとね。（記念撮影を終えると）じゃあ、みんな、ありがとう。（再び歩きながら）結論を言うと、俺はお花茶屋ではわりと人気だね（笑）。

──いやー、若い子と話すと元気出るな。

瀧 パワーがありますよね。あ、100円自販機ですよ。

──飲むか。じゃあ、今日は小悪魔の誘惑、レッドジンジャー。味は……完全にジンジャエールだな。レッドの部分は味には反映されておらず。

瀧 ただ、色をつけてるだけですね。

──(しばらく歩くと、ラーメン街道に到着)

瀧 ここが疋田くんが言ってたラーメンストリートか。すげえ、いっぱい店があるよ。あ、「高野」は開いてるよ。24時間営業だって。入ろう。

──(中華そばともやし炒めを注文)

瀧 なるほど。疋田くんが言わんとしてることは分かる気がする。ベーシックでおいしい。

──やさしい味ですね。

瀧 ラーメン激戦区だけど、このベーシックさは意外にないんだろうな。たとえると、サービスエリアのラーメンっぽいけど、あれより断然おいしい。

──でも、ドライブインのラーメンって結構好きですけどね。

瀧 俺も好きなんだよ。だけど、あれってインスタント感が抜けないじゃん。でも、ここは疋田くんが学生の頃に友達とカラオケをして、その後に来るのにぴったりな感じがする。

──300円でこの味だったら、お得ですよね。

瀧 全然、お得。昔からの老舗っぽい味。

## 東京拘置所を目指して出発

瀧 たぶんさ、拘置所の前で「尊師！」って大声を出したら、警察に飛びかかられるわけでしょ。地下鉄サ

葛飾区

——リン事件は16年前か。もう判決は出たんだっけ？

瀧 そうか。でも、執行してしまうと、他の信者たちが何かをやらかしそうという危惧もあるんだろうなあ。

——一応、死刑は確定しましたよね。

瀧 ゴミがいっぱい落ちてる。立石ってかってる感じはなかったでしょ。こざっぱりしてた。雑草とかちゃんと刈ってあるし、こういうゴミが散ら素朴な感じがしたけど、街自体はキレイだったよね。

——ここが小菅の入り口ですね。

——そうですね。

瀧 あとは町内にみんなが昔から住んでるから、何かやるとすぐにあそこのアイツがやったってなって。

——バレちゃう？

瀧 うん。あれ？ここに学校があるよ。区立西小菅小学校だって。（地図を見ながら）ここが小学校で、これが東京拘置所。向こうに人が生活してるゾーンがある感じだ。

——この中洲の中に、人が住んでるんですね。

瀧 何とも言えない不思議な町だな。

——それにしても静かですね。

瀧 店もあまりないし、自販機も少ない。そういう目で見てるだけかもしれないけど。

——家に電気も点いてないですね。

瀧 みんな、寝てるんだよ。人っ子ひとり歩いてない。

（東京拘置所の正門前に到着）

瀧「白線内は当地の敷地内です。ビラ配り、周回、撮影等は禁止」だって。面会、差し入れは左に沿って行くと書いてある。せっかくだから拘置所の周りを歩いてみよう。

——そうしましょう。

瀧 拘置所だから、死刑室がこ

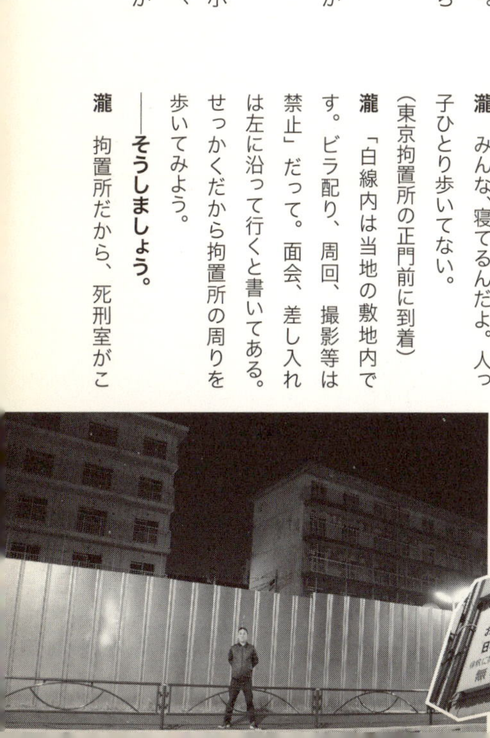

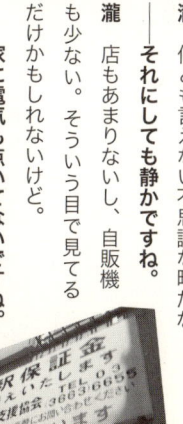

このどこかにあるんだよね。法務大臣って立ち会うの? サインするだけ?

――千葉景子法相(当時)は以前、死刑に立ち会ってましたよ。

瀧 ボタンがいくつかあって、誰が押したのか分からなくしてるらしいね。それにしても結構、メガ建築物だな。何人くらい収容してるの?

――資料によると、約3000名収容できると記載されてますね。刑事被告人を収容する施設では、日本最大の規模を持ってるらしいです。

瀧 職員を入れたら、もっといるよね。この敷地内に住んでるのかな? どういう仕組みになってるんだろ?

瀧 ほらすごい。この数メートルの空間。ここで分かれてんだよ。平和な市民と犯罪者が。

――なるほど。

瀧 このパッと見、簡単に乗り越えられそうな壁だけど、ここには大きな隔たりがあるんだな。だって、こっちは普通のマンションだもんね。でも、ここに住むのもすげぇな……って感じだけど。この二重通路的なとこに行ったら、センサーが反応して捕まるんだろな。「あれ、ピェールじゃん。何してんだ?」って(笑)。実は今も監視カメラで見られてると思う。

――そこまで分かってるなら、問題ない気もしますけど(笑)。塀は思ったよりも低いですね。

瀧 でも、これは登りにくいよね。足がかけられないもん。やっぱり民家がある側は、窓がないように作ってあるんだな。明かり取りの窓はあるけど、玄関だけでしょ。この辺りで暮らすのはどんな気分なんだろ?

――慣れちゃうでしょうね。

瀧 住んでる人には

悪いけど、わざわざここに住もうって分譲マンションを買う気持ちがよく分からないな……。
──なかなかファミリーでここに住もうとは思わないですよね。

瀧 うん。ただ、拘置所の人って公務員でしょ。地方へも行ったりもするだろうから、職場に近い公務員宿舎なんじゃないかな。だってさ、空き部屋が多いですよ。

──たしかに、まだ半分くらい空いてるよ。

瀧 ほんとだ。

──差し入れ時間は8時半から16時なんですね。

瀧 なるほど。ここに差入してもいい物が売ってるんだ。さて、東京拘置所の周りもグルリと回ったし、と

## タクシーで京成立石駅へ

瀧 運転手さん、この辺りにはよく来ます?

運転手 いや、久々ですね。

瀧 この辺りはやっぱり拘置所で働いてる職員が多いんですか?

運転手 いや、拘置所で働いてる職員というわけではなくて、あそこは官舎になってるんだよね。

瀧 あのでかくてキレイなマンション?

運転手 そうそう。拘置所で働いてる人は少ないですね。基本的には霞ヶ関から来るんですよ。

瀧 僕らは勝手に拘置所で働いてる人たちが住んでると思ってました。

──たしかに、空き部屋が多いですね。お、あそこに面会所の入口がありますよ。そして、その正面には差入屋も。2軒並んでますね。

りあえず駅に戻ろうか。

運転手　そうじゃないんですよ。拘置所で働いてる人たちもこの辺りに住んでますけど、別なんですよ。

瀧　じゃあ、拘置所の職員の方は敷地の中に住んでるんですか?

運転手　中です。

瀧　ということは、霞が関の人たちが拘置所のすぐ隣で生活してるってことなのか。

運転手　そういうことですね。

瀧　謎が解けました。でも、もっと永田町に近いところに住んでる役人もいますよね?

運転手　偉い人はね。2㎞以内。

瀧　見た感じだと、空き部屋が多かったですけど。

運転手　これから入るんじゃないですか。最近、建てたばかりだから。

瀧　あの付近には一般の住宅もありますよね?

運転手　あそこは旧水戸街道ですから。

瀧　なるほど。昔から住んでる人たちのところに拘置所ができちゃって……という感じなんだ。

運転手　そうです。

(京成立石駅にタクシーが到着)

瀧　何だかこっちに来ると安心するね。このちょっと昭和っぽい感じもありで。じゃあ、一安心したところで、今日の散歩は終了。それにしても拘置所はインパクトあったな。

> 暮らしの基本があるところ。再開発は拘置所までにしとけ!

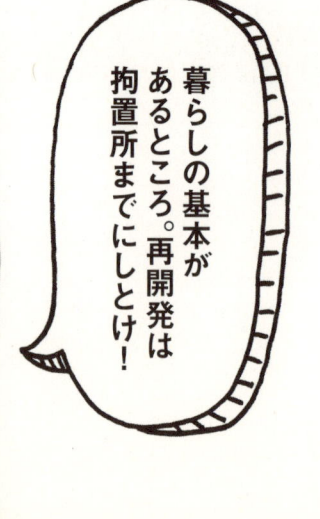

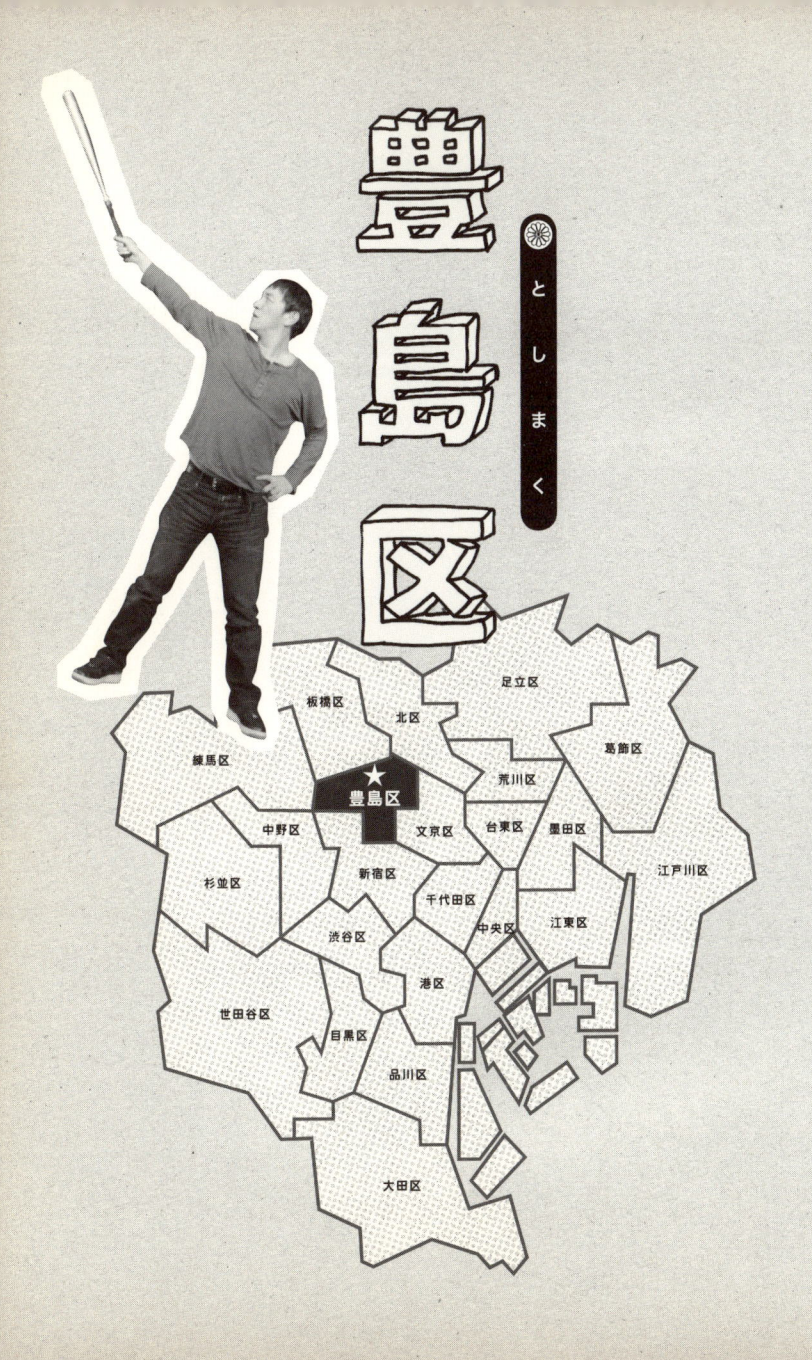

# 豊島区

としまく

## JR巣鴨駅スタート

——さて、今日は豊島区です。北豊島郡にあった4つの町が合併して東京市に編入されるときにこの名前が採用されたわけですが、桓武平氏の豊島氏が起源ですね。まず、瀧さんのイメージは?

瀧　池袋、巣鴨、とげぬき地蔵。あと20歳くらいの頃に「人生」というバンドをやってたんだけど、「ナゴムレコード」っていうインディーレーベルで活動してたのね。そのナゴムレコードが、ナゴム総決起集会っていうイベントをやってて。その会場が豊島公会堂だったというのは覚えてる。それくらいかな。だっ

て正直に言うと、巣鴨が豊島区だってさっきまで知らなかったもん。

——ちなみに、桜のソメイヨシノの発祥の地らしいですよ。現在の豊島区駒込から巣鴨の辺りは昔、染井村と呼ばれていて、そこの植木屋が江戸時代後期に交配して生み出した新種がソメイヨシノらしいです。

瀧　へぇ〜。じゃあ、自然にできたものじゃないんだね。

——今、日本の桜のほとんどがソメイヨシノでしょ? 河川敷や公園、学校などに植えられていて、花見でも一番人気の品種ですよね。あ、ピンサロがありますよ。でも、火事になった跡が!

瀧　分厚い扉だけど、丸焦げじゃん。真っ黒だよ。怖ッ!

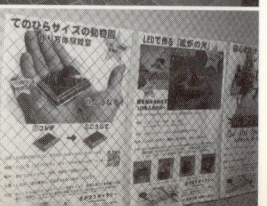

そして、この店は何? ジオラマ制作だって。この業

豊島区

界ではかなり有名なお店っぽくない？ 手の平サイズの動物園か。へぇ〜、面白そう。

——初心者向けのジオラマ教室もやってますね。張り紙に書いてある。あ、その先には焼き鳥屋がありますよ。せっかくだから食べません？

瀧 うん。（「宮下橋脇焼き鳥台」の店主に向かって）シロ、レバー、軟骨はない？ じゃあ、タンを2本ずつ下さい。もう長いことやってるんですか？

店主 40年くらい。

瀧 え？ 40年もやってるんですか。タフですねえ。

——いい感じのお店でしたね。

（焼き鳥を購入し、再び歩き始める）

瀧 つい買っちゃう感じだよね。それにしても40年、そう簡単な年月じゃないよ。

——歴史の重みを感じますよね。

瀧 うわ、こんなところにゴルフの打ちっぱなしがあるんだ。歓楽街でこの感じはあんまりないよね。大塚でちょいちょい風俗に通いつつ、たまにここで打ちっぱなしか。いいなぁ、この辺りのオヤジは（笑）。

——しかもそのちょっと先には、バッティングセンターも見えますね。

瀧 ゴルフの打ちっぱなしにバッティングセンターか。意外にありそうでない組み合わせ。だってここ都会の真ん中だよ。

——冷めないうちに、焼き鳥を食べながら歩きましょうか。

瀧 うん。これ、真っ黒だな。レバー、超おいしいよ。お、ホテルりき、ニュースホース。なんか持ってかれるねえ、この感じ。ラブホっていうとさ、渋谷や新宿みたいに密集してるところはそれなり

——瀧さんて、高校まで野球部だったんですよね。

瀧 そう。俺さ、バッティングセンター大好きなんだよね。なんか行き場がないときに、つい行ってしまう感じ？　深夜とかでも。

——たしかに、違和感ないですね。あ、「大塚」に異彩を放ってるけど、この辺りはなんか街に馴染んでるね。

バッティングセンター」の前に着きましたよ。ちょっと打っていきます？

瀧 いいよ。（時速130kmのボックスに入る瀧）そんじゃ、これくらいの球速で……。

（カキーン、カキーン、快音を飛ばす瀧）

——バッティングセンターは久々ですか？

瀧 いや、今でもたまに行くよ。行くと6〜7ゲーム打つ。

# 人間の本能を揺さぶる街「大塚」

豊島区

瀧　じゃあ、ちょっと駅前をウロウロしてみますか。でも、大塚駅はまったく来ないなあ。用事が思いつかない。

——俺も初めてです。

瀧　あ、都電荒川線だ。世田谷線は時々乗ったりするけど、こっちの方が路面電車っぽいなあ。

——この辺りって結構、都会なんですね。

瀧　さっきのお店じゃないけど、なんかジオラマみたいな町だよね。線路が入り組んでいる感じがあって、駅前にもそこそこ賑わいがある。

——建物の高さがバラバラですよね。普通、高さはある程度揃えているけど、この辺りはバラバラ。

瀧　（道路の反対側を見て）あそこのおにぎり屋さん、珍しいよね。あの店の感じ、いいなあ。

——お、角海老宝石ボクシングジムはここにあるんですね。その向こうへ行くと風俗街。

瀧　ボクシングと風俗の街。いいねえ。フィリピンパブ、焼き肉屋、寿司屋。それにしても寿司屋と焼き肉屋の数が多いなあ。もう午後10時半なのに、まだ開いてる店が多い。風俗店が営業してる間はやってるということかな。

——ラーメン屋も多いですね。

瀧　さっと食えるか、精がつくかのどっちかだな（笑）。さっきのさ、おにぎり屋に行ってみない？

——いいですね。じゃあ、戻りますか。

（ライブハウスの前を通りかかると、多数の女の子が集まっている）

**女の子** あ、ピエール瀧だ！
**瀧** 何してんの？
**女の子** ここのライブハウスで今、スターを待ってます。まあ、ピエールさんの方がスターですけどね。
**瀧** そんなことないよ（笑）。
**女の子** 何やってんのですか？
**瀧** ふらふらしてんの。夜中に街をふらふらする仕事。
**女の子** 面白そう〜。頑張ってください。
**瀧** じゃあね。あ、ゴールドジムだ。さっきの角海老宝石ボクシングジムといい、風俗、焼き肉、寿司、ラーメン、そしてジム。
——食って、鍛えて、また食って。
**瀧** 筋肉直結だねぇ（笑）。大塚駅周辺は、筋肉を使うところなんだな。タンパク質！ そうだ、タンパク質タウンだな（笑）。入れたり出したり、入れたり出したり、そしてタンパク質が循環する街、それが大塚だよ。
——名言ですね（笑）。

**瀧** だって、さっきからそういうものしかなくない？ でも、パワフルだよね。人間の本能を揺さぶる街。どうすんの？ 食べるの食べないの？ やるのやらないの？ 殴るの殴らないの？ って（笑）。
——わはは（笑）。笑ってるうちに、おにぎり屋さんまで戻ってきましたよ。
**瀧** じゃあ、入ってみよう。
（「ぼんご」に入る）
**瀧** へぇ〜、都内じゃ珍しいよね、カウンターでおにぎりを食べる店。すみません、じゃあ塩辛と葉唐辛子、カレーとしらす、うにくらげをください。
——目の前でおにぎりを握る店員さ

豊島区

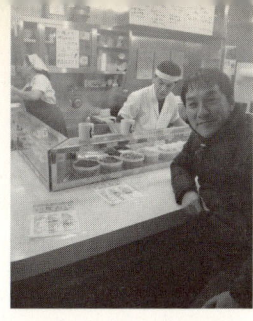

ん。そして、数分後)

——あ、出てきた。結構、おにぎり大きいな。

店員　店内で召し上がって行かれなくていいんですか？

瀧　あ、いいです。持って行きます。

（おにぎり屋を出て、再び歩き出す）

瀧　お、100円自販機を発見。今回は……まろやかレアチーズ味！

——え？　見たことないですね。でも、メーカーは……有名なトロピカーナ！

瀧　でも、まったく宣伝していないよね。知らないもん。

——あ、でもおいしいよ。

瀧　ほんとだ。想像してる味と全然違った。

——あれだ、銭湯で飲むやつ。えっと、フルーツ牛乳みたいな感じ。振っちゃダメだって書いてあるけど、なんでだろ？　振るとヨーグルトになっちゃうのかな？

——乳化して(笑)。

瀧　でもさ、反則だよね。激安自販機というマイナーリーグの中にメジャーのトロピカーナを持ってきたらさ。そりゃ、おいしいに決まってるよ。

——じゃあ、都電荒川線沿いに歩いてみますか。

瀧　さっきのおにぎりを食べながら歩く？　どっかで公園を見つけて遠足気分で食べようか。冷めてもきっとうまいでしょ。

——天祖神社がありますよ。

瀧　細かくいろいろあるよね。風俗街があって、都電が走っていて、神社もあってさ。街が正直でいいよね。ところでさ、大塚はなんで風俗街になったんだろう？　もともと赤線地帯だったのかなあ。

——アジア系の風俗に関しては、新宿エリアに韓国人、池袋エリアに中国人が多く、その流れらしいです。あと、昔から三業地区があり、芸者がたくさんいて、料亭や置屋として、政治家や有名人も利用してたらしいですよ。隠れ家的な花街として盛り上がってたみたいです。

瀧　たしかに客引きの人たちも往年感あったもんなあ。

――その目的で来たんでしょ？　何名様？　言いづらいんだったらこっちから言ってあげるよ、みたいな。

瀧　**それはある意味、楽ですけどね（笑）。**

――あれ？　「この先、自動車通り抜けできません」だって。行ってみる？　今日は線路からあまり離れずに、荒川線沿いを歩いてみよう。

――**そうしましょう。あ、23時になりましたよ。**

瀧　じゃあ、ビルと夜景と電車をバックに記念写真を撮ろう。

## 池袋方面へ向かって散歩中

瀧　なんだろうな、この空き地エリア。買収されたのかな？　たぶん、この道を拡張するんだろうな。でもさ、この辺りに昔から住んでる人はこうやって立ち退きさせられて、たところがフェンスで囲まれてるのを見ると、心にはしんどいものがあるだろうな。荒川線の近辺は再開発中なんだね。

――**お、池袋の高層マンションが見えてきましたよ。**

瀧　迫力あるな。高層マンションがあるとさ、方角が狂わないよね。あ、造幣局東京支局だって。

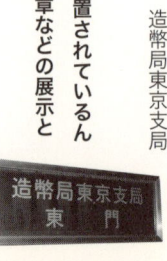

――造幣局東京博物館も構内に設置されているんですよね。古銭・記念貨幣・勲章などの展示と

豊島区

貨幣・勲章等の製造工程の紹介してるらしいですよ。

瀧　へぇ〜。なんかさ、この辺、坂が多くない？　大塚駅周辺もさ、起伏があったよね。あの構造は繁華街では珍しい気がするな。それにしてもさ、デカイマンションができたことで、そこに住んでる人はいいけど、街の風合いとかが変わっちゃってるよね。この道もあのマンションが見えなかったら、ウラ寂しいところなんだけどな。こうやって見ると、この辺は地べた感を感じる。

——特に入り組んでる地域ですよね。

瀧　それにしても、ああいう高層マンションの吸引力はやっぱりすごいなぁ〜。抗おうとしてんだけど、結局そこに向かって行っちゃうもんな。

——ちなみに、豊島区って人口密度が2番目に高い区なんですって。

瀧　どうりで。家と家が密着してる感じだもんね。そして、坂が多い。ほんとに。

——この道を真っ直ぐに行くと雑司ヶ谷霊園ですよ。そこでおにぎり食べます？

瀧　え？　墓場で？

——でも、墓場と言っても近くの人が散歩したりするらしく、憩いの場所に使われているみたいですよ。

瀧　じゃあ、とりあえず行ってみよう。しかし、この辺りはほんとに入り組んでるな。

——そろそろ雑司ヶ谷霊園のエリアですね。

瀧　この辺りの人は、墓場を見下ろして暮らしてるんだな。ここでおにぎり？　う〜ん、無理だな……。

——それにしてもここは、車が通れる広い道路の両脇に整然とお墓が並んでいて……。

瀧　なんかさ、気軽に車で来れそうな雰囲気だよね。じゃあ、今日はお墓に行くか、ブ〜ッて。それでキーっと車を停めて、車の中から手を合わせて、ブーンって帰っていく感じ（笑）。

——行かないよりはましですもんね。ドライブスルー墓地みたいな（笑）。

瀧　お、なになに？　碑があるよ。

——へぇ〜、この辺りは昔鷹匠が住んでた場所なんだって。敷地内で鷹狩りに用いる鷹の飼育や訓練をしてたということは、この辺りで実際に鷹狩りをしてたのかもね。レジャーとして。だからこんなに広いのか。

——ここは由緒正しい霊園なんですよね。夏目漱石や泉鏡花のお墓があったりとか。

瀧　ふ〜ん。かと思えば、合葬もあるよ。これ、行き倒れの人たちをまとめて埋葬しているんじゃなかったっけ？

**霊園を通り過ぎ、再び住宅街を歩く**

——旧日の出小学校ですって。もう閉鎖されてるみたいですね。

瀧　「校庭解放は年内で終わりです」だって。あれ？　ここって……、何回も撮影で使わせてもらったところかも。「やりすぎ校則委員会」も最初、ここで撮ってたんじゃないかな。違うかな……。しょっちゅう撮影で池袋の小学校に来てたんだよな。

——だとすると、すごい偶然ですよね。あ、100円自販機がありますよ。

瀧　今日、2回目いっとく？　じゃあ、今回は……80円のメロンソーダ。うん、駄菓子屋の味。瓶のメロンソー

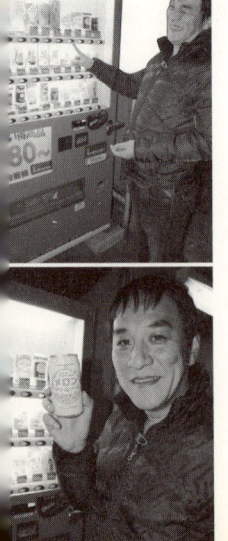

豊島区

ダの味だね。でも、メロンソーダで80円は善戦してる感じじゃない？ 今まで80円はウーロン茶だったもん。飲む？

――普通にうまいですね。

瀧 あれ？ こっちが小学校の正門？ じゃあ、撮影で使ってたところと違うなあ。ということは、池袋の小学校がガンガン閉鎖されてるってことだ。自分の通ってた学校が閉鎖されるってどんな気分なんだろうな。お、池袋っぽいところに出たな。急に街になるんだ。そして、風俗街。

――わ、ラブホテルの入り口に結婚式の写真が大きく飾ってある！

瀧 こんなの怖くて入れないよね。結婚しなくちゃいけねえのかよって（笑）。

――ほんとに（笑）。

瀧 ホテル周辺に、ほら寿司屋がある。焼き肉屋も。

もうさ、豊島区はそういう都市計画なんじゃないの。

――そうかも（笑）。お、サンシャイン通りですよ。

瀧 殺傷事件があったところでしょ。パワーあるよね、こんなところで刃物を振り回すなんて。でもさ、この辺りって店はいっぱいあるけど、結局どの店に入ったらいいのか分からないよね。なんかリーズナブルな店が多くない？ 味が想像できるというか。

――若者の街ですからね。

瀧 渋谷、新宿以外で若い子が繰り出すと言ったらやっぱり池袋なの？

――そうですね。チーマーとかいたし。

瀧 池袋ウエストゲートパーク的な。

――そう。じゃあ、西口に行ってみましょうか。ドラマの舞台になった公園がありますよ。

瀧 じゃあ、行ってみよう。それにしても人が多いな。土曜日の池袋はこの感じか。なんか楽器を持ってる子が多いね。ギターとかシンセとか。

――それにしても、久しぶりに池袋の駅前に来たな。あ、屋台のラーメンだ。

瀧 おにぎりもあるけど、ラーメン食べちゃう?

――体があったまるし、食べちゃいますか。

瀧 20年前くらいに来た感じと、あまり印象が変わらないな。渋谷は行くたびに、どんどん印象が変わっていくけどね。この辺りはほとんど変わらないなあ。

(屋台の前でラーメンを待つこと数分)

――お、あったまるし、食べちゃいますか。

瀧 おー、あったまるな。でもさ、なんでこういうところで食べるとうまいんだろうね。それにしても年季の入った屋台だね。

通行人 ピエールさん、いつもラジオ聴いてます。頑張ってください。

瀧 ありがとー。(ラーメンを

完食)はあー、あったまった。ちょっと元気が出たよ。

――じゃあ、駅の中を突っ切って西口へ行きましょう。まだ終電前だからすごい人ですね。

瀧 ほんとだ。あ、最終電車のアナウンス。みんな、走ってる。

――池袋駅って、駅を使う人口が日本で2番目に多いんですって。

瀧 北の玄関っぽいもんね。埼玉の人にとっては特にそうでしょ。あれ? 西口はどっち?

――ウエストゲートパークはこっちですよ。

瀧 まあ、俺はこんなことを言ってるけど、そもそもドラマを見てないんだよね。どんな話がまったく知らない。TOKIOの長瀬くんが出ていたヤツでしょ。

――そうです。長瀬智也さんが主役で、窪塚洋介さんがギャングの王様役、佐藤隆太さんが主人公の親友役、加藤あいさんが殺人犯役ですね。

瀧 あっそ。それにしても俺、ドラマも見てないくせにその舞台を見に行っちゃうなんて、ミーハーの

極みだな。これ以上のミーハーはないでしょ。見てもないのに行くって。しかも俺、絶対にそこでおにぎりを食っちゃうよ(笑)。

——わはははは(笑)。あ、ここです。

瀧　ぇえ？　ウエストゲートパークってこんな感じなんだ。何にもないな。じゃあ、仕方がないからおにぎりを食べよう。

——そうしましょう(笑)。

瀧　葉唐辛子から食べようかな。お、うまいな、これ。

瀧　俺はカレー、食べますね。おお、うまい。

瀧　ちょっとくれ。わ、超うまい。これはカレーパンの中身だな。

——お米がおいしいですよね。

瀧　塩辛もうまいよ。具がすげえいっぱい入ってる。この店、家の近所に欲しいな。冷えてもおいしいのっていいね。

——これで230円。

瀧　いいね、230円だったら。まあ、でも牛丼が250円で食える時代だもんな～。

——値下がりする一方ですもんね。

瀧　でも、なんでもかんでも牛丼を基準に考えるのはやめようよ、って思うけどな。例えば松屋だったらさ、牛丼じゃなくて鮭定食とか。そういう日常的でフラットなものを基準にした方がいいと思うけどな。

## 深夜の漫画喫茶に潜入

——さて、これからどうしましょうか。

瀧　池袋にいるんだし、漫画喫茶に行かない？　ちょうど終電が終わった後の漫喫リポートみたいな感じで。

——いいですね。そこに住んでる人も込みで。

瀧　あり得るよね。住んでる人も。

——ところで、瀧さんは漫喫行きます？

瀧　たまに行くよ。単純に漫画を読みに行くときもあるし、地方に行ってるときで原稿を書かなくちゃいけない場合は、USBメモリーを持って行ってそこからメールしたりして、プチオフィス的に使ってる。原稿を書いててネタにつまっても、漫画や雑誌を読んだりしているうちにまた書けるようになったりするから。

——なるほどね。あ、漫喫ありましたよ。ここはどうでしょうか。『アプレシオ』。入りましょうか。

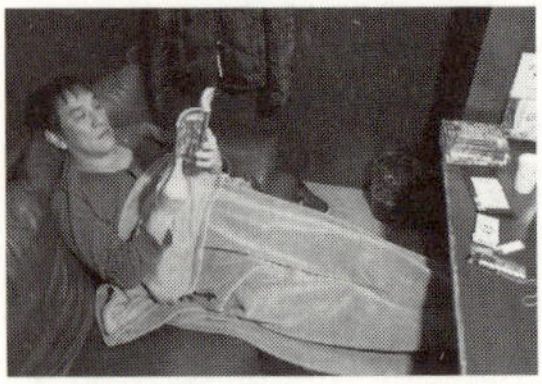

瀧　うん。キレイで女性が入りやすそうなところだな。ゲーセン、漫画、ダーツ、インターネット、ソフトクリーム食べ放題だって。たぶんさ、いるだろうね。店が終わった後に、キャバ嬢が始発まで時間をつぶして、朝になったら速効で郊外まで帰り、子どもの弁当を作って送り出す、みたいな。

——あるかも。それにしても、すごいお客が来ますね。

瀧　ほんとだ、続々と。

（受付を済まして6階へ移動）

瀧　キレイな店内だなあ。部屋番号622ね。こんなところが学生の頃にあったら、ガンガン行っちゃってるだろうな。だってさ、ネットがつながってるわけでしょ。それって全能感あるじゃん。中学生が考える夢の空間だよね。漫画読み放題、ジュース飲み放題、いつ寝てもいい。中坊のときにこれがあったら最高だよな。

——今の親は「漫喫に行ってくる」と言うと、どう思うんでしょうね。

瀧　ダメでしょ。イメージが悪いよね。

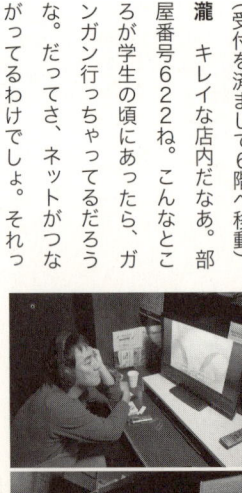

豊島区

——でも、できることはたかがしれてるし。

瀧 とは言え、少なくともエロサイトは見れるわけだから。ところで今、何時?

——夜中の2時です。

瀧 深夜の池袋はこんな感じかぁ。そして、電話でガンガンしゃべってる隣の女の子。何してんだか。

——でも、人と繋がっていますよね。

瀧 俺らが若かった頃ってさ、夜中の2時って誰とも繋がれなかったよね。

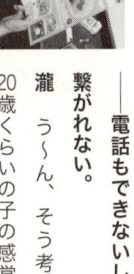

——電話もできないし、ネットでも繋がれない。

瀧 う〜ん、そう考えると、今の20歳くらいの子の感覚って、まったく共有できないのかもなぁ。俺らの感覚だと、週末はまず街に出てみるか? っていう感じだったじゃん。今の子はさ、とりあえず街に繰り出してこういう場所をキープしてベースを作っておいてから、携帯でやり取りして、たとえばクラブに行ったり、カラオケ行ったり、漫喫で時間を潰したりするんでしょ。

——夜を謳歌してますね。

瀧 ね〜。一晩でやることの選択肢がいくつもあるし、携帯を使って全部リアルタイムで状況が把握ができる。ツイッターだってあるわけだしさ。でもそうかと思うと、マジで生計を立てようとしたら就職できなかったりするわけじゃん? マジにならなきゃ、ずっと楽しくやってられるんだろうな。でも、ずっと楽しくやるためにはマジにならなきゃいけない瞬間があって、いたちごっこのような気がするな。

——中途半端な人も出てくるかもしれませんね。

瀧 何もかもを切り替えるのが難しい環境ではあるよね。でもさ、この空間には独特の孤独感を感じる。

——なんか麻痺してきますよね。

瀧　逆にこれだけ満たされてるとき、余計にひとりぼっち感が高まるよね。どこか地方のビジネスホテルの環境だったら諦めるけどさ。ここみたいに、壁に囲まれててひとりだけど、実は周りにいっぱい人がいるっていうのは。

## 漫画喫茶を出て池袋駅へ

——今日、一晩歩いてみて、最初の印象と変わりました？　やっぱりタンパク質タウン？

瀧　それもそう。大塚にあった角海老宝石ボクシングジムも池袋にあったし、ラブホ付近に焼き肉屋、寿司屋という構図も同じだしさ。それともうひとつ思ったのが、"剝き出し"。性にしても何にしても、いろいろな欲望がね。たとえば同じ欲望でも歌舞伎町や上野には文学性が感じられるけど、池袋はそれがあまり感じられない。もっと現実に「朝まで時間を潰す」みたいな。

——個人的には渋谷より池袋の方が好きですけどね。

瀧　まあね。その分、いろいろな人にも刺さるということじゃないのかな。たとえば渋谷だとさ、渋谷のギャルでないといけないというか、半端じゃいけないっていう気負いがあるじゃない。だけど、ここにはそういうのがない。そういう意味でも剝き出しというかね。あとは神社仏閣が少ないイメージもあるかな。

——なるほど、タンパク質タウンに剝き出しか。

瀧　さ、意見がまとまったところで、今日はおしまい。帰って寝よう。

欲望剝き出しの　タンパク質タウン。

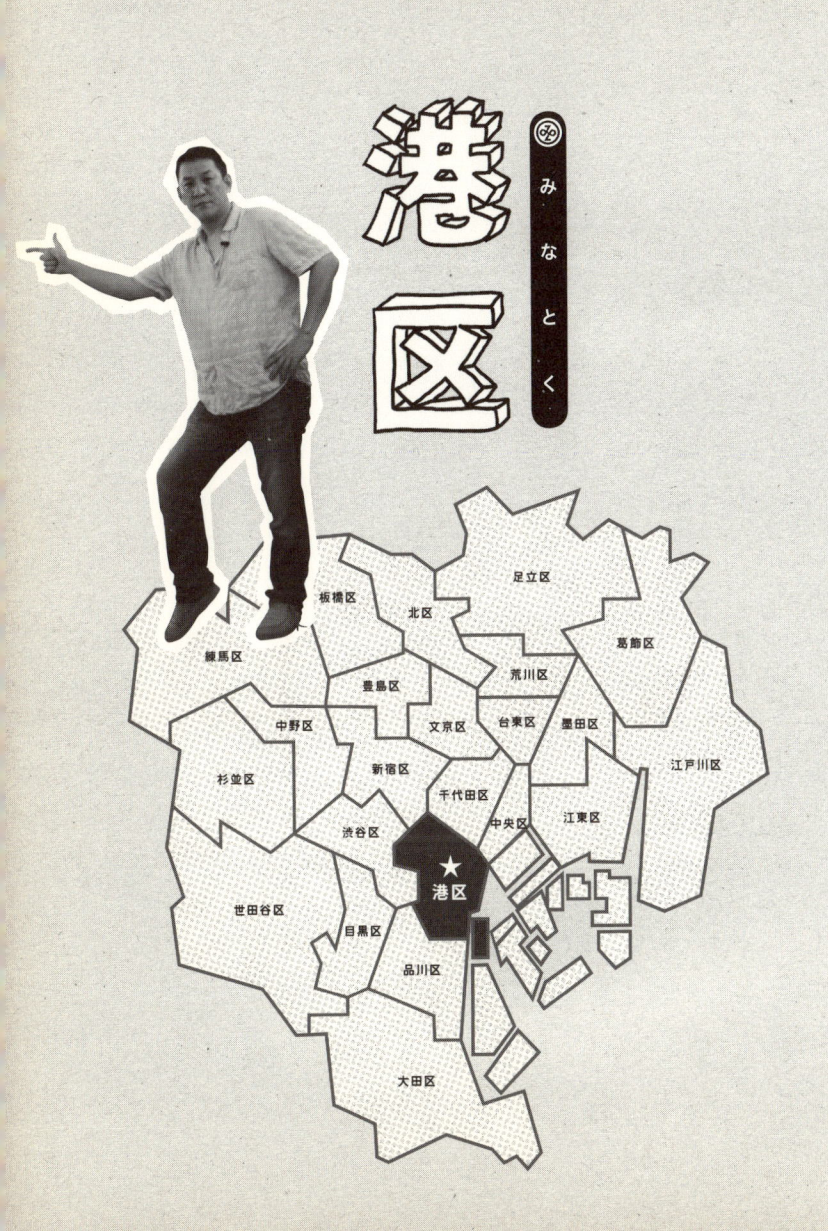

# 港区

みなとく

## 都営三田線芝公園駅スタート

―― 今日は港区です。1947年に当時の芝区、麻布区、赤坂区が合併して港区になったんですよね。最初の候補は東港区でしたけど、東京都東港区では類似する音が重なるので、東の一字を取り除いて港区になったそうです。

瀧　へぇ～。

―― 瀧さんの港区に対するイメージは？

瀧　やっぱり六本木とかの国際繁華街かな。

―― 外国人の住んでいる割合が23区で一番多くて、約1割が外国人なんですよ。

瀧　やっぱ、そんな感じか。

―― 今日はまず、東京タワーに行きましょう。

瀧　車で近くを通ることはちょくちょくあるけど、展望台に上がるのは久々だな。

―― 僕もです。ここは増上寺で、徳川家の菩提寺ですね。この辺りは、諸大名の下屋敷が建ち並んでいた場所らしいです。

瀧　皇居の周りに武家屋敷が並んでて、上級武士とかがたくさん住んでたってことですよ。

―― はい。ちなみに港区は、一戸建ての平均住宅面積が、2位の世田谷区を押さえてトップです。

瀧　要するに、超金持ちしか住んでないってことだよね。屋敷町の実力発揮でしょ。この辺りの人たちは優雅に暮らしてんだな。緑も多いし、家も広いと。

―― あとは日本料理、西洋料理、焼き肉、そば、うどん、喫茶店の数が1位で、中華料理、すし店が2位。

瀧　そういうことなら、今日は飲食店に行ってみよう。

―― 東京タワーに行った後に、キャバクラやバーにで

— も行きますか？　ちなみに港区には飲みに行きます？

瀧　20代前半の頃は新宿のキャバクラに「キャッキャ」言って通ってたんだけど、20代後半になると「やっぱ六本木だろ」ってことで、いろいろ開拓してたね。あとは、クラブに遊びに行ったりとか。

— なるほど。

瀧　こういう古い建物があるのは、さすがって感じがするな。東京も空襲と地震がなければ、もっと古い建物がいっぱい残ってたんだろうけど。お、ここに抜け道がある。この道を通って、東京タワーに行こう。

— はい。あれ？　お江の寺と書いてありますよ。

瀧　ほんとだ。ここに住んでたんだ。(上野)樹里ちゃん、都会派だなあ(笑)。(周りを見渡しながら)この時間でも結構、観光客っぽい人が歩いてるな。増上寺を見て、東京タワーを見て、六本木ヒルズに行くって感じ？悪くないルートかも。東京が凝縮されてる感じがする。港区に住んでたら絶対に行かないパターンだろうけど。

— たしかに。お、東京タワーに到着しました。広報の澤田さんが待ってるので、急ぎましょう。

## 東京タワーの大展望台へ

瀧　初めまして、ピエール瀧です。今日はよろしくお願いします。

澤田　澤田です。よろしくお願いします。

— これから展望台に上りますか？

澤田　ぎりぎりセーフですね。9時45分までにチケットを買っていただかないと。

— じゃあ、急ぎましょう。

(チケット購入し、エレベーターで大展望台へ)

瀧　今日は青でライトアップしてるんですね。

澤田　週末限定のダイヤモンドヴェールというライトアップです。イベントやプロモーションで色を変えることもあります。今日は国連が定めた「世界難民の日」ということで、シンボルカラーのブルーにしているんですよ。

— はい。まだ上がれます？

瀧　もうすぐアナログ放送が停波しちゃうんですが、その後東京タワーはどうなっちゃうんでしょうか？

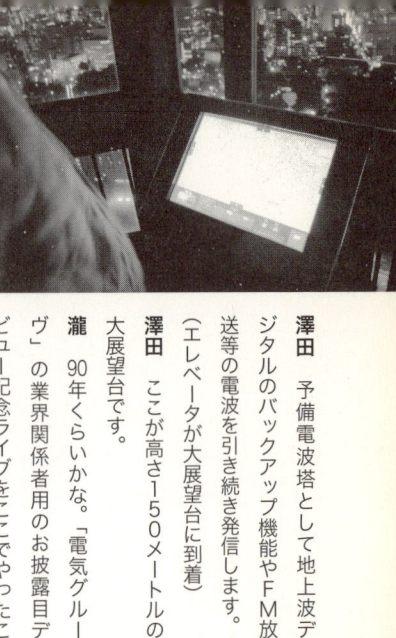

澤田　予備電波塔として地上波デジタルのバックアップ機能やFM放送等の電波を引き続き発信します。

（エレベータが大展望台に到着）

瀧　ここが高さ150メートルの大展望台です。

澤田　90年くらいかな。「電気グルーヴ」の業界関係者用のお披露目デビュー記念ライブをここでやったことがあるんですよ。お客さん入れて。

瀧　ああ、以前東京タワーのラジオ番組に石野卓球さんに出ていただいたことがあって、そのときにそうおっしゃってたのを覚えてます。

澤田　なんか雰囲気が近代化してるなあ。前は田舎の修学旅行生が似合う感じの場所だったのに……。

澤田　午後5時以降は、雰囲気が変わりますね。

瀧　デートスポットしてはピッタリですねえ。今後は遊び場として使われるということですか？

澤田　もちろん観光スポット、デートスポットとしての需要は大きいのですが、引き続き電波塔としての役割も担っていきます。

瀧　それにしてもこの光景を見ると、東京ってやっぱりすごいトコだよなあ。闇と光の感じとか、松本零士のSF漫画そのものだからね。

澤田　もう一層下の大展望台1階も行ってみますか？

瀧　はい。（階段で下の大展望台1階へ移動する）あ、雰囲気がちょっと違いますね。

澤田　このフロアにはカフェやライブスペースがあって、ゆっくりと過ごすことができます。平日の夜は夜景とともにライブやDJ等のイベントがお楽しみいただけますよ。

瀧　このフロアは家族連れでも楽しめそうだな。ちなみに、東京タワーは、東京タワー自身の持ち物なんですか？

澤田　そうです。日本電波塔株式会社という純然たる民間の会社でして。

瀧　それぞれのテレビ局からお金を払ってもらってたりするんですか？

澤田　使用料というよりは、アンテナやその他設備を設置されているということで、不動産賃貸料をいただいています。

瀧　へぇ～。ということは、墨田区にある東京スカイツリーは別の会社の運営なんですか？

澤田　あちらは東武鉄道さんですね。（営業終了の鐘が鳴る）でも、スカイツリーの存在はありがたくて、良い起爆剤になってくれると思ってるんですよ。実はここから見えるんです。

瀧　おお！ ほんとだ。ここからレーザー光線を飛ばしてさ、東京タワーとスカイツリーをつなぐってイベントでもすればいいのに。夜空に光線がパァ～って広がってキレイでしょ。

澤田　じゃあ、東武さんにお金を出しても

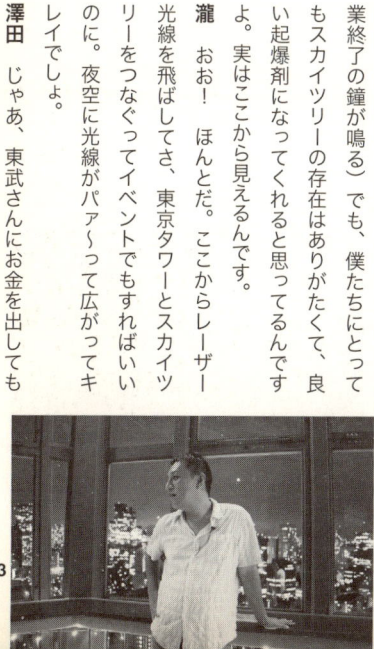

らって(笑)。

瀧　いいよね。これが実現した暁にはピエール瀧がアイデアを出したとゴリ押ししてもらって(笑)、点灯するときには僕にスイッチを押させて下さいよ。

澤田　……(笑)。

瀧　今、延べ人数でどれくらい東京タワーに上ってるんですか?

澤田　1億6800万人くらいですね。年間300万人くらいの方が上っているので、おそらく来年は1億7000万人にはなるんじゃないかと。

瀧　東京タワーの高さと同じくらい×万人の年間来場客がいるんですね。ちなみに東京タワーを建てるときに、何かお手本にした建造物はあったんですか?

澤田　札幌テレビ塔と名古屋テレビ塔は同じ方が設計していて、東京タワーより歴史が古いんですよ。

瀧　え? そうなんですか!

澤田　タワー6兄弟と言われていて、名古屋テレビ塔、通天閣、別府タワー、さっぽろテレビ塔、東京タワー、博多ポートタワーを内藤多仲という建築構造家が設計してるんです。当時はまだパソコンも電卓もない時代ですから、計算尺で内藤先生が計算してたんですよ。

瀧　へぇ～。面白い! 日本のタワーを牛耳ってた人がいたんですね。今まで札幌や名古屋のテレビ塔が東京タワーを真似したんだと勘違いしてました。じゃあ、営業時間も終わりだし、そろそろ降りましょうか。

澤田　これが最終エレベーターですね。

瀧　スタッフの皆さんも一緒に降りましょう。あと写真も。

(スタッフと記念撮影。エレベーターを降りて出口へ向

かうと、東京タワーのライトアップが消える）

澤田　22時になったので電気が消えちゃいましたね。

瀧　あれ？　今は24時まで点けてないんですか？

澤田　今は節電中なので。(上を見上げて)この足の下から見上げるのが一番いいんですよ。

瀧　ほんとに美しいなあ。昭和33年にこれを作ったのはかなりすごいですね。だって足4本で支えてるわけでしょ。上に行けば行くほど重力がかかってくるわけで、そのたわみも計算に入れてるわけだから。

澤田　内藤多仲は「耐震構造の父」と言われているんですよ。

瀧　内藤さん、すごいな。これはもう映画化決定だ(笑)。

では澤田さん、ありがとうございました。

澤田　いえいえ、さようなら。

### 六本木へ向かって散歩開始

瀧　じゃあ、六本木まで歩こうか。このレストランは潰れたんだな。こんな良い立地なのにもったいない。

——でも、この辺りはほとんど潰れてしまってる感じですね。

瀧　そうだなあ。ここは機械振興会館か。銀河鉄道999みたいに、機械の体をくれるんじゃないの？(笑)　そして、こっちはながい坂。(看板を見ながら)江戸時代から明治初期にかけて、この付近を芝ながい町と言ったことからながい坂とついた。短いけど、ながい坂。

——あははは（笑）

瀧　港区って東京タワーがあって大都会で、どこまでも松本零士の世界だなと思うけど、いざ下に降りてくるとそうでもなくて、なんかムラがあるよな。六本木から渋谷まで延々とショッピング街になってても良さそうなのに、そうでもないんだよなあ。

——たしかに、そうですよね。

瀧　（物々しい警戒ぶりを見て）この辺りって、いつもおまわりさんがいっぱいいない？

——ロシア大使館があるんですよ。

瀧　あー、そういうことか。お、港区にまさかの80円自販機がある。

——おお！

瀧　あ、でも80円はコーヒーだけか。じゃあ、今回はミラクルボディVにしよう。

——味はどうですか？

瀧　完全にデカビタ。ここは何だ

ろ？

——外務省外交資料館ですって。

瀧　すごい建物だなあ。その隣りに資料館があるけど、ここでエラい人たちが会談したりするんでしょ。あ、「キャンティ」だ。この辺りでブイブイいわしてた人たちのアジトだよね。かみなり族じゃなくてなんだっけ？

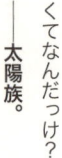

——太陽族。

瀧　そうそう。そしてこの地下道に入り、地上に上がると⋯⋯ババン！　急に六本木ゾーンになりました！

——六本木はよく来ます？

瀧　最近は来ないなあ。やっぱり節電なんだろうね。いつもより暗い気がする。あ、風鈴屋さん。いいね。

——夏の風物詩ですもんね。この辺りに「六本木クラ

## 激カワ女の子ばかりの「六本木クラブチック」

瀧　「六本木クラブチック」は昔、結構遊びに行ってたんだよね。たしかこの辺りだと思うけど……。あれ？ ないな。場所変わった？

──（地図を見ながら）こっちですね。

瀧　あ、やっぱり変わったんだ。ここか。

瀧　うん、いいよ。「六本木クラブチック」というキャバクラがあるんですけど、ちょっと行ってみませんか？

店員　いらっしゃいませ。

瀧　移転してさらにゴージャスになりましたね。

店員　ありがとうございます。こちらへどうぞ。

女の子　こんばんは。初めまして。翼です。

瀧　こんばんは。ここで働いてどれくらい？

翼　チックに入ってまだ3週間です。

瀧　それまでは学生さん？

翼　はい。大学に通っていたんですが、美容関係の仕事につきたくて、大学を辞めて、秋から美容の専門学校に行きます。

瀧　まあ、スキルがないとダメな世界だもんね。

翼　それを親に伝えたら、生活費も学費も自分で稼ぐならいいということになって。

瀧　じゃあ、今は全部自分で？

翼　チックでのお給料は学費にし、昼間のバイトは生活費にまわしてます……。

瀧　昼間もバイトやってんの？

翼　はい！ ケンタッキーです！

瀧　えらいなぁ。で、こっちの彼女は？

女の子　あかりです。初めまして。

瀧　あかりちゃんはどれくらい？

あかり　長いです。3年くらい。

瀧　3年で長いって言う世界なんだ。キミも昼間に仕事してる？

あかり　はい。ブライダルの会社で、フラワーアレンジメントしてます。

瀧　披露宴会場の花を作ったり、ブーケを作ったり？

あかり　そうです。職業柄忙しいときと暇なときがあ

るので、時間があるときはチックに出勤する日を増やしてます。

瀧　なるほどね。また新しい子が来てくれた。名前は?

**女の子**　こんばんは。まなみです。

瀧　いくつ?

まなみ　20歳です。

瀧　20歳で2年なんて、判断が早いね(笑)。なんで始めようと思ったの?

まなみ　たくさん稼ぎたくて。

瀧　お金ね。それまでは高校生だったわけでしょ。

まなみ　はい。最初は地元の長野でバイトしてたんですけど、ずっと東京に行きたくて。それで友達が東京にいたので、面接を受けに来ました。

瀧　じゃあ、その友達と毎日遊びほうけてるでしょ。

まなみ　いや、全然です(笑)。

瀧　でもさ、同じ年のOLと比べると、収入は格段に多いわけじゃん。それで遊ぼうとすると、やっぱりお金の使い方も変わってくるでしょ。

まなみ　そうですね。この前、久しぶりに帰省したときに地元の友達とファミレスに行ったら、ドリンクバーを頼むか迷ってて、少し金銭感覚が違うなって思いました。

瀧　俺なんて20歳の頃は真顔で段ボールってどうにかして食えねえのかな……とか考えてたからね。それから比べると、お姉さん方はずいぶん良い生活を送ってると思うよ。

翼　恵まれてるし、甘やかされているのかも。

瀧　それは違うよ。だって、自分で稼いでるんだもん。自分が稼いだ金を好きに使って何が悪いんだって話でしょ。たとえばおごられたり、プレゼントを買ってもらってる人もいると思うけど、それだって女の子のスキルの内だからね。ただ、同じ年の子とはズレてくるとは思うけど。みんな、悩みとかある?

まなみ　たくさん! 悩み以外ないかもしれません!

瀧　キミは悩み過ぎかも(笑)。

まなみ　私の場合は18歳から働いているし、お給料もたくさんもらっているので、一般企業に勤めること

**瀧** でもさ、六本木の中でもトップに位置する「六本木クラブチック」で、もう長いこと働いてるわけでしょ。それも自分の才能のうちじゃん。誰もがその席に座れるかっていったらそれは違うわけで、自信を持っていいところだと思うけどね。20歳の子には20歳の子が見る地平があるし、30歳の人には30歳の人が見える地平がある。そこに行くまでには楽しいこともつらいこともあるんだけど、そこまで行かないと見えないものもあるからさ。

**翼** 視界が広がってくるということですか？

**瀧** それもある。みんなはこれからやりたいことがあるし、可能性だってあるわけじゃん。今だったら、何にでもなれると思うから。でも、30歳になったときには、何にでもなれるという魔法は消えてるわけ。

## 女の子たち それが怖い。

**瀧** それは今の見え方のまま、30歳になったときに魔法が消えてるって思うから怖いわけで、30歳になったときの見え方というのは、また違う見え方なんだよね。

かできないかも……って。将来のことも悩むむし。物事の裏側を見るスキルも身についてるしさ。だから、とにかく今浮かれて足元をすくわれないことだと思うな。俺さ、取材だからだけど、キャバクラに来てこんなに真面目な話してていいのかな？

**翼** 普段はどういう話をしているんですか？

**瀧** しょうもないバカ話しかしてない。

**翼** 下品なこととか？

**瀧** 下品な話もするし、女の子に度を過ぎた甘え方をしてみたりとか（笑）。そういう感じでやらせてもらってますよ。あ、そろそろお店、終わりじゃない？

じゃあ、今日はこの辺で。みんな、ありがとう。

## 店を出て反省会⁉

**瀧** 久しぶりに楽しかった。みんなかわいかったなあ。

――六本木の街を歩いてどうでしたか?

瀧　夜の受け入れキャパシティがすごいじゃん。夜と言っても大塚駅前のバッティングセンターだったり、ボーリング場みたいな夜の受け入れ方ではなくて、いろんな種類のバーから、お店に行ったらどの娘も好きになっちゃうくらいのキャバクラまであるんだから。

――あれだけ女の子が代わる代わる出てきて、どの子もかわいいってすごいですよね。

瀧　そうでしょ。かと思えば、外人さんが遊ぶインターナショナルなバーもあるわけだから、この多種多様な受け入れのキャパシティはまだまだすごいなって思ったな。全盛期の盛り上がりに比べたらもう少しなんだろうけど、それでも「トばすな〜」って (笑)。これだけ細分化された欲求のジャックを受け入れる精神年齢の高い街ってなかなかないと思うな。

――六本木は相当、奥が深いってことですね。

瀧　そういうこと。それにしても「六本木クラブチック」の女の子は全員激カワだったね。だいたいキャバクラを出た後に反省会になるのが普通だけど、今日は良かった。じゃあ、そういうことで、解散!

**欲求に対するジャック数豊富!
そしてキャパシティも十分!**

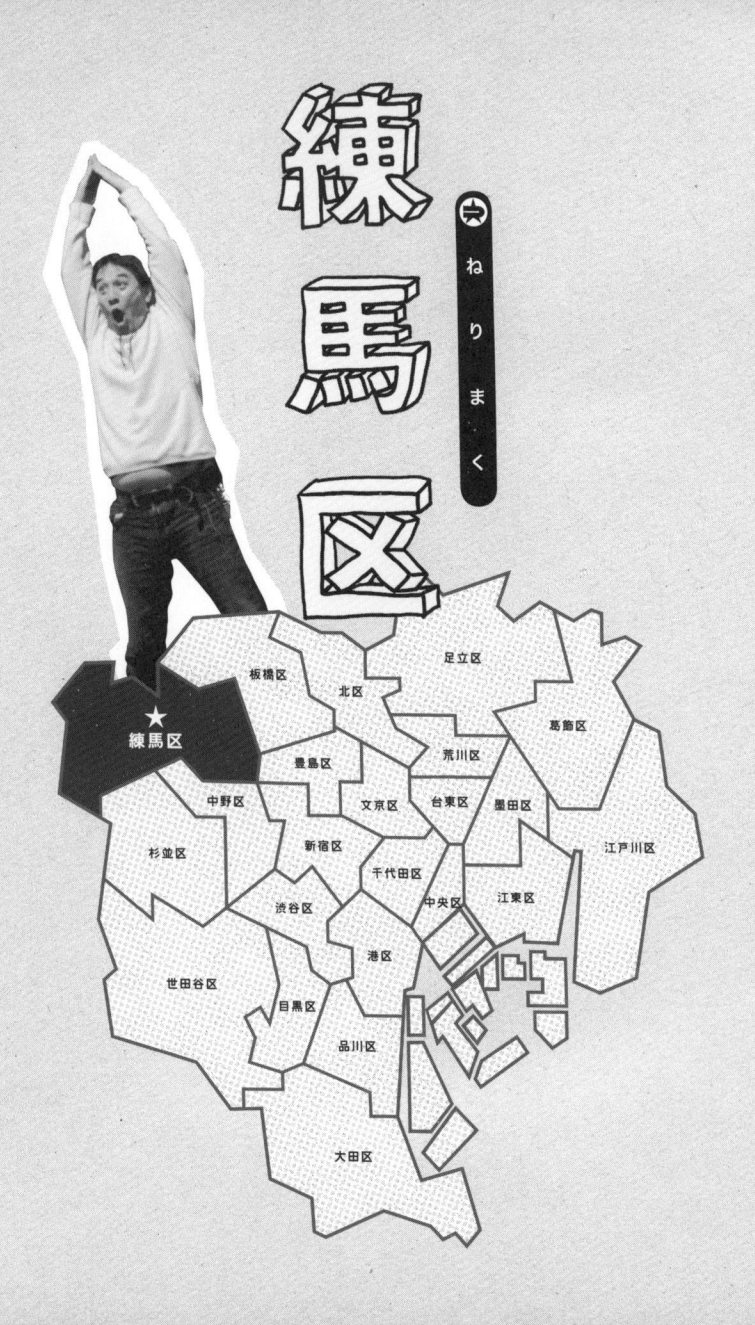

# 練馬区

ねりまく

★ 練馬区

## 西武池袋線石神井公園駅スタート

——今日は練馬区です。区名の由来は諸説があり、定説はないみたいですね。23区の中で最も新しく誕生した区で、板橋区から1947年8月に独立して誕生しました。

瀧 へぇ～、そうなんだ。

——今回はレンタルサイクルで、埼玉県にある練馬区の飛び地、西大泉町を探訪に行きましょう。

瀧 楽しみだなあ。じゃあ、まず自転車を借りに行こう。

（レンタルサイクル「(株)石水社」に移動）

瀧 というわけで、レンタルサイクル屋の前にいるわけだけど、ここは近所の人たちの自転車の駐輪場にもなってるわけだ。貸し出しは23時までだけど、深夜1時20分までに帰ってくればいいと。

瀧 (お店の人に向かって) ここは一月いくらから停められるんですか？

お店の人 3150円からあるよ。(自転車を用意して)これを使ってくださいね。

瀧 ありがとうございます。じゃあ、出発だ！

——とりあえず大泉学園方面を目指しましょう。

瀧 この石材屋、デカいなあ。でも、チャリはチャリで気持ちいいねぇ～。

(♪口笛を吹きながら自転車を漕ぐ瀧♪)

——お、上り坂ですね。

瀧 (坂道を上りな

練馬区

がら）はぁー、はぁー……。チャリンコのペダルって、こんなに重たかったけ？

瀧 ——これ、結構重たいですよね。

それにしても、練馬区って暗いな。節電モードなのかな？

——こんなもんじゃないですか？

瀧 最近、派手なところばかり行ってたからかなぁ。この辺りは閑静な住宅街だな。

——ちなみに、練馬区は世田谷区に次いで人口が第2位なんですよ。あと、農業が第1位。

瀧 練馬大根って聞いたことがあるもんね。ということは、どこかに畑があるってことでしょ？

——はい。ただ、今は大根ではなくて、キャベツが中心みたいですけど。

瀧 そうなんだ。それにしても、道のサイズがさまざまだな。お、畑があるよ。どれどれ？（自転車を停めて畑を覗き込む瀧）

——大根ですかね？

瀧 いや、これは違う。でも結構、広い畑だし、ビニールハウスもある。都内でビニールハウスって、なかなかないよね。あ、らっぱ草（おしろい花）だ。こんなにあると、なんかむしりたくなる（笑）。でもさ、らっぱ草の匂いが漂うくらい咲いてるって、さすが練馬区という感じだなあ。

——はい。どれくらいの規模かは分からないけど、ちょっと行ってみましょうか？

瀧　そうしよう。

## 23区唯一の牧場を発見！

——東大泉に出ましたね。

瀧　ここは農家だったんだろうな、っていう大きな屋敷がちらほらあるな。この家もそうでしょ。蔵まであるよ。なんか世田谷通りに雰囲気が似てるなあ。この生活感と道の両側にイチョウが植えられてる感じがね。ここは大泉妙円寺。東日本大

——うん、良い匂い。

瀧　お花の農家かもしれないですね。

——そうかもね。よし、じゃあ行こうか。ちなみに、練馬区の印象は……「怖い」だね。

瀧　怖い？

——うん、「練馬は怖い」っていう噂をよく聞くから。

——そうですか？

瀧　俺自身は怖い思いをしたことはないけど、練馬のイメージを聞くとよくそう返ってくる。

——へぇ〜。あ、また畑がある。

瀧　ほんとだ。じゃあ、練馬区は日本で言うところの北海道的な役割ってことに仮定しよう。

——北海道的な役割と言えば、この辺りに牧場があるんですよ。

瀧　え？　23区内に牧場ってあるの？

練馬区

震災復興祈願だって。
（再びサイクリングを開始すると、大きな看板を発見）
瀧　ここは「大泉スワロー体育クラブ」。
瀧　結構、ちゃんとしてそうじゃん。「全世代に愛され続けて50年、心と体の健康づくりの大泉スワロー体育クラブ」。へぇ〜。もしかしたら全日本の選手とかいたりして。ママさんトランポリンもある。
——今は体育館を大幅に改修してるんですね。
瀧　ママさんトランポリンってどういうこと？　お腹の中に赤ちゃんがいる状態で飛び跳ねなさいってこと？
——違いますよ（笑）。お子さんのいるママさんが運動不足やストレスの解消のために、トランポリンで運動するって

ことです。
瀧　ダラけた体を何とかしなさいってことか（笑）。
（しばらく自転車を漕ぎ続ける瀧）
瀧　はぁー、はぁー、はぁ……、まだ着かないの？
——ちょっと地図を確認しますね。
通りすがりのおばあさん　あの、すいません。私、方向音痴でよく分からないので、道を教えていただけませんか？
瀧　僕らもこの辺りの人じゃなくて、今迷ってるんですよ。
通りすがりのおばあさん　この道を真っ直ぐ行くと、マルエツに行けますか？
瀧　スーパーのマルエツ？
通りすがりのおばあさん　ああ、そうです。
瀧　じゃあ、通りの向こうのミニストップで行き方を聞いてきてあげますよ。

（ミニストップでマルエツへの行き方を聞き、おばあさんのところへ戻る瀧）

瀧　分かりましたよ。この道を10分くらい真っ直ぐ歩いて行くと、マルエツがあるって。ちょっと遠いですけど、大丈夫？

通りすがりのおばあさん　大丈夫ですよ。ありがとう。バス停を間違えて降りちゃってね。夜にあんまり出歩かないから、景色がよく分からなくて……。

瀧　それは大変でしたね。じゃあ、気をつけて。

（おばあさんと別れる）

瀧　……で、俺らも迷ってるわけだよね（笑）。

——ちょっと行きすぎてしまったようなので、戻ってもいいですか？

瀧　じゃあ、戻るか。上り坂だけど、しょうがないな。今のところ、牧場がある気配すらないけどね。普通の住宅街だよ。

——……。

瀧　（周囲を見渡しながら）どうしてアパートの壁を妙にビビッドな色に塗るんだろうな。

——スペイン風とかイタリア風とか、そういう感じなんじゃないですか？

瀧　でも、こんな色に塗らなくてもいいじゃん、って思うときない？

——あります。（周囲を見渡しながら）あれ？　この辺りなんだけど……。

瀧　あ、牧場の臭いがした！　急にしたよ。

——お、ここですね。「小泉牧場」さん。

瀧　牛臭いというか、「モ〜」って鳴いてる。あ、従業員らしき人影が！

——なんか忙しそうですね。とりあえず、お話を聞かせていただけるかどうか、確認してきます。（従業員に向かって）夜遅くにすいません。こんばんは。

従業員　あ、こんばんは。

牛　モ〜。

296

練馬区

瀧　突然、すいません。こんばんは。写真を撮ってもいいですか？

従業員　中はダメだけど、この辺りだったらいいですよ。足元に気をつけてください。初めまして、小泉と言います。

瀧　ピエール瀧です。怪しい者です（笑）。

小泉さん　やっぱり！（笑）。

瀧　お仕事中、急にすいません。小泉牧場さんはもう何年くらい営業してるんですか？

小泉　70年くらいですね。

瀧　すごい！昔は周囲も全部、牧草だったりして。あ、牛がこっちを見てくれてるよ。

牛　モ〜。

小泉　まだ練馬区は田舎なんでね。

瀧　世田谷区にも畑があったんですけど、こっちはひとつひとつがデカいですよね。でも、牧場って、東京ではほとんどなくなってきてるんじゃないですか？

小泉　東京全体だと54軒あるんですけど、23区内だとウチだけですね。

瀧　へぇ〜。夜中にお仕事をなさってる理由は？

小泉　特に理由はないですけど、ウチは人力でやってるので、単純に搾乳に時間がかかるんですよ。

牛　モ〜。

瀧　じゃあ、この辺りの人たちはここの牛乳を飲んでるんですか？

小泉　ウチは東京都酪農業協同組合に加盟してるんで、そこに納めてます。

瀧　もしかして、跡継ぎですか？

小泉　はい。やらせてもらってます。でも、明後日にくれば、楽しかったのに……。

瀧　なんで？

小泉　お祭りなんですよ。

瀧　へぇ～。そんな忙しいときにすみません。そろそろ失礼します。

小泉　いいえいえ。

瀧　いいですね、そこまで送っていきますよ。

小泉　昔はこの木が邪魔に感じてたけど、今はシンボルだなって思ってます。

瀧　じゃあ、お仕事頑張ってください。

小泉　はい。ピエールさんも散歩、頑張ってください(笑)。

## 不思議な飛び地ワールド

瀧　いい人だったね。なんか、無骨な感じが良かった。この十字路を曲がると……。ほぉ～、完全なる住宅地だよ。帰りがちょっと不安だな。

——たしかに、自転車も返さないといけないし……。

あれ？　急に道路予定地って書いてある？

瀧　「放射7号線大泉」だって。すげー名前。どこから放射してんの？

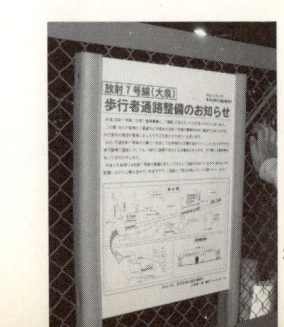

——わははは(笑)。

瀧　とにかくこの道をまっすぐだよね。ちょっと地図で「飛び地」の場所を確認しておこうか。

——スーパーの「サミット」の裏ですね。

瀧　そうだね。じゃあ、とりあえず「サミット」を目指そう。なんか今の時間、部活帰りに自転車で帰宅してる子が多いよね。そして、また農家。家がばかデカいもん。お、畑もある。これ、キャベツじゃない？

——やっぱり噂どおり、キャベツなんですね。

瀧　コンビニの駐車場もデカいなあ。そして、その裏も畑だ。だんだん、地方都市っぽくなってきてる。

——たしかに(笑)。

瀧　(看板を見て)ここは栗狩り・栗拾いだって。そんなのできるんだ。あ、これは葡萄畑でしょ。

——あ、ついに「サミット」を発見！

瀧　ということは、きっとこの辺りくらい経ってるんだな。お、ここに看板がありますよ。

——ということは、埼玉県だ。ほら、「サミットストア新座片山店」って書いてあるし。ところでさ、どうして練馬区には飛び地があるの？

——練馬区のホームページによると、飛び地ができた経緯については不明みたいです。74年には練馬区と埼玉県で西大泉町を新座市に編入するということで話がまとまったけど、飛び地を新座市に編入するためには住民全員の同意を得ないといけないらしいんです。ただ、まだ全員の同意が得られていないため、飛び地が存続してるようですね。

瀧　看板に新座市と表記してある

——23区のマークがないですね。

瀧　この辺りはもう埼玉県なのかな……。（看板を見ながら）この一角だけが練馬区ってこと？　消火器から消火器まで100メートルもないけど、管轄が違うってことだ。

——マンホールの模様も違いますね。車はどうだろ？

瀧　この家は所沢ナンバーだね。それにしても、すげー静かだ。

——こっちは多摩ナンバーですよ。

瀧　やっぱりか。でも、この辺りのご近所関係はどうなってるんだろ？

——お祭りとか。

瀧　学区とかもね。この区画さ、たぶ

瀧　閑静なところだなあ。

ん練馬区と新座市の人が両方住んでるんだと思うな。

——ちなみに公共サービスの電気、上下水道、電話などの取り扱いは埼玉県らしいです。

瀧　だから、電話番号も市外局番が048から始まるらしい。

瀧　へぇ～。（表札を見ながら）お、この家の住所は練馬区だね。

——こっちは新座市です。

瀧　やっぱり同じブロック内に混在してるんだな。それぞれブロックごとに分けてるわけじゃないんだ。

——でも、飛び地って、ほんとに飛んでるんですね。

瀧　うん。しかも畑とかじゃなくて、人が住んでる土地だもんな。オセロだったら、完全に埼玉県になってるんだけどね（笑）。ちなみに、どれくらいの住民がいるの？

——面積は0.002㎢、6世帯、13人（平成23年現在）が住んでるらしいです。

瀧　へぇ～。しかし、飛び地に住むのってどんな気持ちなんだろう？　住んでる人からすると、大きなお世話な話だろうけど。

——でも、不思議ですよね。

瀧　そう。島とかだったら分かるんだけどね。同じブロックの中に練馬区と埼玉県の人が住んでるのが不思議でしょうがない。

——あ、この看板はすごい！

瀧　飛び地だけが世帯主の名前ではなくて、東京都って書かれてるんだ！　すげーな。

——これはすごい！

瀧　なんか味わい深いなあ。

——あ、瀧さん、飛び地を探索してるうちに23時になりました。

瀧　じゃあ、そこの空き地で写真を撮ろう。

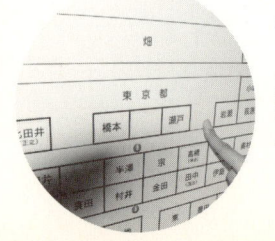

## 23区で標高の一番高い地点を目指す

——じゃあ、練馬区に戻りましょうか。

瀧　うん。自転車を返す時間も気になるけど、この辺りで面白いところってほかにもある?

——ちょっと寄り道すれば、標高が23区で一番高い場所がありますよ。

瀧　じゃあ、そこにも行ってみようか。

——そうしましょう。でも、自転車で走ってる限り、練馬区は治安が良さそうですね。

瀧　俺が思ってる「練馬は怖い」というのはデマだったんだな。

——意外にのんびりしてますよね。

瀧　田舎っぽいね。閑静だし、鉄塔も多いなあ。あと、屋根付き駐車場が多い。そして、雑草が伸びてる比率も高い。

——少しずつ街っぽくなってきましたね。

瀧　この辺りは女の子がひとりで歩くにはちょっと暗すぎるな。夜にひとりで塾に行こうものなら、親とし

ては「いやいや、ちょっと送ろうか?」って話になるな。

——たしかに、ちょっと暗いかも……。

瀧　俺らが今日、特別に暗いところを走ってるだけかもしれないけど、ここを夜にひとりで歩けって言われたら、ちょっと警戒しちゃうかもね。犯罪に遭わなかったとしても、たぬきとかに化かされそう。

——わははは（笑）。

瀧　牧場もあることだし、気付いたら千草をムシャムシャ食べてたり（笑）。でも、この辺りはもう東京っぽいな。富士街道周辺はもうすっかり他の区と変わらない。杉並区と言われたら、「そうだね」って思うもんな。でも、ほんとに公園はいっぱいあるなあ。もう大小20個くらい見たんじゃない?　意外にブランコ屋とかが儲かるのかもしれない（笑）。

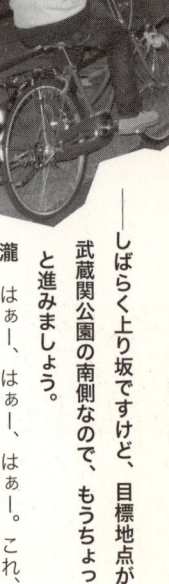

——しばらく上り坂ですけど、目標地点が武蔵関公園の南側なので、もうちょっと進みましょう。

瀧　はぁー、はぁー、はぁー。これ、帰りはずっと下り坂で帰れるってこと?

——そうだといいですね。

瀧　だって、この辺りが23区で一番標高が高いんでしょ。だったら、これ以上は坂を上らなくてすむわけじゃん。

——え〜と、この辺りですかね?

瀧　（周囲を見渡しながら）たぶん、そうなんじゃないかな……?　もうちょっと行ってみようか。

——はい。あ、ここが武蔵関公園ですね。

瀧　じゃあ、この南側か。

——（武蔵関公園の敷地内に入る）

——でも、暗いところですね。

瀧　ここ、なんか怖いかも……。俺、ちょっとひとりでは通れないかも。あれ?　なんか捨ててある。「ご自由にお持ちください」

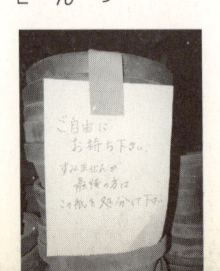

練馬区

だって。植木鉢かな? これひとつもらっていこうかな?

――マジっすか?

瀧　どうせなら、デカいのをもらっていきたいんだけど……。

――わ、デカ! この大きさの植木鉢を買ったら、(値段が)結構しますよね。

瀧　うん、これだったら1000円以上はするよね。お、網つきだ。どう? ベランダの隅で、パセリとか植えたらいいじゃん。

――いや、いいです。

瀧　……。

――それにしても、どこが標高の高いところなんですかね?

瀧　(周りを見渡しながら)あの辺りは標高的に高そうじゃない? 今、車が通ったとこ。

(場所を移動する)

瀧　ほら、この辺りっぽくない?

――そうかもしれませんね。じゃあ、この辺りで撮影しましょうか。

瀧　それで、いいことにしよう(笑)。

(写真撮影を終了後、石神井公園駅に向けて出発)

瀧　じゃ、帰ろうか。

――はい。時間まで

に自転車を返さないといけませんからね。急ぎましょう。

**自転車を返却後……**

——初の試みのレンタルサイクルでしたが、練馬区を走った感想は？

瀧　練馬区と新座市はそんなに距離は離れてないけど、新座市に入ると明らかに風景が田舎になるでしょ。普段はエッジに住んでないから実感はないけど、実際にこうやってエッジの差を見ると、やっぱり23区というのはブランドなんだなって思った。23区の恩恵って、俺らが気づかない何かがあるんじゃないかな。だから飛び地の住民たちは、23区にこだわってるのかもしれないね。練馬区は田舎だけど、それでも23区のブランドは生きている。そんな気がしない？ちょっと行けば、新座市で広い土地の家を買えるけど、それではすまない何かが23区にはあるんだろうな。

いい感じの田舎だが、それでも23区のブランドは生きている。坂が多いので気をつけろ！

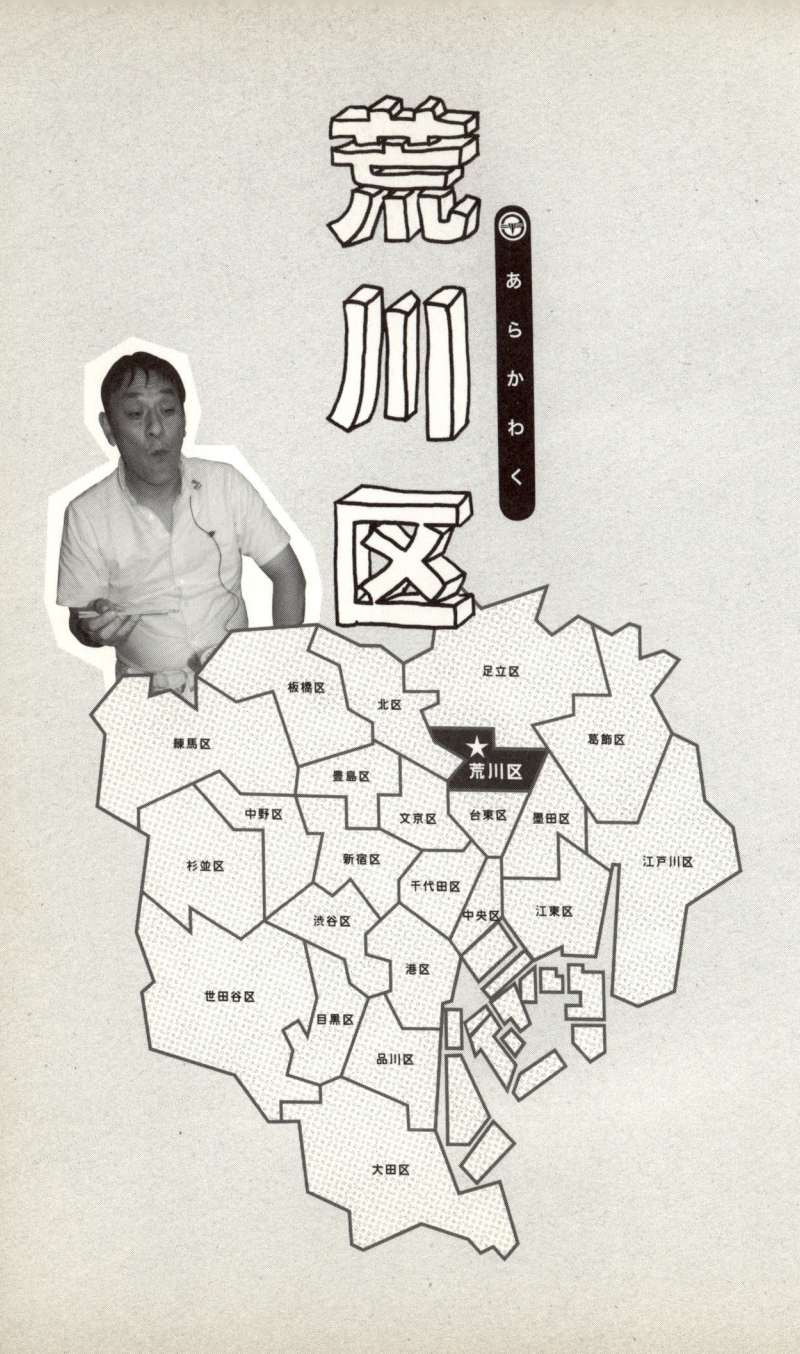

# 荒川区

あらかわく

## 京成線町屋駅スタート

——今日は荒川区です。昭和7年に南千住、三河島、尾久、日暮里の4つの町が合併して誕生したんですよね。今回は案内役を荒川在住のライター・編集者の南陀楼綾繁さんにお願いしてます。綾繁さんは「不忍ブックストリートの一箱古本市」の立ち上げなど、本にまつわる活動をいろいろしていらっしゃいます。

瀧　今日はよろしくお願いします。綾繁さんは荒川区のご出身なんですか？

綾繁　いえ、もともとは島根県の出雲市出身です。15年前に荒川区に引越したら住み心地が良くて、それからはこの辺りをウロウロしてます。

瀧　ズバリ荒川区はどんな街ですか？

綾繁　夜が早いです。

瀧　やっぱり！　今日、集合時間より早く駅に着いたんで、ちょっと散策してたんですよ。そしたらどの店もシャッターを閉め始めてたんで、「早いなあ」と思ってたんですよ。

綾繁　実はこの辺りはもつ焼きで有名なんですけど、みんな夜10時前後には店を閉めちゃうんです。

瀧　洋品店が多く、ワゴンで

荒川区

——昔ながらのゲームセン ターもありますよ。

**瀧** この感じのゲーセンが残ってるか、残ってないかの差は大きいね。

**綾繁** 純喫茶もしっかりと残ってますから。

**瀧** 本屋も多いですね。この辺りの人は、街に買い物に行く場合はどちらへ行くんですか？

**綾繁** 北千住ですかね。あとは新宿や銀座もそれほど遠くないですから。あ、このもつ焼き屋さん（小林）がおいしいんですよ。入りましょう。

**瀧** それは楽しみ。

**店主が語る荒川区の実態とは？**

**瀧** この店のオススメは？
**綾繁** 串煮込み。もつ煮込みなんですけど、串にささってるんです。マカロニサラダもおいしいですよ。

靴下を売ってたりするのを見ると、なんか大阪の下町っぽいなって。今のところ俺の中では「大阪の商店街」っていうイメージかな。

**綾繁** そういう感じはありますね。でも、そこがすごく良いんです。

**瀧** この企画でいろいろな下町を歩きましたけど、この辺りは「ザ・下町」という感じですね。

**綾繁** 物価も安いですし、わりと便利ですよ。

**瀧** 商店街を歩いていてもとびっきりオシャレな人が多いわけでもなく、みんなニュートラルな感じですよね。ああ、この路地裏もいいなあ。子供が遊んでるか、おばあさんが菊の花に水をあげてるかっていう感じの。

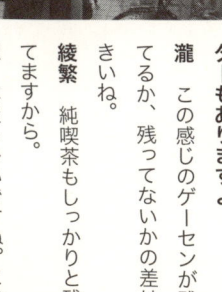

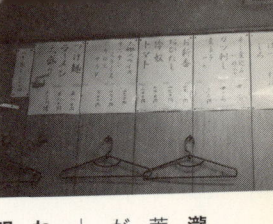

瀧　じゃあ、それを注文しましょう。あのさ、荒川区のことが全然分かんないから、データがあればちょっと教えてよ。

——まず昼間の人口が23区で一番少ないですね。あと、江戸時代は農村地帯でしたけど、明治に入り工業地帯に変わったそうです。

綾繁　繊維の工場や卸問屋が多かったみたいですね。

——それから、08年の日本経済新聞社が実施した住民向けのサービス度を測る「行政サービス調査」では、教育分野で全国第1位、子育て環境分野で同2位に輝いてます。

瀧　お、串煮込みはうまいね！ ビールに合う。

（料理が運ばれてくる）

瀧　そうなんだ。教育がちゃんとしてんだね。

——マカロニサラダもおいしいですよ。

瀧　荒川区といえば、やっぱり都電荒川線ですよね。三ノ輪からどこまで走ってるん

でしたっけ？

綾繁　早稲田までですね。荒川区、北区、豊島区、新宿区を通ってます。

瀧　街中でトラムっぽく路面を走ってる感じは、23区では荒川線しかないですもんね。いいなって思いますもん。

綾繁　ちょっと面白いのが、町屋は駅前が発展してるんですけど、それ以外の場所は駅がなくてバスでしか行けないところが栄えてたりするんですよ。だから生活の中心が駅じゃなかった街という気がするんですよね。たとえば、熊野前商店街は舎人ライナーができるまでのどの駅にもアクセスしてなかったんですけど、戦前は近くに温泉があり、歓楽街として流行ってたんです。今はすっかり寂れてしまいましたけど……。

瀧　そう考えると、荒川区は荒川区内で小さく完結してるんだろうなあ。

——データを見ると区内に就職する比率が約45％と高いですから、瀧さんの言う通りあまり区外に出ずに自己完結してるのかもしれませんね。

荒川区

綾繁 へぇ〜。そうなんですか。

瀧 約45％は結構な数字だよね。自営業の人たちは腕に覚えがあるから、ここのコミュニティで十分にやっていける。わざわざ外に出て行く必要がないのかも。東京都の東側のお祭りを見て思うけど、助け合いや共同意識が強い気がするから、実際にそうなのかもしれない。

綾繁 ああ、なるほど。たしかにこっちに引越してきてから知り合った人たちを見てると、世話好きの人が多いかもしれませんね。不動産屋の情報に載っていない物件が、知り合いの知り合いを介して見つかったりしますから。それに区によって家賃が全然違う。文京区、台東区は家賃が高いんですけど、道1本挟んで荒川区に入ると急に2、3万下がったりするんですよ。

瀧 じゃあ、荒川区から見たら、「文京区、気取りやがっ

て！」という感じなんじゃないですか？

綾繁 あははは（笑）実は文京区と台東区はあまり仲が良くないんですよ。へび道っていうすごく細い道の両側が文京区と台東区に分かれてるんですけど、お祭りの開催日を必ず同じ日にぶつけてきたりとか、とにかくライバル視してる（笑）。

瀧 へぇ〜それはリアル。

（店主が登場）

瀧 こんばんは。お騒がせしてます。いつ頃からお店をやってるんですか？

店主 祖父の代からなので、屋台の頃から数えると60数年です。

瀧 それは長い！ 荒川区は一言で表現すると、どんな区ですか？

店主 少し変わってると思いますよ。

瀧 え？ どういうこと？

店主 僕は足立区で生まれて最近まで埼玉県に住んでたんで

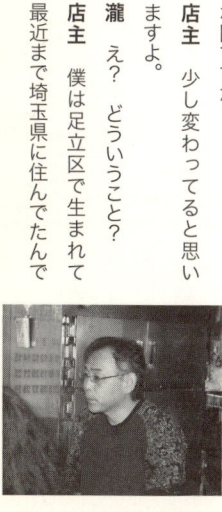

瀧　すけど、ちょっと人間性が違うというか……。どんなところが？

店主　とっつきやすいのかなと思うと意外にとっつきにくかったり、下町っぽくオープンなのかなと思うとそうでなかったり……。あれ？　そうなんだった

瀧　そうか、ある程度ローカルルールがあるんですね。

店主　特にこの街はそうです。今は若い人たちが増えてチェーン店も多くなってきたんですけど、この辺りは昔ながらのお店が多いから。昔は町屋価格というものがあって、そうじゃないとやっていけなかったんですよ。

綾繁　値段の低いお店に合わせるということですよね。

店主　はい。町屋は難しいと言えば、難しい。

瀧　なるほど。（店内にある鏡を指して）これ、見てよ。「荒川野づり釣友会より」と書いてあるんだけどさ、役員の名前がズラリと入ってる。

綾繁　ああ、ほんとだ。気付かなかったなあ。

瀧　店主がお店をやるから、きっと鏡でも贈るかいってことになったわけでしょ。なかなか鏡を贈るって思

いつかないよね。味わい深いなあ。今は個人主義なんて言われるけど、みんなでいるからこそその我慢だったりメリットだったり、というのがまだこの辺りにはあるんですね。それを無視しては生活していけない。

綾繁　そうなのかもしれませんね。

（つけ麺が運ばれてくる）

瀧　これ、何ですか？

綾繁　もつ煮の出汁で作るつけ麺です。おいしいんですよ。

瀧　へぇ〜、珍しい。じゃあ、いただきます。お、うまっ！　このつけ麺はいつ頃から？

店主　昭和30年くらいかな。

瀧　歴史があるなあ。この辺りにもつ焼き屋が多いのは、いい「もつ」が手に入るルートがあったんですかね？

綾繁　今は屠畜場が品川の芝浦にあり

# 荒川区

ますけど、明治時代の後半までは区内の三河島付近にあったんですね。だから「もつ」が簡単に手に入ったんですよ。大正時代には移転しましたけど、その名残ってことなんでしょうね。今でも芝浦から町屋に、「もつ」を直送してるみたいです。でも「もつ」って足が早いですから、店が閉まるのも早い。

瀧　へぇ〜。何となく荒川区の気構えが分かってきた気がするな。

綾繁　そうですか？　じゃあ、そろそろ次の場所へ行きましょうか。

瀧　はい。ごちそうさまでした。

## 都電荒川線に乗り、三ノ輪駅へ

瀧　これからどこへ向かうんですか？

綾繁　まずは町屋駅から都電荒川線に乗って、三ノ輪駅

まで行きます。そこから漫画「あしたのジョー」で有名な山谷に足を運び、簡易旅館周辺を歩いて三河島のコリアンタウンに行こうと思ってます。

瀧　なるほど。あ、荒川線だ。信号はあるけど、踏み切りがないんだね。お、電車が来たよ。え？　これって最終？　早いなあ。

——まだ23時30分前ですよね。

綾繁　ほんとだ。あまり遅い時間に乗らないから、知らなかった。乗りましょう。

（都電荒川線に乗り込む）

瀧　1両なんですね。

綾繁　はい。ホームのすぐ脇に飲み屋があって、降りた瞬間に飲めるっていう店も都電沿いにあるんですよ。

——（看板を見て）100周年なんですね。

瀧　ほんとだ。100年前って

綾繁　明治時代でしょ。すごいね。そういえば、漫画「巨人の星」の中で町屋9丁目に星一徹の家があったんだけど、実際に町屋には8丁目までしかなくて、架空の町名なんだって。

瀧　へぇ〜。

——（三ノ輪橋駅に到着）

綾繁　この辺りの裏も独特な感じなんですよね。

瀧　ほんとだ。あ、マンションの売りが「スカイツリーが見える部屋」だって。

——やっぱり売りになってるんですね。それにしても、全然人が歩いてないなぁ。

綾繁　三ノ輪までは通勤圏なんですけどね。この辺りだとちょっといないなぁ。これから行く山谷は、外国人のバックパッカーが多いんですよ。

瀧　山谷に長期滞在するバックパッカーって、肝が据わってますよね。

綾繁　でも昔のままでは宿もやっていけないから、バックパッカー向けに建物を作り替えたりしてるんです。

瀧　へぇ〜、そうなんですか。面白い。

綾繁　ここが涙橋。最近「あしたのジョー」で観光客を誘致しようとしてるらしく、「あしたのジョーフェスティバル」をやってるんですよ。

瀧　映画もありましたしね。

綾繁　それで思いついたんでしょうね。

——（簡易旅館周辺へ移動）

瀧　ほんとだね。あ、一泊2400円。

——安い。

——チャリ（自転車）が多いなぁ。

瀧　この辺りは衝撃だよね。21世紀の日本でこの感じかって。でも裏を返すと、少し前の日本はこういう感じだったわけだよね。あ、山谷のアーケード。そして、相変わらず地べたにがっちり寝てる。いつ見てもすごいな。

綾繁　今はまだいいけど、来月辺りから気候的には厳しいですよね。

312

荒川区

（山谷の商店街を抜けて南千住の駅前へ）

**瀧** あ、おまわりさん。毎回、しょうもないことで現場に駆けつけてるんだろうなあ。「ご苦労様です」という感じだね。でも、この辺りで生まれた子供たちはタフになりそうだな。

——たしかに、強くなりそう。

**綾繁** 南千住駅の向こうは再開発されたエリアなんです。高層マンションが建ち並んでいて、まったくの別世界になってるんですよ。昔は川沿いに庶民的な家が多かったんですけどね。

**瀧** 川沿いはウォーターフロント的な意味合いでとらえられて、今は人気の場所ですもんね。

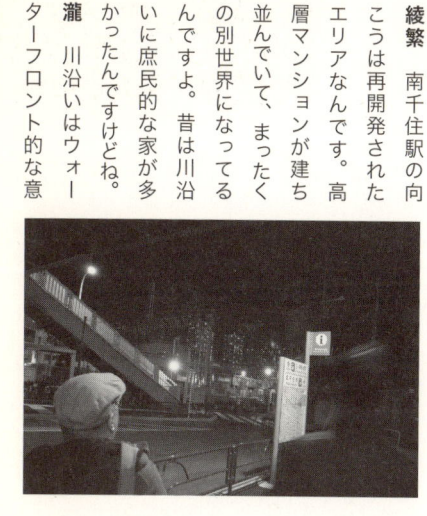

**綾繁** ただ、高層マンション側に住んでる人たちは、絶対にこちら側には来ないと思いますよ。たぶん、この辺りを「なかったこと」にして暮らしてるんじゃないかな。

（再開発したエリアに移動）

**瀧** ほんとだ。こっち側は嘘みたいにキレイだなあ。

**綾繁** 再開発してるから。

**瀧** 行政側にしてみると、こうした方が問題も少なくていいでしょうしね。

**綾繁** でも地方の駅って、みんなこうでしょ。ロータリーがあってチェーン店があって。なんか寂しいですよね。

**瀧** たしかに。

**綾繁** 旧奥州街道のJR常磐線のガード下から日光街道までの約500メートルは、「コツ通り」と呼ばれてるんです。この辺りは小塚原処刑場があった場所なんですよ。要は骨のことで、道路を拡張したときに処刑

瀧　うん。上野、大久保っぽいんだけど、時代が少し古くなった気がする。

綾繁　駅前はそうなんですけど、路地に入ると独特ですよ。

（駅前の路地に入る）

綾繁　ここがメインの通りです。この「ニューソウル」という韓国料理店はすごくおいしいんですよ。店のメニューもすべてハングル文字だけで書かれててね。

瀧　韓国の人は、この店があって落ち着くんでしょうね。でも住宅街の中に突然、店がある感じなんだな。

—**お、100円自販機だ。**

瀧　どれどれ？「トニカ」だって。これにしてみよう。え〜っと、大塚食品か。うわ、にげー。

—**なんだ、これ？**

瀧　トニックウォーターっぽい。あ、だから「トニカ」なんだ（笑）。

綾繁　この路地の辺りにも2、3軒飲み屋が

された人骨がたくさん出てきたそうで、小塚原の「こつ」だけを取って「コツ通り」と呼ばれていたという説もありますけどね。この回向院は吉原の遊女が死ぬとまつられてて、「投げ込み寺」という呼び名もあります。

瀧　へぇ〜。思川っていう川もあるんですね。

綾繁　処刑場があったってことが大きいでしょうけどね。じゃあ、これから電車で三河島のコリアンタウンに行きましょう。三河島には明治後期から韓国人のコミュニティがあったようですね。それに比べると新大久保はわりと新しいです。（常磐線で三河島駅に移動）

## 三河島周辺を探索

瀧　三河島の駅前、暗いなぁ。

—**ちょっと新大久保っぽい感じがしませんか？**

荒川区

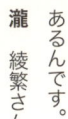

瀧　綾繁さん、えらいとこを知ってますね。荒川区は独特だなあ。隣との距離感が近いっていうか、空間の密接ぶりが独特。そして、店が閉まるのが早い。

綾繁　韓国料理屋は遅くまでやってるけど、それ以外の店が閉まるのは早いですね。この辺りは韓国食材の店が何軒か並んでるんだけど、肉やキムチがすごくおいしいんですよ。

瀧　ソウルの南大門市場みたい。安いんですか？

綾繁　安いです。塊で買っても1000円いかないくらいかな。たくさん買って焼き肉にしたり、すき焼きにしたり。

瀧　それはいいなあ。

――お、西日暮里に入りましたね。

瀧　荒川区で、いわゆる昔ながらの商店街にある店は成り立ってるんですか？

綾繁　ちょっと不思議な感じなんですよ。この先に道灌山通りがあるんですが、1kmしかない範囲に花屋が3軒ずつ営業してるんです。近くに谷中墓地があるので花屋はまだ分かるんですけど、靴屋は訳が分からない。あと、中華屋が3軒あるのに、蕎麦屋が一軒もない。

瀧　後から出す店が「これでいいのかな？」って思わないんですかね？

綾繁　そうですよね。あまりバランスが悪いので、僕は一時期〝スサミストリート〟って名付けてたんですよ。

瀧　わはははは(笑)。いい名前じゃないですか！ それって、他の街にもあるかもしれない。

綾繁　地方には多いかもしれませんね。ただ、荒川区は不思議と寂れた商店街は少ないんですよ。それはアーケード商店街が少ないからじゃないかと考えてるんで

綾繁　今はカツサンドも人気なんですよ。あ、ここで曲がりましょう。

瀧　この辺りは高架下を利用してるんですね。田中パイプに木工所。でも、店じまいをして久しい感じだなあ。店を止めちゃうのか、止めさせられてるのかは分からないけど、閉店してるのを見ると酷な感じがしますよね。そして、跡地を駐輪場にするわけでもない。

――今までに行った区でも、何ヵ所かこういう場所がありましたよね。

瀧　そうなんだよ。お、線路がある。何線ですか？

綾繁　常磐線ですね。日暮里駅に近付いてますから。

瀧　これが舎人ライナー。荒川、足立区の何十年来の夢だったという。

瀧　へぇ～、そうなんですか。

綾繁　あ、この韓国料理屋「大栄」がすごくおいしいんですよ。入りませんか？

瀧　いいですね。

綾繁　アーケードは作るのも大変だし、定期的に変えていかないといけない。アーケードを造ったはいいけど、寂れてしまった商店街って全国的にいっぱいあると思うんですが、荒川区にはたぶん、ジョイフル三ノ輪というアーケード商店街しかないんじゃないかな。

瀧　なるほど。お、噂の道灌山通りだ。

綾繁　ここがスサミストリートですね。

瀧　やっぱ良いネーミングだなあ（笑）。

綾繁　見ての通り、ちょっとすさみ始めてるんですよね……。

瀧　〈スサミストリートを抜けて国道457号線へ〉

綾繁　ここが水泳の北島康介の実家「北島商店」ですね。肉屋さんなんだけど、息子が食べてたメンチカツを売り出したら、えらい売れたらしいです。

瀧　売り出すならその時期しかないでしょ。なにしろ金メダルメンチカツだもんね。黄金色だし、丸いしってことで（笑）。

# 韓国料理屋で散歩を振り返る

**綾繁** こんばんは。

**オモニ** いらっしゃい。どうぞ、どうぞ。

**瀧** こんばんは。お邪魔します。え〜と、僕はマッコリで。食べ物は綾繁さんにお任せします。

**綾繁** じゃあ、ママにお任せで。適当に出してくれるかな?

**オモニ** はい。

(運ばれてきた料理とお酒を堪能しながら)

**瀧** うん、ウマい! ところで、日暮里ってどんな街ですか?

**綾繁** 日暮里駅の山側は台東区なんですけど、谷町の墓地が広がってますね。反対側は繊維問屋が多くて、生地屋さんが並んでるんです。最近は物作りをする若者も増えてきたんですよ。その隣の西日暮里って、山手線で最後にできた駅なんです。

**瀧** 全然、知らなかった。

**綾繁** 千代田線と乗り換えるために、無理矢理作られた駅なんですよ。だから最近の街だし、商店街がないからあまり面白みがない。

**瀧** へぇ〜。荒川区のメインの街って日暮里ですか? それとも町屋?

**綾繁** 町屋ですかね。

**瀧** いわゆるオフィス街は、荒川区にはない?

**綾繁** ああ、ないです。

**瀧** 俺、19歳で東京に来てから約25年経ってるけど、荒川区って最近まで来たことがなかったもんな。

—— **そんな荒川区を綾繁さんのナビゲートで散歩してみて、どうでしたか?**

瀧　最初に話した大阪の街っぽいというイメージは変わってないかも。今、韓国料理屋で食べてる感じも、シャッターは閉まってたけど店の並び方も、関西ならではのラフさにちょっと似てる感じがするんだよね。だから大阪から上京した人は、荒川区に住むといいかもしれない。この辺りに住むと居心地が良いと思うし、そんなに違和感なくすんなり溶け込めるんじゃないかな。地域ごとのルールも、「そうだよね」という感じで受け入れられそうな気がする。

——**なるほどね。**

瀧　さて、お腹もいっぱいになったし、今日の散歩は終了にしよう。綾繁さん、ほんとにありがとうございました！

綾繁　いえいえ。こちらこそありがとうございます。

瀧　楽しかったし、韓国料理もおいしかった。やっぱり城東地区は印象深いなあ〜。

## 国家レベルの下町。

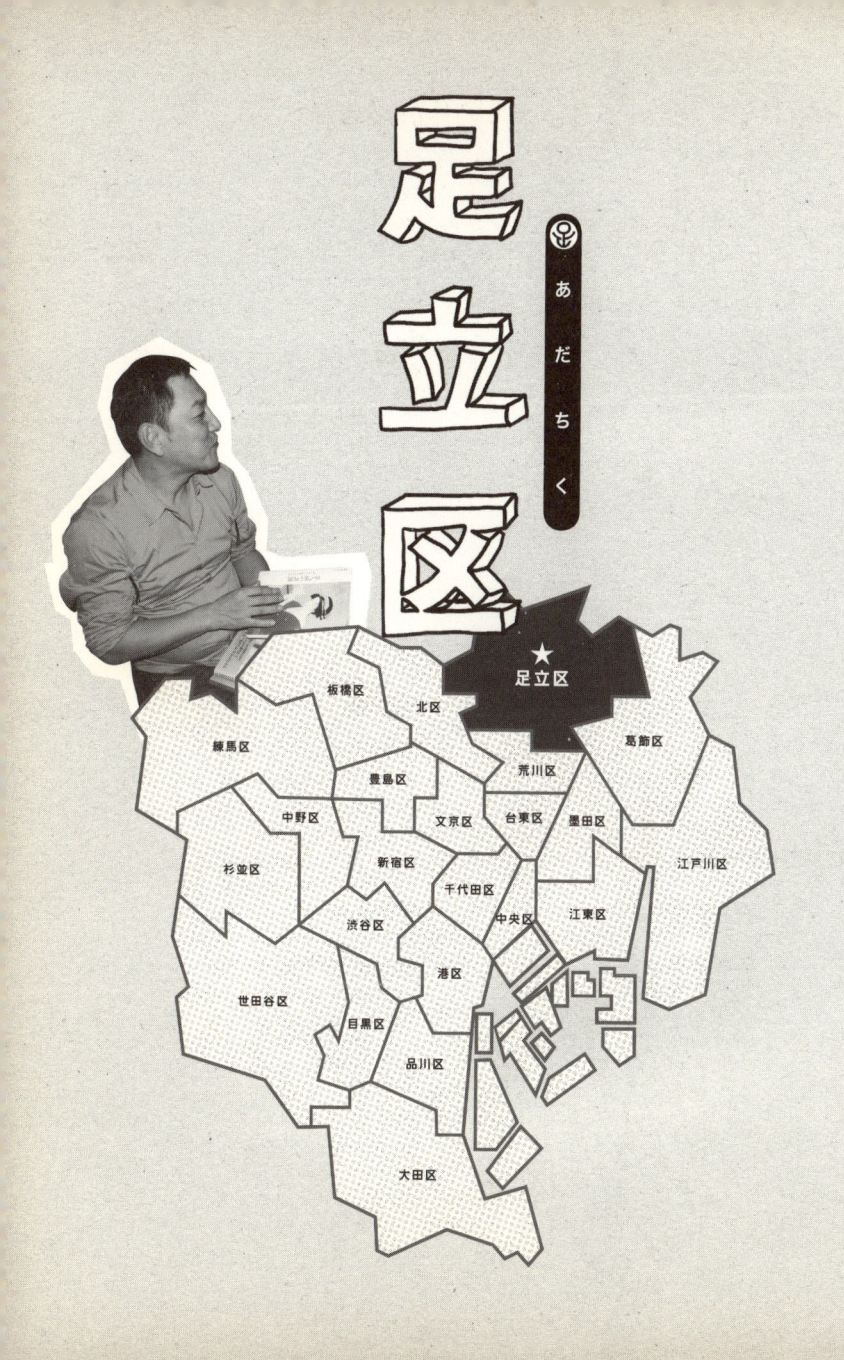

# 足立区

あだちく

★ 足立区

練馬区　板橋区　北区　　　　　　葛飾区
　　　　　豊島区　　　荒川区
中野区　　　文京区　台東区　墨田区
杉並区　新宿区　　　　　　　　江戸川区
　　　渋谷区　千代田区
　　　　　　　　　中央区　江東区
　　　　　港区
世田谷区　目黒区
　　　　　　品川区

大田区

## JR北千住駅スタート

——今日は足立区です。昭和7年に現在の区名になったのですが、当初は千住区という案があったそうです。でも、千住以北の南足立郡の住民が反対して「南足立区」を主張した結果、古代以来の郡名「足立」に決まったそうですよ。

瀧　なるほど。今日は楽しみ。それにしても北千住駅はすごいな。

——はい。オーナーの福富太郎さんにお話を聞けることになってます。

瀧　それは楽しみ。今日はキャバレーの老舗、「ハリウッド」にお邪魔するんだよね。

——ちなみに、瀧さんの足立区のイメージは?

瀧　懐かしい感じがしますよね。実は、全然ないんだよね……。ビートたけしの実家しか浮かばない。駅前にこんなロータリー的なものがあったことすら意外だもん。あとは二階建ての戸建て、のび太の家みたいな建物がずらりと並んでるイメージかなあ。資料によると犯罪件数は上位に君臨してるんだけど、そのほとんどが窃盗や小悪党ばかりなんだよね。

——たしかに、知能犯の犯罪件数は第23位です。

瀧　そう。だからつい盗っちゃうとか、この自転車、借りちゃう? みたいなノリなんだよ、きっと(笑)。

——そんなに悪気がないというか……。

瀧　そうそう。お、ここじゃない?「ハリウッド」。仕事を終えたおっちゃんたちが軽く腹ごしらえをしてから店に来て、女の子と飲んでから家に帰る感じじゃないかな。

## 軍隊とキャバレー

瀧　こんばんは。初めまして、ピエール瀧です。お邪魔しま〜す。

福富　初めまして、福富です。

瀧　今日はよろしくお願いします。福富って、いい名前ですね。

福富　本名は中村って言うんですよ。でもね、こういう商売をしてると、中村っていう名字がいっぱいいるんです。どこへ行っても「中村さん」と名前を呼ばれて「はい」「はい」って分かりにくくてしょうがない。それに店でも中村だと幅が利かないから。

瀧　それで名前を変えられたんですね。

福富　昔、「三等重役」っていう映画で福富電気工業という会社が舞台だったんですけど、そこから福富を取ったんです。

瀧　いい出所ですね。ところで、キャバレーというシステムは日本で考えられたものなんですか。それともアメリカ？

福富　こういう大きなお店でお酒を出して、女の子がつくというシステムは日本ですね。昔はカフェと呼ばれていたんですよ。

瀧　へぇ〜。こういうお店のことをカフェと呼ぶのはいい響きですね。ということは、今でいうキャバクラはもしかしたらカフェクラになってたかもしれないってことですよね？

福富　あんな名前はつけてるのは日本だけですよ。向こうはキャバレーとクラブの間ってことみたいだけど、僕らは本業だっていう気持ちがありますからね。キャバクラは規模が小さくてもできますから。

瀧　テーブル4つくらいのところでも、キャバクラはキャバクラですもんね。

福富　もともとキャバレーは、軍隊がもたらしたようなものなんですよ。日本は戦争でロシアと戦ったときに、白人との体力差を実感したんです。それで「日本人にもっと肉を食わせろ」ということで、築地に「精養軒」という店ができた。最初はボーイがビフテキを運んでいたんですけど、あるとき女性に運ばせたらウケたんですよ。日本には昔から女中や芸者がいたわけでしょ。だからお客がその流れで肉を運んできた女性に「おい、肉を切れ」とやらせ始めたんです。それでレストランが乱れ始めて、女中さんがお客の側へ寄ってお酌をするようになった。

瀧　なるほど。肉と女性ってマッチングも良さそうですしね、男性に対して。

福富　「精養軒」は銀座尾張町に「カフェ・ライオン」という店を出していたんですけど、吉原には知恵のまわるヤツがいたんですよ。「あれは儲かりそうだ。ライオンを食うのは虎だ」ということで、「ライオン」の近くに「タイガー」という店を出したんです。そして、「ライオン」の女ボーイを引き抜いた。

瀧　大胆ですねぇ～。あと女ボーイって言うんですね。味わい深い。

福富　「タイガー」は女ボーイと吉原の女とミックスしてお酌をさせたところ、それが面白いとウケて「ライオン」の客がドッと移ったんですよ。それで、巷ではライオンが虎に食われたと言われて。

瀧　大騒ぎだったわけですね。

福富　そこへ今度は大阪から榎本兄弟がやってきて、女が男に徹底的にサービスをする店を出したんです。これがウケた。

瀧　もう完全に女メインで。

福富　そう。それで、大カフェ時代になったんですよ。

瀧　へぇ～。じゃあ、お店同士でいつ食うか食われるかの状況だったんですね。

**福富** ほとんど大阪に食われてしまいましたけどね。まあでも、日本人の体格をよくしようとしたのがキャバレーの大本なんです。

**瀧** 本当は体格をよくさせたかったんだけど、結果的にはスケベ心が育ったと。

**福富** そう。そっちの方が育つのが早かったんだよ（笑）。

**瀧** その頃は最も華やかな場所だったでしょうしね。

## 1店舗に1000人の女の子

**瀧** 僕の小さい頃はまだキャバレーがたくさんあって、「すごくエッチなところなんだな」って勝手に思ってたんですけど、いざ大人になって行こうと思ったらなくなっちゃってたんですよ。

**福富** そう、どんどん潰れていった。

**瀧** どうしてですか？

**福富** 女の子が高くなったからだよね。昔はビール1本250円。東京オリンピックを境にすると、それまでは女の子に日給250円でよかったんですよ。

**瀧** 1時間ではなくて？

**福富** そう、7時間くらいで250円。で、今はビール1本1000円で、女の子は1万円。ビールは4倍、女の子は40倍。だから、儲かるわけがない。

**瀧** 実は、女の子の給料が上がったことが衰退理由のひとつだったんですね。ところで、女の子を雇うときにはどんな基準で選ぶんですか。なんかこの子、エロくていいなあとか、そういうところかね？

**福富** まあ、それも分かりますけど、基本は直感です。

**瀧** 直感！　なるほど。

**福富** 女の子は聞き上手で、やっぱり色っぽさもないとダメだよね。

**瀧** でもね会長、今日この店に初めて来たんです

瀧　え？ 1000人？

福富　しかも女の子だけでね。

瀧　!!!　ということは、お客さんが入ると何千人という話になりますよね。想像がつかないなぁ……。でも、楽しそう(笑)。

福富　だからビル丸ごと、1階から5階まで全部キャバレー。

瀧　え！ それはすごい！ でも、その店を会長がやられてたわけですよね。

福富　ええ、同規模の店を2軒。

瀧　すすすす、すごい！

福富　でもね、関西からコナミさんという人が渋谷に進出してきて、アサヒ芸能という雑誌が僕らをケンカさせるために、誌面でコナミ対談という企画を仕組んだんですよ。でも、僕はケンカしたら損だと思ってたから、当日に「コナミさんのことを尊敬してます。コナミさんみたいになりたい」と言ったら喜んじゃってさ。番頭さんを呼んで「コイツの店のボーイがウチにたくさん来たけど、返してやれ」と指示して、全員返してくれたんです。そうしたら、今度は東京の組合のヤツらが怒ってね。

瀧　そうですよね。「オマエなんだよ！ 関西から来たヤツらに媚び売りやがって」という話になりますよね。それで後に誤解は解けたんですか？

福富　解けませんよ。結局、その

けど、すごく居心地がいいんですよ。キャバクラにもときどき行くんですけど、こっちの方が庶民的。「あ、騙されそう」って感じがなくて(笑)。でも最近、キャバレーが少なくなっていってるのは寂しくないですか？

福富　まあね。でも、別にいいですよ。競争相手がいないから(笑)。昔は1000人の規模の店もありましたからね。

滝　後も組合の役員には一度もならなかったしね。

福富　それはいつくらいの話なんですか？

滝　昭和42年頃ですかね。

福富　え！　僕がちょうど生まれた年です。東京でそんなことが行なわれていたとは知らずに、無邪気におっぱいを吸ってました（笑）。でもその時代の東京って、経済が右肩上がりの時代ですもんね。

滝　うん。東京オリンピックに向けて道路がどんどんできてたからね。それで建築屋のお偉いさんが「高速道路が開通したら、みんな頑張って工事をやるから、仕事がはかどったもんですよ（笑）」と言うと、キャバレーで飲み放題させてやる」と言うと、みんな頑張って工事をやるから、仕事がはかどったもんですよ（笑）。

滝　いい時代ですね。工事の人は頑張るし、上司も部下にいい顔ができる、店は儲かるし、女の子も喜ぶし、みんなハッピーですよね。それがいつ頃になると、落ち着いてきちゃうんですか？

福富　でも、バブル期まで続きましたよ。

滝　ちなみに会長って、全盛期はどれくらいのお店を持ってたんですか？

福富　32、33軒かな。

滝　そしたら一晩で働いている女の子の数が数千人っていうレベルですよね。どえらいもん、束ねてたんですね！　日本の高度成長期の夜の部門を担当なさって、しかもそれを乗りこなしていらっしゃったわけですから、すごいの一言です。

福富　いやあ、でもね、ウチは美人が少ないっていう噂はありましたよ。

滝　そうなんですか？（笑）

福富　ただ、僕は数が多い方が勝ちだと思ってましたから。だって、人には好き嫌いがあるでしょ。いくらナンバーワンの女の子の人気が高くても、お客さんが

瀧　「タイプじゃないな」と思ったら終わりですからね。自分向きの子がきっといるわけですからね。たしかに最近、遊びに行った店で美人のナンバーワンちゃんがいましたけど、「この子、俺用じゃないな」って瞬時に思いましたもん。

## 美人画のコレクターでも有名

瀧　ちなみに会長って、ご自宅は足立区ですか？
福富　いや、大田区です。僕の店はいろいろな場所にあるから。
瀧　ずばり足立区ってどんなところでしょう？
福富　ちょっと程度は低い方かな……。
瀧　わ、会長ズバッと。
福富　さすがでございます（笑）。
瀧　最近は高層ビルができて一変しましたけど。
福富　（テーブルの本に目をやり……）そういえば、会長は浮世絵の本を出版していらっしゃるんですよね。コレクターなんですか？
福富　バブル期にいろいろ買ったんですよ。
瀧　特に、美人画ですよね。
福富　ほかの芸術は訳が分からないから。美人画だったら、顔の良い絵を集めればいい（笑）。
瀧　会長、やってることがお店と同じじゃないですか！
福富　そうそう
瀧　やっぱりキレイというか、魅力のある女の人が好きなんですね。
福富　そう。だから幽霊でもキレイだったら好き。（本をめくりながら）これは遊女で死にかけてる絵だから、基本的に誰も買わないと思うんですけど、僕は買うんですよ。
瀧　この絵の女の子、かわいいって思う？　珍し
福富　ああ、それ、良いって思う？　珍し

いねぇ～。それを良いって言った人は初めてなんだよ。

瀧　会長は今、何点くらいの絵画をお持ちなんでしょう？

福富　う～ん、一時期よりはだいぶ手放しちゃったからな……。ちょっと分からない。

瀧　それでは、最初に絵を買った理由は何ですか？

福富　ウチの親父は貧乏だったけど、家に絵が飾ってあってね。それで親父が亡くなった後に、供養のために買ったんだよ。まあ、金になるというのもあったかな。昔、まだボーイをやってる頃にお金ができると絵を買ってたから、変わったヤツだと思われてたよ。

（取材も一段落したところで、お店の女の子が登場願いしま～す。

瀧　こんばんは。

女の子　こんばんは！　あきらです。よろしくお願いします。

あきら　私はあまりお話をしたことがないんですけど、若い子だと会長の名前を知って店に来る人もいるんですよ。

（ふたり目の女の子が登場）

あきら　琴音ちゃん。

琴音　こんばんは。

瀧　こんばんは。ここに来て何カ月？

琴音　4カ月です。

瀧　まだ短いね。どう、この店？

琴音　お客さんと食べて、飲んで、楽しいです。

瀧　じゃあ、今日は一緒に飲みましょ！

（しばしの間、女の子と戯れる瀧）

瀧　それにしても、すごい人だったな。会長って、昭和そのものでしょ。

──言葉に重みがありましたもんね。それに、ほかのお客さんもみんな楽しそうでしたよ。

瀧　女の子と飲んでしゃべって楽しんで、じゃあ帰るか、って感じでいいよね。居心地もいいし。

──**うん、たしかに。じゃあ、少し歩きましょうか。**

## ハリウッドを出て宿場街道へ

瀧　この宿場街道を通って、みんな日光へ行ってたん

瀧　大黒天だね。神社の在り方がいいと思わない？　住宅街の何でもないところにあるというのがさ。

——うん、いいですね。あれ？「ラジオ体操、年中無休。発祥の地」って書いてある！

瀧　ここが発祥の地なの？　30年間、年中無休で続けてる氷川神社のラジオ体操か。でも、いつもと変わらない朝があるってのはいいよね。滞りなくって感じで

と、こういう地域に急に活気が出るんだろうな。

——昔ながらの街ということですよね。

瀧　うん。じゃあ、裏道にもちょっと入ってみようか。やけに静かだ。こうやって実際に歩いてみると、足立区の基本は、やっぱり一戸建なんだな。

——お、神社だ。

でしょ。昔は乗り物もないし、駅という概念もないだろうから、街道沿いに宿や飯屋が点々としてたんだろうな。もしもボックス的な話だけどさ、今、仮に日本国中から高速道路を取り除く

# 足立区

さ。そして100円自販機を発見。今日は……

──UCCのバナナクリームソーダにしよう。

瀧　う、なんだこれ？　UCCどうしちゃったんだろ。駄菓子の粉みたい……。

──珍しく、大手メーカーですね。

瀧　でも、この取材の副産物で100円ジュースの銘柄にも詳しくなったよね。（周りを見渡して）足立区は小さい町工場というよりは、個人経営の店が多い感じがする。実は自営が多いんじゃないかな。

──足立区は2位以下を引き離して、輸送業に従事してる人たちが多いらしいですよ。

瀧　へぇ～、そうなんだ。一見、普通の民家に見えるけど、実はトラック2台くらいどこかに持ってる人たちが多いのかもしれないな。

──でも、こうして実際に歩いてみると、治安が悪そうな感じ

はあまりないですね。

瀧　そうだね。でも、なんか路地が多くない？　車1台ギリギリ通れるくらいの幅のヤツ。

──そして、思ったより大きいマンションが少ない。

瀧　そうなんだよ。だから、やっぱり一戸建てが基本なんじゃないかなと思ってさ。

──お、荒川ですね。

瀧　なんだかんだ言って、俺ら川ばっか歩いてるよね。散歩に行くと、川にぶつかるというか。そして、いつも思うけど、川沿いをチャリでびゅんびゅん走ってる人が結構多い。

──たしかに、前もいた。

瀧　でも、川沿いを歩くのは気持ちがいいんだよなあ。

──今日、足立区を歩いてみてどうでした？

瀧　高度成長期の夜を司ってた人の話を聞けて、とても勉強になった。1000人もの女子を束ねてたとい

——なるほど。じゃあ、最後に足立区をまとめると?

瀧　誤解をされるのを承知で言うと、足立区は「ふ」の塊だね。

——どういう意味ですか?

瀧　将棋の「歩」だよ。「おひさま（NHK連続テレビ小説)」のセリフじゃないけど、「歩」も頑張ったら「金」に成る。実際に街を歩いてみて、個人経営が多いという意味でも「歩」がたくさん集まってるなっていう気がした。それを「歩」と表現してしまってよいのかは分からないけど、便宜上そう言わせてもらおうかな。でも、今日はやっぱり会長の話に尽きるよね。

うのは、今と違っていい時代だったんだろうなって。会長は謙遜してたけど、いろいろなことがあっただろうし、大阪が攻めてくる感じはある意味、キャバレー抗争だったわけでしょ。それがすごく面白かった。

"歩"の塊。
成せば成る。

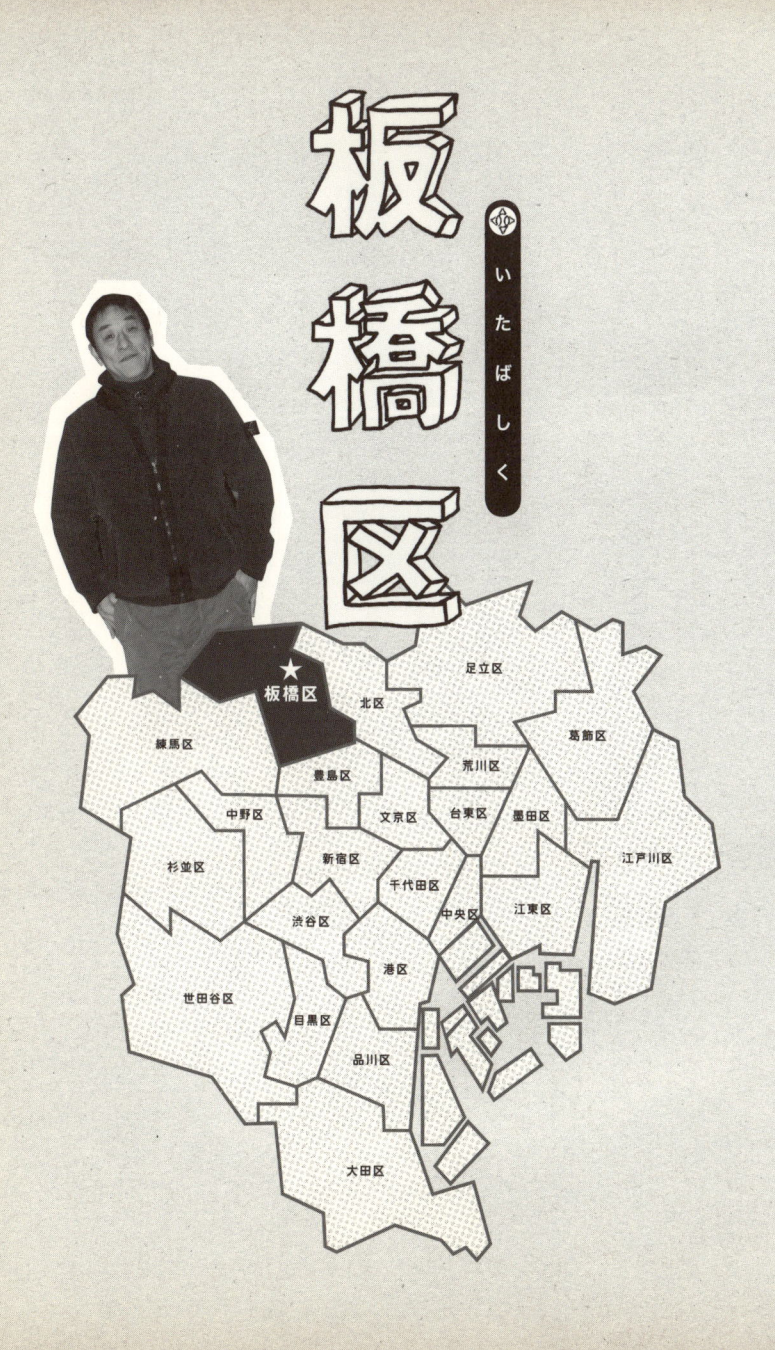

# 板橋区

いたばしく

練馬区 / 板橋区 ★ / 北区 / 足立区 / 豊島区 / 荒川区 / 葛飾区 / 中野区 / 文京区 / 台東区 / 墨田区 / 杉並区 / 新宿区 / 千代田区 / 江戸川区 / 渋谷区 / 中央区 / 江東区 / 港区 / 世田谷区 / 目黒区 / 品川区 / 大田区

## 都営三田線板橋本町駅スタート

—— 今日は板橋区です。江戸時代には中山道の宿場名に使用されて江戸四宿（新宿、品川、千住、板橋）のひとつとして栄え、昭和7年に9町村が合併して現在の区名になりました。今日は案内役として、作家の荒俣宏さんをお迎えしています。

**瀧** 今日はよろしくお願いします。

**荒俣** よろしくね。きっと板橋区ってつかみどころがないと思うから、どんな場所かはっきりするようなところを回ります。実は、僕の地元なんでね。板橋区は農業地帯と工場地帯が完全に分離していて、工場地帯優先の区なんです。

**瀧** 板橋って工場地帯なんですか？

**荒俣** そう。墨田区が有名だけど、板橋区は23区2位の工場地帯なんです。ウチの実家も工場が相手の非鉄金属屋だったし、同級生にもレンズ工場の息子がいたよ。戦争中には、陸軍の軍需工場もあったし。

**瀧** へぇ～、それは知りませんでした。

**荒俣** ウチのじいさんがそれで一儲けしたの。軍需工場から「薬莢を作ってくれ」と言われて、言い値で作っていたらしくてね。どうやら名人だったらしい。それで毎晩、軍から届いたお金を床の下に保管しておいて、夜は賭場を開いてたらしいです。

**瀧** あら。

**荒俣** でもある日、税務署が来て、全部持って行かれて……。

**瀧** なるほど。荒俣家は活き活きとしてたわけですね（笑）

**荒俣** そうみたい（笑）。戦後は軍需工場がなくなったので、「じゃあ、自分たちでやろう」ってことになり、いろいろな工場がこの辺りにできた。板橋区

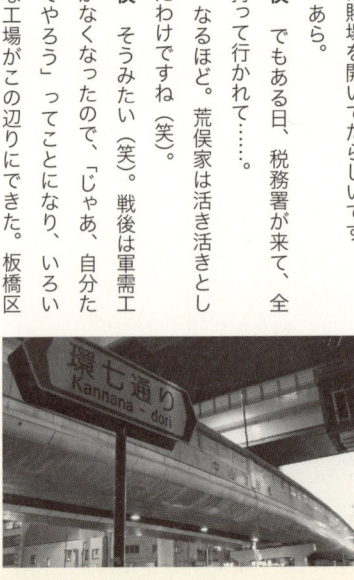

# 板橋区

はもともと面積が非常に広い区だったけど、終戦直後に東京都の区の改正があり、23区が生まれたの。そしたら、今の練馬側に住んでた農民たちが反乱を起こしたんです。板橋区には広大な穀倉地帯があるのに、何でオマエら工場の人々が中心になってんだと。

**瀧** 都民の胃袋を支えてるのは俺らなのにってことですよね。

**荒俣** それで、農民たちがGHQ(連合国軍最高司令官総司令部)に押しかけた。

GHQが彼らの話を聞いて納得し、「じゃあ、君らに1区あげよう」ということで、板橋区から独立して練馬区が誕生したんです。ようやくこれで農業地帯と工場地帯の住み分けが完成したと。

**瀧** 話を聞いてると、ほとんど農民一揆ですよね。

**荒俣** でも、この歴史を誰も語ってくれない。革命独立が成功した日本唯一の区が練馬区なのに……。

**瀧** なるほど。ちなみに荒俣家は、いつ頃から板橋区

に住んでたんですか?

**荒俣** 昭和初期ぐらいじゃないか。

**瀧** そのあと板橋区から出たことがないんですか?

**荒俣** いや、うちは板橋区から夜逃げしたんだよ(苦笑)。

**瀧** え!?

**荒俣** 昔はカメラ屋に機材を納入してたんだけど、空手形をつかまされて、にっちもさっちもいかなくなってね。練馬の方まで逃げたよ。

**瀧** あらら、仕方なくと。

**荒俣** 不渡り手形だもん。

**瀧** 荒俣家は結構、波瀾万丈なんですね。

**荒俣** そうそう。お、ここが稲荷通り商店街。うちの本家がこの近くなんですよ。あの名俳優、渥美清が子供時代に住んでた場所らしい。

**瀧** へぇ~この辺りは下町っぽいですね。

**荒俣** ええ、山の手の下町って風情でね。板橋区は、気質としては下町だね。

瀧　やっぱり。小売り店も機能している感じだし、いいですね。人づてですけど、ヤンキーがいっぱいいるって聞いたんですけど。

荒俣　板橋は小さいヤンキーは大勢いるけど、他の区みたいに親分風のヤンキーはいないんだよ。だからノビノビとしたヤンキー。

瀧　ああ、インディペンデントなヤンキーたちということですね。

荒俣　インディー系です（笑）。そして、ここが清水稲荷神社。

瀧　いい佇まいですね。地元っぽい。ちょっとお参りして行きましょうか。

荒俣　信じるべきは地元の神社だよね。
（お参りを終えて神社を出ると、目の前には……）

ここが最初の目的地、「駄菓子屋ゲーム博物館」です。

瀧　え？　ここですか！　いい場所にありますねぇ〜。神社に駄菓子にゲーム。良い組み合わせだなあ。

荒俣　我々が子供の頃にはなかったんだけどね。じゃあ、入りましょう。

板橋区

## ゲーム博物館で大興奮！

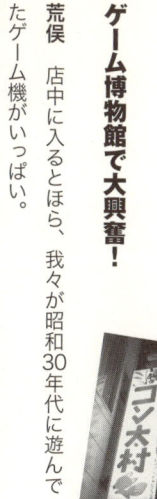

荒俣　店中に入るとほら、我々が昭和30年代に遊んでたゲーム機がいっぱい。

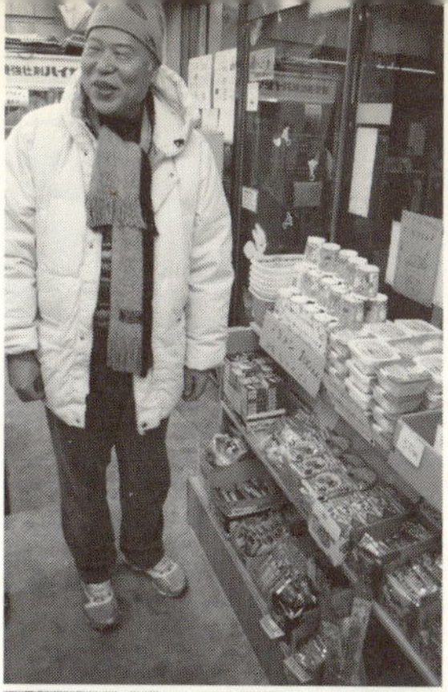

瀧　おぉ！

荒俣　こんばんは。

岸　初めまして。館長の岸さんです。

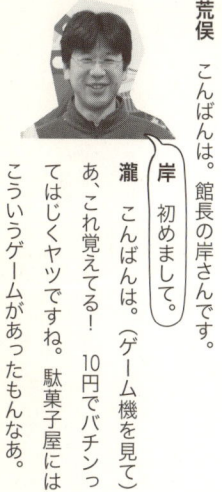

瀧　こんばんは。（ゲーム機を見て）あ、これ覚えてる！　10円でパチンってはじくヤツですね！　駄菓子屋にはこういうゲームがあったもんなぁ。

荒俣　じゃあ、今日はピエール瀧がどれだけゲームが強いのかを見る機会にしよう。（周りのゲーム機を見渡して）よし、新幹線にしようか。

瀧　いいんですか。俺、かなり得意ですよ。よく覚えてるもん。（ゲームに興じる）お、おしい……。これはね、子供にとっては魔法の箱だったんですよ。10円が50円のアイス（景品）に化けるんだから。う、もっと強くはじかないと、ここに落ちるんだよなぁ……。

荒俣　なるほど。

瀧　ああ、またダメかー……（10円玉を投入しながら）でも、こんなにポンポンやる感じじゃなかったよね。昔はもっとじっくり取り

335

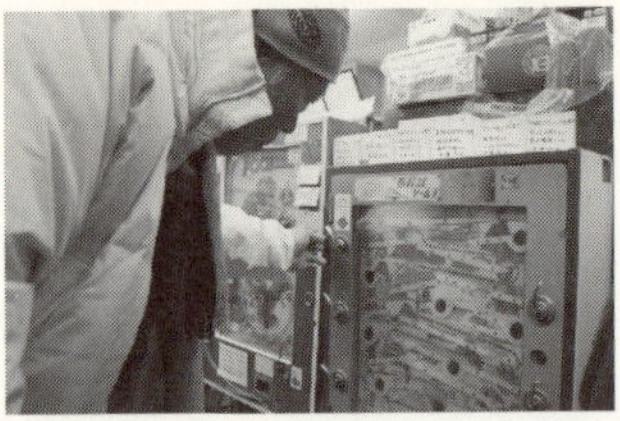

荒俣 組んでた。

荒俣 大人になると、根気がなくなるんだよなあ。

瀧 それもありますけど。それを元手に当時のおこづかいが1日20円だったんですよ。それを元手に50円のアイスをゲットしないといけないわけだから、もう必死ですよ。

荒俣 おー、行った。もうちょっとでクリアだ。そろそろお願いしますよ。

瀧 1回くらいは成功しないとなあ。あ……（またしても失敗）。荒俣さんもどうですか？

荒俣 うん。よし、こんな感じかな？ あれ？（失敗する）。次こそ……（また失敗する）。

瀧 （失敗するポイントを指しながら）ここ、難しいね。でも、お

店側としたらね。

荒俣 当たり連発だと困るから。おい、いい感じ。今度こそ！ あ……。

瀧 ダメだ。ゲームを変えようかな。（店内を歩きながら）お、懐かしいなあ。これ、鍵盤のレイアウトまで覚えてるもん。ところで岸さん、都内でここまでゲーム機が揃っているところはあります？

岸 ここまで揃っているのはウチくらいかな。昔は駄菓子屋さんにゲーム機がいっぱい置いてありましたけどね。今は駄菓子屋さん自体がめっきり減ってしまいましたから。

瀧 そうですよね。僕、こういうゲーム機が欲しくてヤフオクで探したことがあるんですけど、値段が高くて手が出なかったんですよ。ちなみに、岸さんはどうしてこの博物館を始めたんですか？

岸 小さい頃からこういうゲームが好きだったんです

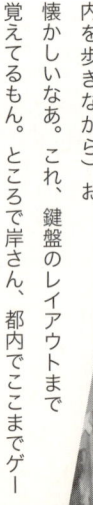

板橋区

ピピピピ〜♪

岸　はい。まあ、子供の頃には5、6台しか持っていなかったですけど。

瀧　え？　子供の頃から？

よ。それで少しずつ買っていたんです。

瀧　すごい子供だ。じゃあ、板橋にもこの感じの店がいっぱいあったんですね。

荒俣　たくさん、ありましたよ。駄菓子屋が溜まり場だったもん。

瀧　たしかに、学校が終わったらランドセルを放り出してとりあえず駄菓子屋に集合し、そこから「何やる？」って感じでしたもんね。

荒俣　うん。あ、これはルーレット式だね。

瀧　結構、面白いんですよ。せっかくだからやりましょう。じゃあ、ランボルギーニとフェラーリのイタリアコンビでいきますか。

瀧　この音、すげえ覚えてる。雨の日はさ、誰も駄菓子屋に来ないんだよ。で、ひとりだからこそ入れる軒先でこのゲームをやってたなあ……。

荒俣　だいたいゲーム機は、軒先のギリギリ雨が当たるか当たらないかのところに置いてあったもんね。

瀧　そうなんですよ。今その感じを思い出して、せつねえなあ〜って。

荒俣　あ、またダメだ。

瀧　もう、全賭けしようかな。

荒俣　あまりにゲームをクリアできないから、ついに全賭けだ（笑）。

瀧　もう、大人をなめんなよって。

荒俣　財力があるからね（笑）。

瀧　全部、賭けると70円。これだったら、最低でも10円返ってくるから。

ピピピピ〜♪

瀧　あ、出た配当！

荒俣　コイン2枚。でも僕の時代には、ルーレット式はさすがになかったなぁ。

瀧　ああ、そうかも。僕の頃は混在でしたけど。

（他のカップル客を見て）

瀧　お、当てている。いいなぁ。

荒俣　最後にラッキーくじを引いて行こうか。

岸　1000円だと13回引けます。2等以上だと、このボードに名前が載りますよ。

荒俣　よし、みんなでやろう。

瀧　あ、俺は4等だ。え？みんなも。まさかのオール4等か……。俺ら、今日まったくツイてなかったね。

荒俣　でも、4等だと少しは当たった感があるよ。

瀧　でも、ヤッター〜感もないですよね。

荒俣　まぁね。

——じゃあ、最後に記念撮影しましょう。ハイ、ポーズ♪

## 衝撃のパワースポットへ

瀧　いやあ、楽しかった。

荒俣　うん、懐かしかったね。それでは、ウチの本家付近を通りながら、板橋区を案内していきます。

瀧　お願いします。この辺りの道の感じは独特ですね。広くなったり、狭くなったりしてる。

荒俣　この辺りでは真っ直ぐな道を見たことがないな。

瀧　昔と比べて、街並みは変わりましたか？

荒俣　あまり変わってないかな。（急に立ち止まる荒俣先生）ここが本家だったんですよ。

瀧　この広さで一軒家だったってことですか？

荒俣　そう。

瀧　じゃあ荒俣先生は、昔はいいとこのぼんぼんだったんですね。

荒俣　まあね（再び歩き出す）。この先が旧中山道です。板橋区の由来はね、石神井川にかかる橋が板でできていたからなんですよ。

瀧　それは知らなかった。じゃあ、すごく特徴的な橋なんですか？

荒俣　いや、昔の橋は基本的に木造だったはずだよ。この辺りは宿（しゅく）から発達して、工場地帯になったということだね。

瀧　流通が盛んだったってことですよね。

荒俣　うん。たしか通りの向こう側に行くと、子供の頃に遊んでた場所がそのまんま残ってるんだよね……。

――せっかくだから行ってみませんか？

荒俣　そう？

瀧　そうしましょう。（反対側へ移動）この辺りは石神井川がキーになってたんですかね？　工場地帯や農業地帯にも水を引いてたでしょうし、何しろ神の石の井戸って書くわけだから。

荒俣　城北一帯の基本は川なんです。

瀧　隅田川は分かるけど、石神井川がそんなに機能し

ていたとは意外です。

荒俣 昔、石神井川の水源に近いエリアには豊島氏の城があって、それが石神井城と呼ばれてたので、川筋が城下町というか。

瀧 なるほど。このコンクリで固められた水路も石神井川の一部ですか？

荒俣 そう。この辺り一帯も豊島氏の土地で、大山付近にある病院は豊島病院って言うんだ。板橋は不思議でね、病院がすごく多い。豊島病院に帝京病院、日大病院。

——たしかにデータを見ると、**病院の病床数が23区中ナンバーワンなんですよね。**

荒俣 （周りを見渡しながら）あれ？ マンションになっちゃってる。この一角に50年前の化石のような住宅があって、子供の頃に遊んでたのに……。

瀧 自分の遊んでたところに、マンションができる感じってどんな気分ですか？ これって東京ならではで

しょ。おそらく区画整理でこうなってしまったんでしょうね。

荒俣 あ、でも一軒だけ残ってる！

瀧 荒俣先生が自らの思い出の場所を探して放浪してるよ（笑）。

——**ほんとだ。**

（昔の記憶を頼りに周囲を歩き回る荒俣先生）

荒俣 ダメだ。全部、やられてます。一気に再開発の波が来ちゃったんだなぁ……。

——**都心に近いですもんね。**

瀧 まあね。建てる方からしたら、ほっとかない土地ではある。

荒俣 はい、ダメだ。次に行きましょ。

瀧 荒俣先生の思い出の土地の上に、重くて巨大なブツが建ってるよ（笑）。

板橋区

荒俣 ああ、でもこの辺りはまだ昔の佇まいが少し残ってるなあ。
瀧 下町文化遺産も風前の灯火ですよね。
荒俣 道だけは名残があるけどね。

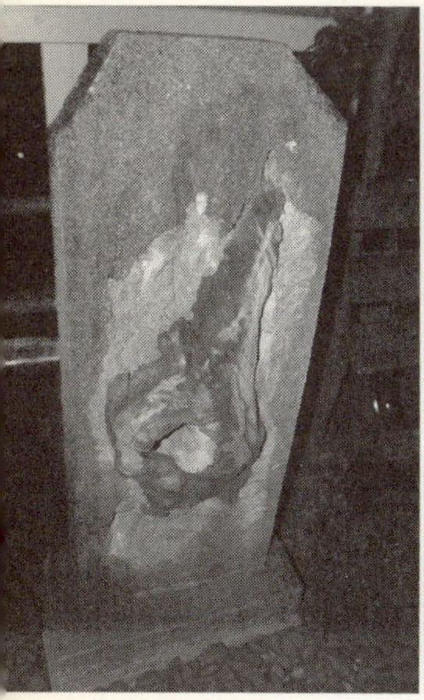

——ん!? 何これ、縁切榎だって!

瀧 縁切榎? 何それ?
荒俣 これは知らなかった。(看板を見て)え〜と、「嫁入りの前は縁が短くなることを恐れ、その近くを通らなかった」だってさ。
瀧 ここを避けるために、迂回路が作られたくらいだと書いてあるね。うわ! 絵馬の文章がすごいよ。「○○とその夫○○の縁が完全に切れますように」「●●県●●市に勤務する●●とその妻の縁をお切りください。私と結婚するはずだったのに」だって。
荒俣 最近、悪縁が多いからなあ。ここは大切なスポットなんだな。

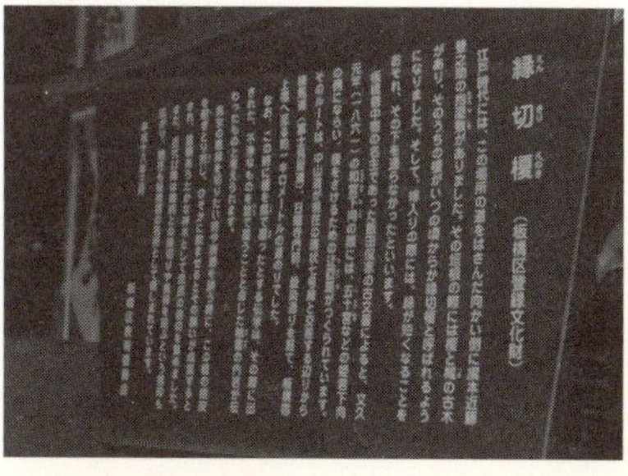

瀧　がんがん実名が入ってますからね。「△△と□□の縁が永遠に切れますように。そして私と彼が結ばれますように」って結構、衝撃。

荒俣　地元なのに見逃してたよ。ここは板橋の大パワースポットだね。

瀧　これもすごい。願いが叶ったから、のぼりを立ててるんだね。でも実名じゃなくY・Oってことは、よっぽどヤバいことで困ってたんだろうな。この取材でいろいろな神社へ行ったけど、ここは物の怪ぶりがハンパじゃない。これは荒俣先生がいるからだね。荒俣先生が呼んでるんだ（笑）。

（しばしの間、絵馬の内容に釘付けになる）

——**これが縁切榎の実物ですね。**

荒俣　おお、本物か。

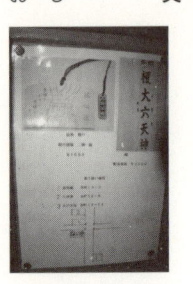

瀧　これを残すことにしたんだね。参拝記念のお札もありますよ。

荒俣　知り合いに持って帰ってあげよう。今、病気で苦しんでるから。あ、目の前に信号があるんだね。縁切榎前って。

瀧　「エンキリエノキマエ」って、なんか呪文みたいだよね。最後に「エ」で終わってるから余計に。

——**たしかに、そうですね（笑）。**

荒俣　じゃあ、次は区の由来になった板橋へ行きましょうか。

瀧　はい。それにしてもすごかったなあ。

## 荒俣先生が突然の決意表明!?

荒俣　旧中山道と石神井川の交差するところだから……あそこだ。

——え？ 板の板風ですか？

荒俣　まさかの板風なのかと思ったら……。板の橋なのかと思ったら。まあでも、板だとケアしていかないといけないからね。

瀧　建て替えてしまったんだろうね。でも、この辺りは4月に歩くと桜が綺麗ですよ。しかも、川にオーバーハングしてるから風情がある。

——あれ？ 今度は「むすびのけやき」がある！

瀧　なぬ！ さっき縁を切ったばかりじゃないか！

荒俣　切ったり結んだり忙しいなあ（笑）。

——どうやら縁切榎から板橋までの間に8つの縁起にまつわるおみくじがあり、このむすびのけやきで終点を迎えるそうです。（川縁を歩きながら）そういえば、川がだいぶ綺麗になったなあ。

瀧　荒俣先生の幼少時代と比べると、結構変わりましたか？

荒俣　もっと泥だけだし、小さかった。こんなに整備されてなかったよ。じゃあ、このまま豊島病院経由で大山駅方面へ向かいましょう。

瀧　豊島病院って有名なんですか？ この辺りで一番メジャーな病院ですごいんだよ。

瀧　戦時中も生き延びた病院だし、私も昔、死にかけたときに助けてもらったことがある。

荒俣　へぇ～。

荒俣　あと、澁澤栄一(日本資本主義の父と呼ばれる実業家)が建てた日本で初めての老人福祉施設の養育院もすぐ近くにある。板橋は、日本有数の福祉地区だったんだよ。

瀧　いいですね。行きましょう。

(住宅街をしばらく進むと……)

荒俣　ここが豊島病院。ほんとに昔から大きな病院だった。

瀧　どうしてなんですか?

荒俣　まあ、土地があるし、建てやすかったんでしょう。あとは、澁澤栄一がこの辺りに力を入れてたというのもあったみたい。

瀧　なかなかの総合病院ですね。

荒俣　私は2回赤痢で死にかけて、ここで助かりましたからね。戦争中は空襲で狙われないために、建物の壁を黒く塗ってたんですよ。

瀧　へぇ～。真っ黒い建物で精神科もあるってことは、ちょっと不気味な感じがしたでしょうね。

荒俣　たしか隔離病棟もあったのかな。今はすごく近代的な病院になってるけど。

瀧　養育院はこのすぐ近くなんですか?

荒俣　うん、こっちです。戦時中は、この近くには東武東上線が走ってるんですよ。西武線と並んで、田舎にこやし用のうんこを運んでいたそうです。東京のうんこを田舎へ。通称「うんこ電車」ないし、「黄金電車」と言われてて(笑)。

瀧　わははは(笑)。でも、良い活用法ですよね。元はタダなんだし。

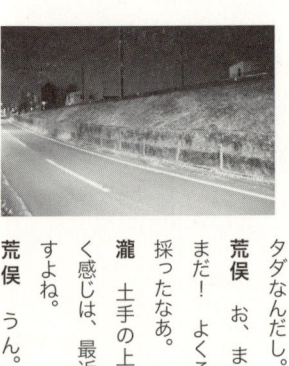

荒俣　お、まだ土手が泥のまま だ! よくここでコオロギを採ったなあ。

瀧　土手の上を電車が走っていく感じは、最近あまり見ないですよね。

荒俣　うん。あ、電車が来

板橋区

た。よくこのまま、残してたな……。すぐそこが養育院のグラウンドですよ。

瀧　おお、バカでかい！

荒俣　昔はこれより大きかったんですよ。グラウンドの横に養育院があって、ご老人たちも具合が悪くなったらすぐに隣りの病院へ行く、みたいな。

瀧　なるほど。よく考えられてる。

——この看護学校は建て直すんですね。あ、建築主は石原慎太郎ですよ。

瀧　やっぱり東京都の持ち物なんだ。東京都が一人前の看護師を育て上げていきますよ、ってことなんだろうな。それにしても、この辺り一帯は再開発中なんですね。いろいろ工事してますよ。

荒俣　昔、この辺りは見渡す限りグラウンドだったからね。どうやらリニューアル中なんだな。

（健康長寿医療センターの看板を発見）

瀧　どうやらこの辺りは、健康長寿医療センターになるみたいですよ。

荒俣　え？　こんなふうになるんだ。ちゃんと養育院精神を保つんなら、おいらここに入ろう。

瀧　わははは（笑）。荒俣先生の「ここに入ろう」宣言、出ました！

荒俣　25年度オープンということは、そろそろ手続きしないと。

瀧　荒俣先生だったら、優先的に入れてくれるんじゃないですか（笑）。

荒俣　どうかなあ……。でも、この辺りは物価も安いし、住みやすいんですよ。すぐそばの大山駅周辺も良い街

地方独立行政法人
東京都健康長寿医療センター

ですから。

瀧　これまで散歩してきた区も再開発中のところが多かったんですけど、板橋区もその感じになりつつありますね。高層ビルを建てて、ニューファミリーを迎えていくと、行政としては医療施設も良くしていかないといけないってことなんだろうけど。

荒俣　ただし、みんな似たような印象の街になってしまう。

瀧　そう。駅前はチェーン店でいっぱい、みたいな。

荒俣　もっと味わい深さを残していってほしいんだけどなあ。

## 大山商店街の散策開始

荒俣　ここが板橋で一番華やかな商店街、ハッピーロード大山商店街ですね。線路を越えて、川越街道まで商店街が続きます。

瀧　結構、長いんですね。お、不動産屋を発見。板橋区のマンションはどれくらいするんだろ？　え〜っと、3LDKで3100万円から。

荒俣　お手頃じゃないですか。

瀧　でも、平米数によりますよ。

荒俣　まあ、俺には関係ないけど。もう医療センターに入るって決めたから。

瀧　わははは（笑）。「俺、ここに入る」って即決した人、初めて見ましたよ。でも、この辺りのおじいちゃん、おばあちゃんは安心でしょうね。

荒俣　商店街がここまで機能してるのは、板橋区でも少ないよ。この辺りも昔はよく遊びに来たもんなあ。あ、ここは大山東映という映画館だったけど、今はパチンコ屋になっちゃったんだね。

瀧　味わい深い喫茶店とかもあったんですか？

荒俣　ありましたよ。古本屋とか。

瀧　荒俣先生、古本を集めていらっしゃいますもんね。

荒俣　そう。この辺りに「だるま市場」といういろい

板橋区

瀧　今日、歩いてきたとこだあるかな？　お！　あった。うれぴ〜。ここが安いんだよ。よくこの激動の世の中で耐えてきたなあ……。ろなお店が入っている市場があったんだけどなあ。ま

荒俣　ああ、この辺りのお店はすっかり変わっちゃったな。同級生がやってた伊藤おもちゃ店もない。そして、ほら、日大病院がある。

瀧　ほんとだ。たしかに病院が多い。

荒俣　こんなに大きな病院がゴロゴロあるところって、あまりないよね。

瀧　たしかに住みやすいかもしれませんね。この街から出なくても済みそうだし、怪しい飲み屋も裏に行けばありそうだし。

荒俣　そうそう。ここが板橋区のコアですから。

瀧　お、ここが商店街の終点になるんですかね？

荒俣　そうです。この先が川越街道ですね。というわけで、今夜の私のナビゲートもここで終了です。ありがとうございましろのほとんどが、「ない」もしくは「なくなってる」だったのに、やっと「残ってる」場所がありましたね（笑）。

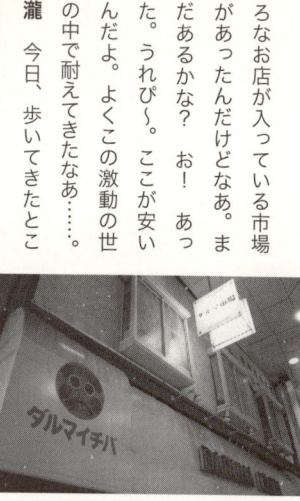

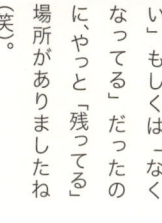

荒俣　うん、懐かしい。

瀧　わ、狭いな。

荒俣　だって、瀧さんひとりで道がいっぱいだもんね。

瀧　（さらに商店街を先へ進む）200円均一の総菜が売ってる。おいしそう。

瀧　いやあ、楽しかったです。ありがとうございまし

荒俣 お疲れさま。久しぶりに思い出の場所を散歩できて、本当に楽しかったよ。

瀧 散歩してみて、板橋区の印象がすごく良くなりました。今は「意外に楽しい板橋区」っていう感じですね（笑）。

とにかく
縁切榎が衝撃。
縁を切りたい人は今すぐ
縁切榎へ！

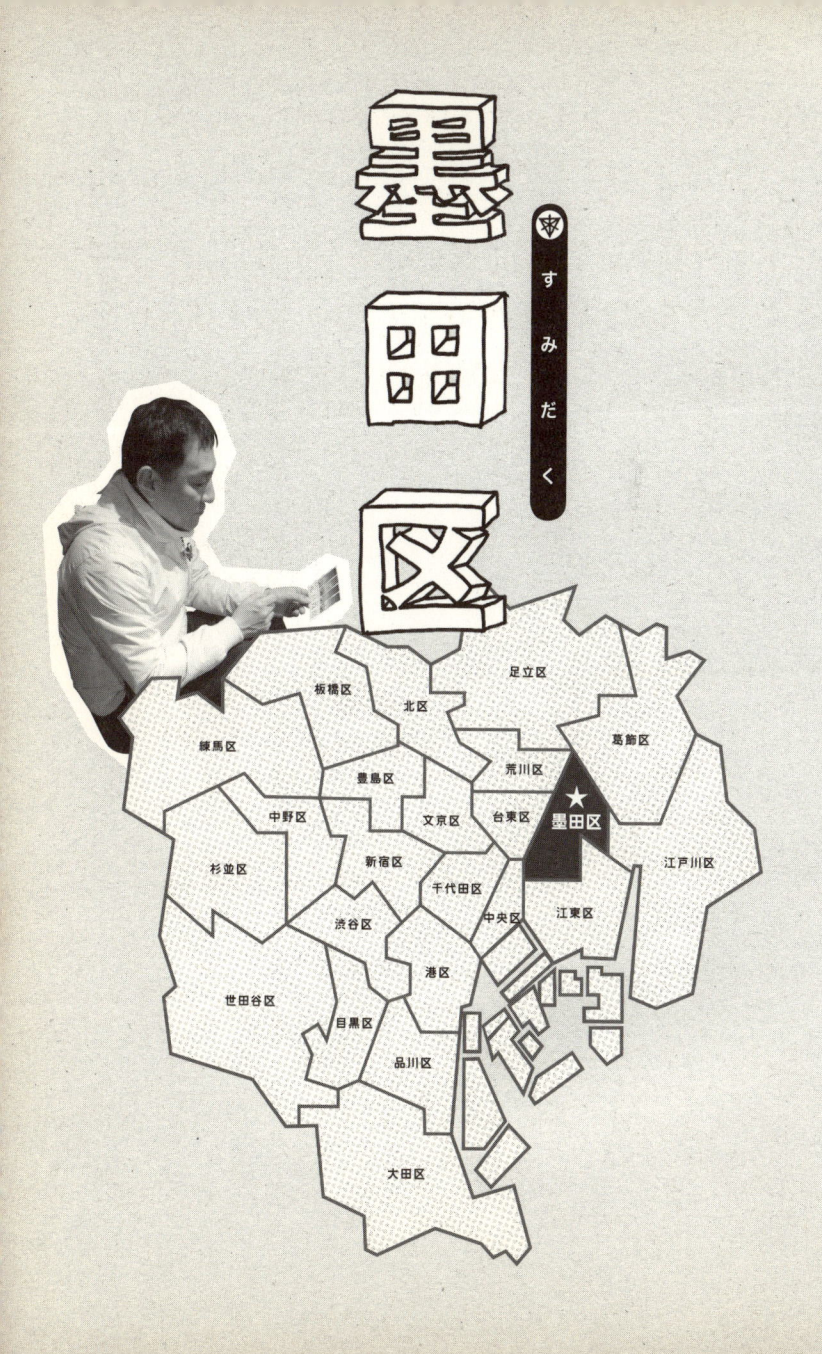

# 墨田区

すみだく

足立区
葛飾区
板橋区
北区
練馬区
荒川区
豊島区
中野区
文京区
台東区
★ 墨田区
杉並区
新宿区
江戸川区
千代田区
渋谷区
中央区
江東区
世田谷区
港区
目黒区
品川区
大田区

## 東武伊勢崎線曳舟駅スタート

——今日は墨田区です。昔から広く人々に親しまれてきた隅田川堤の通称"墨堤"の呼び名の「墨」と、隅田川の「田」から2文字を選んで名付けられました。今回はまず、向島の芸者さんに会いに行きましょう。

瀧　ああ、向島って墨田区なんだ。じゃあ、芸者のメッカだな。

——瀧さんの墨田区のイメージは？

瀧　正直あんまりないんだけど、花火、隅田川、漫画「キャプテン」の墨谷二中。

——ああ、「キャプテン」。懐かしい。

瀧　スカイツリーで再開発を狙おうということなんだろうけど、この辺りを見るとあまり盛り上がってる感じがないな。

——まったくないですね。

瀧　誰も歩いてないし。町工場が多い。なんか「生活してるんじゃない、生きてるんです」っていう感じがする。

——あ、ここを曲がります。

瀧　え？　こんなところに料亭があるの？

——はい。この辺りは墨田五丁目なんですけど、料亭がポツポツ点在してるらしいんですよ。

瀧　だって住宅街だよ。先輩の家の近所っていう感じというか。ただ、俺の地元と決定的に違うのは、スカイツリーが見えるってこと。

——さっきから、チラチラ視界に入りますからね。

瀧　光景としては、映画「インディペンデンスデイ」的な感じだよね。お、ここは小学校？

——言問小学校です。

瀧　良い名前。あれ？　フェンスがない。灌木で囲っていて、フェンス代わりなんだ。

——この先が料亭「きよし」さんです。

瀧　ここ？（空を見上げると）お、すごい！　バックにスカイツリーだよ。まだライトアップしてないんだ

## 料亭&芸者さんを初体験

——こんばんは。今日はよろしくお願いします。

芸者 こんばんは。小手毬(こてまり)です。

瀧 よろしくお願いします。料亭は初めてなんですけど、どうすればいいんでしょう?

小手毬 普段どおりになさってください。そのうちハッスルしていただいても(笑)。

瀧 じゃあ、根掘り葉掘り質問しちゃいますよ。

(部屋に移動する)

瀧 まず最初に、芸者と芸妓の違いから教えてもらってもいいですか?

小手毬 呼び方の違いですよ。関東が芸者で関西が芸妓。

瀧 そうなんですか。舞妓は?

小手毬 舞妓は関西ですね。関東では半玉(はんぎょく)とか雛妓(おしゃく)と言います。

瀧 この辺りに、芸者さんは何人いるんですか?

小手毬 2011年11月の時点で98人ですね。

瀧 思ったより少ないかも。

小手毬 それでも都内では一番多いんですよ。最盛期は600人くらいいたらしいです。

瀧 今はなり手が少ないってこと? それとも芸者さんを呼ぶような人たちが減ってしまったってこと?

小手毬 両方だと思います。寂しいですよね。

瀧 料亭に来るような方たちは、あまり景気には左右されてないような気もしますけど……。

小手毬 やっぱり景気は関係してますよ。お金を持っ

——ほんとだ。さあ、入りましょう。

ね。でも、不思議な光景だなあ。

だから若いときにバイト感覚で初めたんです。求人雑誌の「デイリーan」に「和風お運び屋さん」という求人広告が出ていて、飲食店勤務と書いてあったし、着物が着られて着付けも覚えられるというので、これはいいなって。

小手毬 途中で気付きそうなものだけど(笑)。「あれ？何か違うぞ？」って思わなかったんですか？

瀧 ええ、思わなかったんです。すごく楽しかったから。

小手毬 しなかったですね。たしかに怖い人もいて、周りには泣いてる子もいましたけど、私は怖いことに気付かなかったというか、怖いけど良い人だったりしたので。

瀧 周りはお姉さんばかりのわけでしょ。そこに若い子がポツンっと入ったら、萎縮してしまいそうだけど。

瀧 まあ、怖い人はいた方がいいよね。「これ、やっちゃダメよ」って言ってくれる人は貴重だから。でも、身近に似たような感覚の人はいました？当時、18、19

てるかどうかは別として、「こういう時期だから料亭での接待は控えます」という方もいますから。

瀧 なるほど。怒られちゃうのか。

小手毬 せっかくいらっしゃっても、どんちゃん騒ぎは控えさせていただきます。食事するだけでって。

瀧 つまらないですねぇ〜。ちなみに、芸者になるまでに見習い期間が決められてたりするんですか？

小手毬 年数は決まってないですけど、お稽古をして最低限これだけはできないと半玉になれないというのはあります。

瀧 何を覚えるの？

小手毬 踊りと太鼓ですね。一応、試験があるんです。

瀧 へぇ〜。小手毬さんは芸者を始めて何年ですか？

小手毬 18年になります。

瀧 何でこの世界に？

小手毬 最初はこういう世界だって知らなかったんです。ただ、着物が着たかっただけ。

歳の周りの子たちは繁華街に繰り出して、もうパンツが見えそうなくらいの短いスカートを履きながら「イエ〜イ」って大騒ぎしてたわけでしょ。

小手毬　私はこっちで白塗りをして「イエ〜イ」でしたから（笑）。

瀧　そっか。

小手毬　それに、同年代の人たちが行けないようなところにもお客さまに連れて行ってもらってました。

瀧　その格好で？

小手毬　はい。高級クラブに行っても「あ、芸者さんだ」って言われてたし、一番珍しいところではお台場のジョイポリスとか。

瀧　へぇ〜。（笑）

小手毬　「撮影ですか？」と聞かれて、「いえ、お仕事です」と言いながら乗り物のドアがバタンと閉まる、みたいな（笑）。

瀧　カッコいい！　あの〜、実際に芸者さんをくどいてもいいものなんですか？

小手毬　嫌いって言われるよりも、好かれた方がうれしいですよ。たとえば、ゲームをしてるときに気になった芸者さんがいたら、遠慮しないで「手を握りたい」って言った方がいいし。

瀧　そうか、言ってもいいんだ。

小手毬　はい。お客さんに「ゲームをやります？」って聞いたときに、「どうぞお先に」「いえいえ、○○さんから」なんて譲り合ってるのを見ると、「私は□□さんに言ってるのに」って思っちゃいますね。

瀧　やっぱりアッパーでノリノリな方が良いお客さんじゃないですか。でも下品すぎるとダメ

のは貴重な経験ですね。

**瀧** そうか。○○財閥の□□さんと会える、みたいな。

**小手毬** はい。あとは、自分では行けない場所にも行ける。たとえば、銀座の高級クラブとか。

**瀧** 東京ドームのVIPルームとかね。

**小手毬** そう。「コンサートに行かない?」と誘われて行くと一番前の関係者席で、部屋に通されると出演者さんがいて、「よろしくお願いします」と言われたりするので、すごいなって思います。

**瀧** こういうお姉さん方を扱える人って、すごいポテンシャルなんだよなあ、やっぱ。

**小手毬** 威張ってる人は少ないですよね。「俺は○○だぞ」という権力の使い方ではなく、ちゃんと使うべきところを知っているというか。俺もそうなりたいなあ……。

**小手毬** あははは(笑)。

**瀧** 小手毬さんは、これからどうしたいですか?

**小手毬** 向島のことをもっと多く

だし、そのさじ加減が分からない人って多いのかも。

——芸者さんのなり手という意味ではどうですか?

**小手毬** 憧れてる子は多いですよ。私は4年前に独立させてもらって(芸者を派遣する)置屋もやってるんですけど、女の子を募集するとみんな「日本の文化に興味がある」とか「着物が着たい」とか「礼儀正しくなりたい」って言うんです。

**瀧** それなのに、なり手が少ないっていうのはどうしてなんでしょう?

**小手毬** 時間の縛りが多いのかもしれないですね。お稽古でもすぐに習えるわけではなくて、先生より先に稽古場に行ってお迎えしないといけないとか。昔は当たり前だったんでしょうけど。

**瀧** 合理的になっちゃったということなのかなあ。ところで、このお仕事は何が一番楽しいですか?

**小手毬** 普段、会えないような方たちとお会いできる

の人たちに知ってもらいたいです。もちろん、私の力だけでは無理なんですけど、もっと入り口を広くしてもらって、お客さんが来やすくなるといいなと思ってます。

**瀧** 30代のお客さんが、「今日は同じ部署の○○くんの誕生日だから、料亭に行こうか」って感じになるといいですよね。

**小手毬** はい。そうなってほしいですね。

**瀧** じゃあ、そろそろ失礼します。本当に散らかしに来ただけですみません。ありがとうございました。

**小手毬** いえいえ。こちらこそありがとうございました。気をつけてお帰りください。

## 定点写真を拝見

**瀧** 酔っ払って外に出ると、現実に戻るこの感じはいいかもな。だって、料亭を出てすぐに見える光景が小学校なんだもん。

——ほら、スカイツリーがそびえ立ってますよ。

**瀧** 高い建物があると、なんか見下ろされてる感じがするじゃん。でも、スカイツリーにはそれがないよね。

——何となく分かります。こっちが見る方というか。

**瀧** そう。高層マンションはデカいかわりに人から見られる自覚がないけど、スカイツリーはみんなの目線が自分に来ることが分かってる。でもさ、東京タワーってこの半分なんでしょ。なんかスケール感がよく分からないなあ。

——たしかに、大きさの感覚がよく分からない。

**瀧** 歩いてると、やっぱりスカイツリーの方をつい見ちゃうよね。さてこのあと、どうする?

——実は、スカイツリーの定点写真を撮ってる写真家

の小野寺宏友さんにお会いできることになってるので、「東向島珈琲店」に行きましょう。

瀧　了解。それは楽しみ。

（「東向島珈琲店」に入る）

瀧　こんばんは〜。

井奈波　こんばんは。オーナーの井奈波です。

小野寺　初めまして、写真家の小野寺です。

瀧　今日はよろしくお願いします。小野寺さんは墨田区にお住まいなんですか？

小野寺　いや、品川区です。スカイツリーを撮るために、こっちまで通ってるだけで。これがその定点写真です。（スカイツリーの写真を拝見する）

瀧　ん？ ヒカリタワーってなんですか？

小野寺　当時の計画値で

あった610mの高さに光を交わらせて、シミュレーションをやったんです。

瀧　へぇ〜、綺麗だなぁ。小野寺さんはどれくらいの頻度でスカイツリーを撮られてたんですか？

小野寺　地元人じゃないので、月に1回くらいですね。

瀧　あ、これはよく見る写真だ。

小野寺　ああ、逆さツリーですね。

瀧　僕、映画「ALWAYS 三丁目の夕日」に出演させてもらって、そのときにも思ったんですけど、こういうのって建築途中を見られるのが一番贅沢じゃないですか。完成しちゃって寂しくないですか？

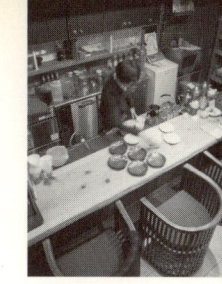

墨田区

小野寺　いや、なんせ苦行でしたから（苦笑）。どんなに体調が悪くなっても毎月、写真を撮りに行かないといけないわけで……。早く完成してもらって、解脱したいなって（笑）。

瀧　なるほど（笑）。スカイツリーが完成しつつありますけど、この辺りの盛り上がりはどうですか？

小野寺　う〜ん、それがいまだにスカイツリーの周りは閑散としてるんですよ。

瀧　それは意外。井奈波さんは墨田区育ちですか？

井奈波　はい。この店は2006年オープンなんですけど、スカイツリーの建築前と後では、メディアの取り上げ方が変わってきましたね。今は、「スカイツリー周辺のお店」というくくりになりました。

瀧　「スカイツリーを見た後はこのお店に行こう」的な感じだ。

井奈波　そうです。

──（写真を見ながら）あれ？　小さいら

スカイツリーがある。

小野寺　これはミニスカイツリー。

瀧　へぇ〜、こんな小さいツリーがあるんだ。

小野寺　これは07年からあって、僕としては本物のスカイツリーが完成したら魚眼レンズでこのふたつを一緒に写真に収めるぞ、と決めてたんですけどね。それが今はどうなってしまってるのか……。あとでお連れしますけど。

瀧　（写真を見ながら）それにしても、スカイツリーの唐突感はハンパないな。

小野寺　ポツンとしてますよね。あ、これ見てください。スカイツリーの完成までの写真を、パラパラ漫画みたいにしたんです。

瀧　（めくりながら）いいじゃないですか。これ、売れるでしょ。

小野寺　ときどき手売りしてるんですけどね。

瀧　スカイツリーの変化もいいけど、

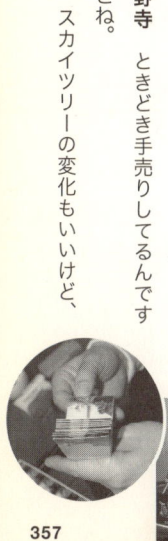

周りの木々の変化も面白いなあ。30年後に見たら、「あれ？ 当時のスカイツリーの周りって何もないじゃん」って思うんだろうな。

**小野寺** そのために写真を撮ってるんですから。

**瀧** この辺りは江戸時代から続く由緒ある地域じゃないですか。でも、年月が経過して衰退しつつあった。それを最新で世界一の電波塔を投入することで、また発展を始めるというのが、ちょっと皮肉な感じもしますけどね。

**小野寺** なるほど。じゃあ、そろそろ実際のスカイツリーを観に行きましょうか。

**瀧** 実は、小野寺さんに会えるというので、自分のデジカメを持ってきたんですよ。スカイツリーのキレイな撮り方、教えてください。

**小野寺** 喜んで。

**瀧** 井奈波さん、夜遅くにお邪魔しました。

**井奈波** 気をつけて行ってきてください！

## 逆さツリーの撮影にいざ挑戦！

**瀧** （スカイツリー周辺に到着）お、スカイツリーだ。これで634ｍ？ こんなに近くで見ても、あまりデカく感じないのはなぜなんだろ？

――なんか、東京タワーの2倍近くある感じが全然しませんね。

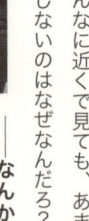

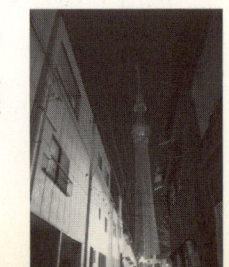

**瀧** そうでしょ。（周りを見渡して）こんなに間近まで来たのは初めてですけど、商店街とか周りに何にもないんですね。しれ～っとしてんな。

**小野寺** そうなんですよ。（撮影ポイントに移動する）さあ、ここが名所です。まだ護岸工事中ですけどね。今日は空の感じは最高なんですけど、風がちょっと強いな。じゃあ、逆さツリーの撮影をしましょうか。

墨田区

瀧　レクチャー、お願いします。この橋は、欄干の高さも邪魔にならない程度でちょうどいいですね。

小野寺　昭和14年にできたらしいですよ。この位置から逆さツリーが撮れます。三脚を置いて、じっくり撮ってみましょう。

瀧　いつもオートでしか、撮ってないんですけど。

小野寺　今日はマニュアルでやりましょう。なるべく欄干に近付いて、高さを設定して。

瀧　なかなか微妙なラインですね。上を切っちゃうと面白くないしな。

小野寺　1枚ではスカイツリーがすべて入りきらないんですよ。だから1枚ではなく、2枚撮影したものを重ねて両面テープで貼ればいいんです。

瀧　なるほど。カメラの設定はどうすれば？

小野寺　こういうときはセルフタイマーを使うんです。そうすると手ブレしなくてすむんですよ。

瀧　そりゃ名案。じゃあ、2秒で。1、2、パシャ。

ああ、セルフタイマーだと落ち着いて撮れるなあ。

小野寺　じゃあ、ちょっと光量を補正して、もう1回撮りましょう。

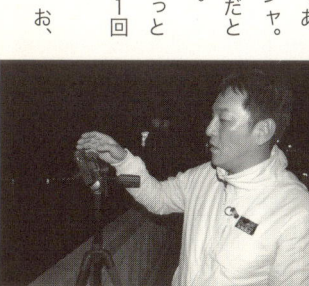

瀧　せーの、どん！　お、いいじゃん。

小野寺　柔らかい感じの写真ですね。じゃあ、下側の撮影にいきましょうか。

瀧　はい。（構図を調整して撮影）せーの、どん！　お、ちゃんと逆さツリーが写ってるよ。
小野寺　わ、できた！　いいじゃないですか！
瀧　これで2枚を合体させればよ……。
小野寺　良かったです（笑）。
瀧　スカイツリーの真下まで行ってもいいですか？
小野寺　もちろん。

## 634mの真下を目指して移動中

小野寺　上のミラーは自動車用ですけど、下のミラーは撮影用みたいですね。昔はなかったけど。
瀧　リーの撮影用？
（川沿いを歩き出す）
瀧　ん？　これってカーブミラー？　それとも、スカイツ

小野寺　ここからスカイツリーの敷地ですね。
瀧　なんか慌てて、綺麗にした感じがあるな。 
小野寺　ここが京成橋で、この古いビルが京成電鉄の本社。
瀧　言ってみれば、スカイツリーに合わせて街を再構築していくんだ。すごいな。
小野寺　この石畳も先月にできたばかり。
瀧　そうやって少しずつ見

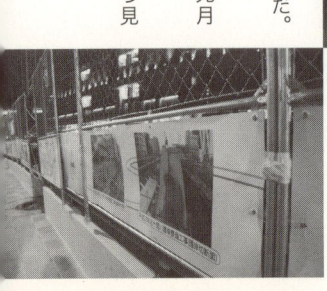

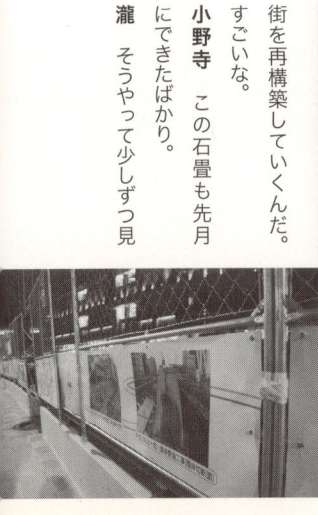

栄えをよくしていくわけだ。

（スカイツリーの真下に到着）

瀧　ああ、やっぱりスゲーな、真下は！　パイプで組んである感じとか、迫力あるね。

——**やっと、デカさが分かりました。**

瀧　俺も今、分かった。やっぱデカいんだって。せっかくここまで来たんだから、さっきのミニツリーも見に行きましょうよ。

小野寺　ああ、スカイツリーの反対側になります。

——そういえば、もうすぐ駅名が業平橋駅から東京スカイツリー駅に変わるんですよね。

小野寺　今週末です　よ。これが駅の入り口。

瀧　ここ？　もう準備ができ上がってるな。ちょっと駅の中に入ってみようか。（駅の改札口へ向かう）

——**グランドオープンまで71日だって。**

駅員　もう終電なんで、出てください。

瀧　あ、すみません。もうすぐ東京スカイツリー駅になるんですよね。業平橋になって何年ですか？

駅員　80年経ちます。

瀧　長い歴史があるのに。残念に思う人も多いだろうなぁ。

（業平橋駅を出てスカイツリーの見学広場へ）

瀧　もったいないでしょ。このガードが邪魔なんだ。

小野寺　あ、こういうことか。

瀧　ツリーと一緒に写真を撮ったら名所になるとは言わないけど、いいネタにはなるのに。

瀧　うん。ガードを作るなら、せめてあの鉄塔の上に移せば良かったのに。ほんとにもったいないな。

小野寺　お、ここで記念写真が撮れるんだ。

瀧　ほんとだ。せっかくだから撮ってみよう。700円だって。（記念撮影）

——あれ？　モノクロの写真なんですね。

瀧　いや、モノクロかカラーかを選べたんだけど、本に掲載するときはモノクロになるから、そっちを選んだのよ。でも、でき上がってきたのを見たら……背景はカラーなのかよって（笑）。でも、スカイツリーのロゴが入ってるということは、これはオフィシャルなの？

小野寺　そう。一応ここは、オフィシャルの見学スポットなんですよ……。

（線路沿いを歩き出す）

瀧　この保育園も、そのうち名称が「スカイツリー保

墨田区

育園」に変わっていくのかなあ。小野寺さんは鉄塔がどんどん組まれていく姿も見てたわけでしょ？

小野寺　それだけを観察してる人もいましたよ。この大きさの鉄骨が上がったから5mは上がるな、とか。

瀧　へぇ～。いろいろ観察してる人がいたんだろうな。

――あ、「駅前広場をご利用ください」だって。撮影ポイントだ。

小野寺　この台の上に乗れば、お父さんが地面に這いつくばらなくてもスカイツリーをバックに子供の写真が撮れるんです。

瀧　あ、今ちょうどスカイツリーの灯りが消えた！

――俺も見ました。

瀧　なんか、うれしい。せっかくだから俺も記念撮影しようっと。

――瀧さん、これでスカイツリーの取材がいつ入っても大丈夫ですね！

瀧　オススメのポイントをインプットしたからね。うまいことスカイツリーのロケが入らないかなぁ（笑）。

小野寺　最後にスカイツリーの入り口を見ますか？

瀧　はい。いよいよゴールが見えてきたな。

## 23区の夜散歩取材、これにて終了

小野寺　ここがロータリーですね。

瀧　停留所も「東京スカイツリー東」になってるよ。

――ほんとだ。もう工事はほぼ完成してますね。

小野寺　これでスカイツリー周辺を1周しましたね。

瀧　おつかれさまです。今日はほんとにありがとうご

ざいました! 楽しかったです。

小野寺 こちらこそ、お疲れさまでした。

——これで、ついに23区制覇ですね。

瀧 そうだね。気がついたら1年半もやってたけど……。暑い日もあったし、寒い日もあったけど、やっぱり夜の散歩は楽しかったなあ。なんだか貸し切り感があるんだよね、街を。機会があったらもう一周してみたいな(笑)。

> スカイ景気に湧く
> これからの区。

# Shop Data

散歩途中にお邪魔したお店をここで一挙ご紹介。

## 中央区

☆まぐろ家 [もんじゃ焼き]
東京都中央区月島3-7-4
☎03-3531-8600

## 大田区

☆蒲田温泉 [黒湯温泉]
東京都大田区蒲田本町2-23-2
☎03-3732-1126

## 新宿区

☆オンマ・パップチョ
[韓国料理]
東京都新宿区百人町1丁目3-3 B号館
☎03-5292-1913

☆メラ・プティ・カフェ
[インドネシア料理]
東京都新宿区百人町2-10-9
新大久保イニシャルハウス304
☎03-6279-2399

☆鷹流らーめん [ラーメン]
東京都新宿区高田馬場4丁目17-17
☎03-3366-9488

## 千代田区

☆ラドリオ [喫茶店]
東京都千代田区神田神保町1-3
☎03-3295-4788

☆Serge [バー]
東京都千代田区神田神保町1-12
シマダビル 2F
☎03-3295-1648

☆ゲームコーナーミッキー
[ゲームセンター]
東京都千代田区神田神保町1-16
☎03-3293-4852

☆ぽんでぃしぇり秋葉原
[メイドリフレ]
東京都千代田区外神田1丁目6-7
☎03-6411-0507

## 北区

☆からあげ聖林 [唐揚げ専門店]
東京都北区赤羽2-10-1
☎03-3903-7767

☆三代目茂蔵 豆富赤羽直売所
[大豆加工食品]
東京都北区赤羽2-16-1
☎03-5939-9199

☆たばこセンターやまとや
[タバコ,葉巻,パイプ専門店]
東京都北区赤羽2-1-20
☎03-3461-4477

☆赤羽美声堂 [レコード]
東京都北区赤羽2丁目1-20
☎03-3901-5512

## 渋谷区

☆串松 [居酒屋]
東京都渋谷区本町2丁目5-15
☎03-3374-7550

☆麻雀プレスリー [雀荘]
東京都渋谷区幡ケ谷2丁目1-3
☎03-3377-2387

☆餃子の店　ニイハオ [餃子]
東京都渋谷区西原2-27-4
升本ビル2F
☎03-3465-0747

☆クレヨン [ガールズバー]
東京都渋谷区笹塚1-29-7
Fファーストビル3F
☎03-6416-8125

## 品川区

☆彩彩 [酒場]
東京都品川区東大井5-2-12
電話番号は非公開

## 江戸川区

☆スラガット インディアン
バザール
[インド食材店]
東京都江戸川区西葛西5-11-11 2F
☎03-3680-9490

## 江東区

☆深川富士見 [屋形船]
東京都江東区古石場2-18-5
☎03-3641-0507

## 中野区

☆とある街のカレー屋さん総本山
[カレー]
この店は2011年の取材後に閉店しました。

## 葛飾区

☆宇ち多" [もつ焼き]
東京都葛飾区立石1-18-8
仲見世商店街
☎03-3697-5738

☆中華料理タカノ
[中華料理]
東京都葛飾区堀切5-4-1
☎03-3690-0945

## 豊島区

☆宮下橋脇焼き鳥屋台 [焼き鳥屋台]
この屋台は2011年の取材後に閉店しました。

☆大塚バッティングセンター
[バッティングセンター]
東京都豊島区南大塚1丁目52-4
大塚レジャービル
☎03-3946-7608

☆ぽんち [おにぎり専門店]
東京都豊島区北大塚2-26-3
☎03-3910-5617

☆アプレシオ池袋北口店
[ネットカフェ]
東京都豊島区西池袋1丁目43-9
アミューズ池袋ビル2F～10F
☎03-3987-7617

## 港区

☆六本木クラブチック [クラブ]
東京都港区六本木3丁目8-18
三経41ビル3F
☎03-5413-3223

## 練馬区

☆株式会社石水社 [貸し自転車]
東京都練馬区石神井町4丁目1-14
☎03-3996-0423

☆小泉牧場 [牧場、アイスクリーム]
東京都練馬区大泉学園町2-7-16
☎03-3922-0087

## 荒川区

☆大栄 [韓国料理]
東京都荒川区西日暮里5-25-2
☎03-3612-4178

## 足立区

☆ハリウッド [キャバレー]
東京都足立区千住2丁目54
☎03-3882-8611

## 板橋区

☆駄菓子屋ゲーム博物館 [博物館]
東京都板橋区宮本町17-8
電話番号は非公開

## 墨田区

☆花いち [料亭]
東京都墨田区向島5-25-1
☎03-3622-9673

☆東向島珈琲店 [喫茶店]
東京都墨田区東向島1-34-7
☎03-3612-4178

# Prologue

この本が誕生するきっかけは、「ピエール瀧さんは散歩が好き。しかも夜中!」という情報を編集者の松本さんが入手したことでした。軽快なフットワークが持ち味の松本さんのアプローチが成功し、「23区23時」というテーマで1回目の散歩を開始したのが2010年10月27日。僕に与えられた仕事は、事前に調べた23区の情報を元に瀧さんの相手役を務め、散歩の様子を原稿にまとめることでした。散歩ルートを考えるのは松本さんの担当。本来はデザイナーである日高くんが、写真撮影も兼任してくれました。

1区の散歩取材に要した時間は最短で4時間弱、最長は約8時間に及びました。初回の台東区は手探り状態で右も左も分からず、みんなで回し飲みした100円ジュース1本だけで、休憩も取らずに6時間歩きっぱなし……というありさま。ただ、散歩開始直後のおみくじで大凶を出した瀧さんが七福神を回った後に大吉を引く姿を見て、「この人は何か持ってる! やっぱりスゲー」と思ったのを今でもはっきりと覚えています。まあ、この星の強さをアテにしすぎ、のちに散歩ルートは大幅な見直しを迫られるわけですが……。

それはさておき、瀧さんとの23回の散歩はどれも楽しく、貴重な体験でした。そもそも僕にとってはあまり足を踏み入れたことのない区ばかり。それを瀧さんと一緒に「あーだ、こーだ」言いながら(ときには案内人付きで)散歩をするわけですから、新しい発見ばかりで面白くないわけがありません。

寒いと瀧さんのテンションが急激に下がったり(そのくせ、かなりの薄着だったり)、キャバクラではっちゃけると思っていたら予想外に人生相談が始まったり、双子座流星群を見て大いにはしゃいだり、本の製作期間が長すぎて発売前に取材先のお

店が閉店したり、女の子がお店を辞めてしまっていたり、スカイツリーが完成したり……と、いろいろなことがありましたが、そこはどうか「こんな時期に散歩してたんだ」とか、「なに的ハズレなことを言いやがって」と流しつつ、瀧さんと僕らが体感したそれぞれの街の特色や空気感を少しでも感じていただければ幸いです。

最後に、散歩をともにした松本さんと日高くん、瀧さんの所属事務所であるキューンミュージックの道下さん、伊藤さんをはじめ、取材にご協力してくださいましたすべての皆様方に、心より感謝申し上げます。

そして、瀧さん。約1年半のガチ散歩取材、本当にお疲れさまでした! 23区2周目をする際には、またご一緒させてください。

2012年9月吉日

ライター　横谷和明

## ピエール瀧の23区23時

2012年10月17日　第1刷発行

著者／ピエール瀧

ブックデザイン&写真／日高慶太(monostore)

取材&原稿／横谷和明

23区地図作成／畑地宏美・大沼さやか(産業編集センター)

p16スカイツリー定点写真&p367写真提供／小野寺宏友

協力／道下善之、
　　　伊藤京子(株式会社キューンミュージック キューンアーティスツ)

発行／株式会社産業編集センター
　　　〒113-0021
　　　東京都文京区本駒込2-28-8　文京グリーンコート17階
　　　TEL 03-5395-6133　FAX 03-5395-5320

印刷・製本／株式会社シナノパブリッシングプレス

©2012 Pierre Taki Printed in Japan
ISBN978-4-86311-077-9 C0095

本書掲載の写真・文章・地図を無断で転記することを禁じます。
乱丁・落丁本はお取り替えいたします。
JASRAC 出 1211625-201